复旦大学韩国研究丛书

中文社会科学引文索引（CSSCI）来源集刊
中国学术期刊综合评价数据库（CNKI）来源集刊
万方数据（WANFANG DATA）来源集刊

韩国研究论丛

CHINESE JOURNAL OF KOREAN STUDIES

复旦大学韩国研究中心 编

总第三十五辑

（2018年第一辑）

社会科学文献出版社
SOCIAL SCIENCES ACADEMIC PRESS (CHINA)

为适应我国信息化建设，扩大本论丛及作者知识信息交流渠道，本论丛已被《中国学术期刊网络出版总库》（CAJD）、CNKI及万方数据等系列数据库收录，其作者文章著作权使用费与本论丛稿酬一次性给付。免费提供作者文章引用统计分析资料。如作者不同意文章被收录，请在来稿时向本论丛声明，本论丛将做适当处理。

复旦大学《韩国研究论丛》编委会

主 任 委 员 石源华

副主任委员 郑继永

委　　　员（中文拼音顺序）

蔡　建　陈尚胜　崔志鹰　方秀玉　郭　锐
韩献栋　洪　军　金成镐　金健人　李春虎
李花子　李　文　李英武　刘　鸣　吕　超
满海峰　牛林杰　朴灿奎　沈丁立　沈定昌
汪伟民　吴心伯　袁正清　张慧智　赵青海
〔韩〕黄载皓　〔韩〕金兴圭　〔韩〕李熙玉
〔韩〕朴泰均　〔韩〕尹丝淳　〔韩〕郑钟昊

主　　　编 郑继永

副 主 编 邢丽菊　蔡　建

责任编辑 朱　芹

目录 CONTENTS

特 稿

走向和平的两个一百年 ……………………………〔韩〕李海瓒 / 3

政治与安全

韩国反腐败国际合作的动因及路径分析 …… 巴殿君　安那莹 / 13
韩国海洋观的历史变迁 ……………………………… 李雪威 / 25
韩国文在寅政府的东北亚外交：挑战与突破
　………………………………………… 张慧智　赵铁军 / 41
共同民主党的对外政策主张与文在寅时期中韩关系的
　发展方向 …………………………………………… 张　弛 / 56
美日安全政策变化与朝鲜半岛形势分析 …………… 高　兰 / 70

历史与文化

清光绪年间中朝民事纠纷交涉研究（1882~1894）
　——以"李范晋案"为中心 ……………………… 周国瑞 / 85

朝鲜后期的面里制与户籍登记 …………………………… 朱　玫 / 98
日本驻上海总领事馆对韩国反日独立运动的镇压 …… 李洪锡 / 109
韩国民族独立运动中的女性参与研究 ……… 吴　钵　马晓阳 / 125
20 世纪上半叶在华韩人的抗日演讲活动
　　——以媒体报道为中心 ……………………………… 徐　丹 / 139
韩国基督教对外传教兴起的政治因素分析
　　…………………………………………… 千　勇　赵银姬 / 155
韩国的土著信仰与本土文化潜质初探 ……… 李春虎　吴　纯 / 167

经济与社会

韩国公民教育的历史溯源 ………………………………… 梁荣华 / 181
韩国著作权法新近修订的主要内容及其启示
　　………………………………………… 马忠法　孟爱华 / 193
中韩两国农村单人户的现状、原因及启示
　　…………………………………………… 崔桂莲　刘　文 / 215
中韩两国近代教科书生态系统初探 ……………………… 姜雪今 / 227
过剩的现代性：对韩国殖民现代性论述的
　　研究述评 ……………………………………………… 周晓蕾 / 242
中韩自贸区建设的影响：预测与验证 …………………… 王丽琴 / 255
1987 年以来韩国公民社会的发展历程
　　…………………………………………〔韩〕金善赫　郑钟昊 / 272

CONTENTS

Special Issue

The Two Centenary's Lessons, Experiences and Prospects of
    Building Peace and Stability in Korean Peninsula   *Lee Hae-chan* / 3

Politics and Dipomacy

South Korea Anti – Corruption International Cooperative Action
    and Road Diameter Analysis   *Ba Dian Jun*, *An Na Ying* / 13

The Historical Changes of South Korean Marine Concepts
                                                          Li Xuewei / 25

The South Korea's Northeast Asia Diplomacy Under the Moon
    Jae-in's Presidency: The Challenge and Break-trough
                                  Zhang Huizhi, *Zhao Tiejun* / 41

The Foreign Policy of the Democratic Party of South Korea
    and The Development Trend of Sino – Korean Relations
    in the Period of Moon Jae-in   *Zhang Chi* / 56

The Change of Security Policy between America and
    Japan and the Analysis of the Situation on the Korean Peninsula
                                                    Gao Lan / 70

History and Culture

The Judicial Practices of Civil Cases Between the Qing
　　and Choson from 1882 to 1894　　　　*Zhou Guorui* / 85

The Administrative System of Myeon and Ri in the
　　Later Period of Korea and Household Registration　　*Zhu Mei* / 98

Suppression of Korean Counter-Japanese Independence
　　Movement by Consulate General of Japan in Shanghai
　　　　　　　　　　　　　　　　　　　　Li Hongxi / 109

A Study of the Women's Participation in the Korean
　　National Independent Campaign　　*Wu Bo*, *Ma Xiaoyang* / 125

Koreans' Counter – Japanese Speeches in China during
　　the Early 20th Century
　　—*Based on Media Materials*　　　　　　　*Xu Dan* / 139

An Analysis of Political Factors in the Rise of South Korea's
　　Overseas Christianity Mission　　*Qian Yong*, *Zhao Yinji* / 155

An Approach to the Indigenous Beliefs and Potential Characters of
　　the Native Culture of South Korea　　*Li Chunhu*, *Wu Chun* / 167

Economy and Society

The Historical Origin of Citizenship Education in South Korea
　　　　　　　　　　　　　　　　　　　　Liang Ronghua / 181

The Latest Main Revisions of the Copyright Act of South
　　Korea and Their Enlightenment to China
　　　　　　　　　　　　　　　　Ma Zhongfa, *Meng Aihua* / 193

CONTENTS

Study on the Inspiration, Reasons and Current Situation of
 Rural Single-person Households between China and South Korea
            Cui Guilian, *Liu Wen* / 215
A Comparative Study on Ecosystem of Modern Textbooks
 in South Korea and China   *Jiang Xuejin* / 227
Excessive Modernity: Trends and the Current State of
 the Discourse on Korean Colonial Modernity   *Zhou Xiaolei* / 242
Implications of China – Korea FTA: Predictions and
 Verification   *Wang Liqin* / 255
Historical Development of Civil Society
 in South Korea since 1987   *Kim Sunhyuk*, *Jeong Jong-Ho* / 272

特　稿

走向和平的两个一百年

〔韩〕李海瓒

【编者按】 2018年4月12日,韩国国会议员、前国务总理李海瓒访问复旦大学,发表了题为"走向和平的两个一百年"的演讲,受到听众的广泛好评。经李海瓒前总理本人确认,本刊特将译稿发表。

尊敬的复旦大学校长许宁生先生,尊敬的各位来宾,亲爱的复旦大学学生朋友们,大家好!

复旦是中国最著名的高等院校之一,堪称培养中国杰出人才的摇篮。今天我能有机会访问复旦大学,更是在国际关系领域享有盛名的复旦大学国际问题研究院"以韩中关系及东北亚和平"为主题做演讲,我感到很荣幸。感谢许宁生校长给我提供这么好的机会,同时也向复旦大学的各位老师和同学们表示深深的感谢。

很多人说,来到上海看看浦西和浦东就可以看到中国发展的过去、现在和未来。不久前,中国共产党召开了第十九次全国人民代表大会,并宣布中国已进入新时代。而在1921年,当时仅有53名党员的中国共产党第一次代表大会就是在上海召开的,可以说上海是一座具有光荣革命历史传统的城市。中国共产党红色历程的百年就是从上海开始的。

上海又是中国推动改革开放的最前沿。包括习近平主席在内的很多中国领导人都致力于将上海的经验复制到全国各地。今年是中国推行改革开放40周年,上海浦东的繁荣景象就证明中国在40年前做出了既正确又明智的选择。

韩国和上海也有一段历史渊源。日本吞并韩国之后,1919年,为了夺回国家主权,韩国人就在上海设立了大韩民国临时政府,并实行了民主共和制。一直到1932年,临时政府为国家独立做出了很多贡献。其旧址仍在上海马当路上。

值得一提的是,1932年4月29日,著名的"虹口公园爆炸案"就发生在上海虹口公园(今鲁迅公园)。韩国青年抗日义士尹奉吉的义举给日本人带来了很大的打击。也正是以此为契机,中国政府和老百姓开始关注与韩国联手展开抗日运动,也开始积极支持韩国临时政府,帮助韩国创立光复军,呼吁国际社会支持韩国实现国家独立。由此看来,如果说如今韩中两国的友好合作关系就肇始于上海,也是毫不为过的。

我每年至少有四五次访问中国。有时是公务出差,但有时只是因为我喜欢来中国。也许是我有先见之明吧。1992年韩中两国建交以后,我和我的夫人就为了促进两国的合作与交流而设立了韩中文化院,并发行杂志。在国会议员外交小组任上,我也经常来中国进行交流活动。

在担任国务总理的时候,如果有从中国来的客人的话,除非有其他紧急情况,不然我都要会见。2006年习近平主席还是中共浙江省委书记的时候,我们也会面过。我也与李克强总理有过多次交流。如此一来,我自然而然地成为在韩国政坛上比较了解中国、人脉很广的政治家。

2016年和2017年韩中两国因"萨德"问题而闹得不可开交。尽管现在"萨德"问题暂时告一段落,但之前韩中关系经历了很多波折。时任总统朴槿惠并未经过所必需的国内程序而突然宣布部署"萨德",致使韩中关系陷入了建交以来的最低谷。

韩中两国都强调信任。信任源自何处?当对方的行为与自己的期待相一致的时候,才能产生信任。其实,国与国之间的关系就如同人与人之间的关系,相互交往中如果失去了信任,就失去了一切。

去年5月文在寅总统刚上台,我就向他建议尽快解决"萨德"问题,以恢复韩中两国之间的信任关系。因为中国在朝鲜半岛和平与稳定方面一直发挥着举足轻重的作用。韩中关系恶化,不利于解决朝核问题,而朝核问题得不到解决,朝鲜半岛的和平与稳定也就无从谈起。

文在寅总统上任第10天,也就是去年5月10日,他就把我任命为中国特使,让我拜谒习近平主席。我对习近平主席说,韩国愿意与中国开诚布公地进行对话,以诚实的态度解决"萨德"问题。为了把上述承诺落到实处,我多次访问中国，与中国的高层领导进行沟通，逐步寻找解决问题的办法。

在各方的共同努力之下，去年10月30日双方外交部门发表了有关"萨德"问题的协商结果。韩国政府明确表示不考虑追加部署"萨德"系统；不加入美国反导体系的现有立场没有变化；韩美日安全合作不会发展为三方军事同盟。"萨德"问题从此得以"封印"。紧接着12月文在寅总统就对中国进行了国事访问，与习近平主席就建立务实的战略合作伙伴关系达成共识。

我相信只要双方能够相互信任，就没有什么问题是无法解决的。为解决双方关系发展的绊脚石——"萨德"问题，双方都付出过很大的努力，最终获得了成功，这是30年的政治生涯中最让我感到骄傲和有成就感的一件事。今后，我会一如既往地为推动韩中关系的健康发展全力以赴，发挥自己应有的作用。

不久前，韩国举办了平昌冬奥会。在短道速滑500米比赛中中国选手武大靖获得了冠军。他滑得可真快。我想这就是中国的速度啊，中国经济发展的速度不也很快嘛！

在此次冬奥会上，冰壶项目备受瞩目，韩国人很喜欢冰壶比赛，女子冰壶创造历史摘得银牌。紧接着，在平昌冬残奥会上中国轮椅冰壶队获得了金牌。韩中两国在冰壶比赛中都取得了优秀的成绩。真希望在北京冬奥会上，韩中两国能够在冰壶决赛中上演精彩的对决。

从结果来看，平昌冬奥会是参赛国家和参赛选手最多的一场成功的奥运会。但其实平昌冬奥会差点以失败告终。朝核危机爆发以后连开城工业园区等都被关闭，韩国与朝鲜之间的交流完全处于停止的状态。由于朝鲜接二连三地进行核导试验，国际社会对朝鲜采取了施压的措施。

朝鲜在平昌冬奥会开幕前70天的时候又发射了洲际弹道导弹，朝鲜半岛局势被推到危机边缘。美国也不甘示弱，将"流鼻血"作战方案作为一种选项来考虑。在剑拔弩张的情况之下，部分国家以无法保障选手安全为由考虑取消参赛。

为了打开僵局，文在寅向美国提议，将韩美联合军演推迟到冬奥会结束以后进行，并通过多种渠道邀请朝鲜参加冬奥会。皇天不负有心人，朝鲜金正恩委员长在2018年新年贺词中表示愿意参加冬奥会，也对朝韩对话表现出积极的态度。

最后，朝鲜派遣了大规模的选手团、艺术团及啦啦队参加平昌冬奥会。在冬奥会的开幕式上韩朝共同入场，同时还在女子冰球项目上联合组队参赛。美国方面，彭斯副总统和特朗普的女儿伊万卡出席冬奥会。中国则是政治局常务委员韩正先生出席冬奥会，日本安倍首相出席冬奥会。这样朝鲜半岛上的紧张局面就成功得以消除，出现和平的氛围。

今年3月，朝鲜金正恩委员长访问中国，时隔7年召开了中朝首脑会谈，我认为这也是平昌冬奥会所取得的成果之一。据悉，在冬奥会中韩正先生曾与朝鲜最高人民会议常任委员会委员长金永南先生会面。我相信两位先生已将平昌冬奥会形成的和平氛围上报给自己的领导层。

在距离韩朝军事分界线只有60公里的平昌举办的冬奥会得到了全世界的好评。国际社会把它叫作"和平奥运会"。更大的惊喜还在后头。3月5日，韩国派总统特使团访问平壤，与金正恩委员长会面。双方就召开韩朝首脑会谈等六项议题达成了协议。

让我意想不到的是，朝鲜居然表示要按照祖先遗训，致力于实现半岛无核化，愿意召开朝美首脑会谈。目前，朝美双方已对5月召开首脑会谈达成了一致。考虑到朝鲜早就在宪法上写明朝鲜是拥核国家，而且对无核化问题一直拒而不谈的情况，如今可以说是发生了翻天覆地的变化。

历史上没有偶然事件，只会有伪装成偶然的必然事件。文在寅总统于去年7月在韩朝关系极其恶劣的情况下，在柏林发表了朝鲜半岛和平构想。其核心内容是在保障朝鲜体制安全的前提下，彻底实现朝鲜半岛无核化和韩半岛新经济地图的构想。

文在寅总统上台以后一以贯之地主张通过无核化构筑朝鲜半岛永久和平机制，并推动朝鲜的经济发展。文在寅总统以真诚的态度，动之以情、晓之以理，得到了特朗普总统的支持。比如，在朝美处于高度紧张状态的时候，文在寅总统果敢地提议推迟韩美联合军演，并最终把它落到了实处。

仅靠老套的方式，无法解决千丝万缕、错综复杂的朝鲜半岛问题。文在寅总统果断地改变思路，另辟蹊径，以寻求突破口。在韩国政坛上进步派和保守派往往针锋相对、寸步不让。在这样的政治环境之下，寻求两者之间的均衡与和谐，文在寅总统政治能力之强、外交智慧之高，由此可见一斑。

我想，金正恩委员长也许也看到了韩国政府的诚意。当然，朝鲜的态度之所以发生变化，有很多原因。

同时讨论无核化与和平机制可以说是非常现实性的方案。从这个角度来看，中国所提出的双暂停和双规并行在一定程度上与韩国政府的解决方案有异曲同工之妙。

　　平昌冬奥会给我们带来了极其珍贵的机会。有一位评论家说，神刚要离开朝鲜半岛，文在寅总统仅仅抓住了他的衣角。机会抓住了，但如何善用机会，得出成果，这却是朝鲜半岛周边国家共同的责任了。

　　3月底，中朝进行了首脑会谈。韩国政府非常欢迎中朝关系得到改善。文在寅政府相信和平共处和良好的中朝关系有利于实现朝鲜半岛的和平与稳定。

　　4月27日召开的韩朝首脑会谈将会是朝美会谈的基石。会谈的核心议题就是朝鲜半岛无核化和永久和平机制。韩朝、朝美之间能不能就此达成协议至关重要。在此过程中，签署停战协定的当事国之一、六方会谈的主席国中国积极发挥建设性的作用也是重中之重。

　　继2000年和2007年之后，第三次召开的2018年韩朝首脑会谈将在板门店和平之家举行。这充分反映了双方领导人不拘泥于形式而注重内容的意愿。前两次首脑会谈是在领导人任期后期召开的，所以并没有将达成协议的内容有效付诸实践。有鉴于此，此次会谈结束后，双方一定要采取有效的措施来将协商内容落到实处。在此过程中，最高领导人之间的热线要保持畅通的状态，以便尽量取得实质性的成果。

　　2018年是1953年签署韩朝战争停战协定65周年。2000年，朝鲜的赵明录特使曾与美国国务卿奥尔布莱特互访，双方就召开克林顿和金正日之间的会谈即将达成协议，最后却以失败告终。这次是时隔18年好不容易迎来的新机会。若这一系列的首脑会谈都能获得成功，那么各方在协商的过程中，也能够为宣布战争结束、实现朝美关系正常化、签署互不侵犯条约、缔结朝鲜半岛和平协定奠定良好的基础。

　　要让梦想成真，需要大刀阔斧开新局，细心用心地努力。常言道："众行远"，一起走，才能走远，若想走远，必须要跟大家一起走。这也是与习近平主席所提出的"命运共同体"精神一脉相承的。我所属的政党，名字也叫共同民主党。

　　韩国作为朝鲜半岛问题的当事国，当然要发挥主导作用，但在此过程中一定会秉持六方会谈和"9·19"共同声明的精神。我曾在卢武铉总统执政时期担任过国务总理，当时我最感兴趣的就是通过多边合作体系来确保并推动东北亚时代的到来。一个国家的和平终究离不开国际社会的支持和保障。今后，朝鲜也能够从基于合作和规则的多边合作体系中得到好处，而不是基于力量的丛林法则。

3月20日十三届人大一次会议闭幕，习近平主席的第二届任期正式开始。文在寅总统的任期到2022年5月，时间大致上与习近平主席的第二届任期一致。去年12月韩中首脑会谈的时候，我也是随行人员之一。当时我觉得年龄相仿的两位领导人似乎相互非常信任，我对两位领导人所开拓的新时代充满信心。

中国共产党十九大报告，我读了好多次。据我所知，韩国是全世界最早出版十九大报告韩文版本的国家。这给韩国人了解新时代的中国带来了很大的帮助。在这份报告中，我发现中国政府和韩国政府的执政理念有很多类似的地方。文在寅总统上台以后，一直致力于解决贪污腐败问题和上一届政府遗留下来的沉疴积弊，努力实现地区均衡发展，重视民生问题。中国也在大刀阔斧地推行反腐运动，努力消除贫富差距，注重改善民生等。

在十九大报告中强调最多的就是"人民"，同样，文在寅政府也认为所有的政策都要以人为本。"一带一路"倡议也可以与文在寅政府的东北亚和平机制、朝鲜半岛新经济地图等构想相对接。我很久以前就勾画了由韩中两国共同构筑东北亚和平与繁荣共同体的构想，具体的执行方案也早就想好了。

第一是责任共同体。从近代历史上来看，1894年中日甲午战争以后，从更早的历史来看，16世纪末壬辰倭乱以后，东北亚地区尤其是朝鲜半岛周边地区经历了多场战争。虽然自1953年朝鲜半岛签署停战协定之后，截至目前尚未发生过战争，但该地区仍处于极不稳定的休战状态。动用武力侵略他国来图谋本国的富强，这样的时代已经结束了。现在是通过改革、合作及创新来展开竞争，以提高老百姓生活质量为旨归的福利国家才是众所追求的目标。

坚实肥沃的土地才能种出好的植物。安全可以说是一个国家赖以生存的土地。只有安全得到保障，经济和社会等其他领域才能得到健康的发展。只要中、日、俄、韩、朝联手保障地区安全，就可以消除战争的危险，也能够建立永久和平机制。曾经经历过两次世界大战的欧盟都做到了，我们也肯定行，肯定做得到。

第二是利益共同体。为了实现东北亚地区的永久和平，需要提高各国在经济领域的相互依存度。也就是说，国家之间的关系要变得必不可少，变得谁也离不开谁。各国只有在经济上相互紧密相连，才能实现利益的均衡。

韩、中、日三国之间的相互依存度已经很高。在经济方面，2017年韩、中、日之间的贸易额达到了6240亿美元，比10年前增加了1倍。韩中之间的贸易规模突破了2400亿美元大关。中国是韩国最大的出口对象国，韩国是中国最大的进口来源国。双方需要改变现有的合作模式，要签署服务及投资协定，寻找两国携手开拓第三国市场的有效方案等，需要做出更多努力来提高合作的水平。

尤其是如果"一带一路"倡议和韩国的朝鲜半岛新经济地图构想能够相互对接的话，以东北三省以及北方边境地区为主的广大地域就能够实现经济复兴。目前处于谈判阶段的韩中日自贸协定如果得以签署的话，三国之间的贸易规模将会占全球贸易总额的19%左右，三国之间的自贸协定就能够提高到北美自由贸易协定的水平。

第三是人文共同体。习近平主席在韩国做演讲的时候说过，国家间关系的发展，说到底要靠人民心意相通。我非常赞同他的观点。如果说政治、经济和安全合作是促进国家关系发展的硬件，那么人文交流就可以说是增进人民之间的友谊、促进人民之间心意相通的软件。

要通过双向的人员交流和文化交流，加强两国人民之间的纽带，以建立两国之间的信任关系。也可以考虑双方共同组建"韩中人文纽带国民提议委员会"的方案，通过这一委员会，两国人民可以随时提出自己的建议，主动积极参与人文交流活动。

不忘初心，牢记使命。这是十九大的主题。中国共产党建党一百年和建国一百年，这两个一百年的目标都是提高人民的生活质量，让老百姓过上幸福的生活，建立和谐社会。

中国在历史的转折点上能够提出如此宏伟的国家发展愿景，给我留下了深刻的印象。中国人在自己的出发点中寻找到未来的发展方向和目标，这一点尤其发人深省。在近代历史中，韩国经历了日本的侵略、国家独立、朝鲜半岛战争、军人独裁、民主主义斗争、外汇危机等太多的风风雨雨。对这样的韩国来说，中国的目标和愿景也给韩国带来了启示。

2019年是韩国建立临时政府一百周年。1919年3月1日，韩国展开大规模抗日运动，受此影响，不久后在上海建立了临时政府。当时就提出了"大韩民国"这一国号，也采用了民主共和制。如今的韩国宪法和政府都继承了1919年建立的大韩民国临时政府的正统性。

我们的祖先为了争取祖国的解放和独立牺牲自己的生命，我们不会忘记这些烈士的精神，也不会忘记建国时的初心。我由衷地希望在韩国的一百年，也就是在2019年时，朝鲜半岛能够建立和平机制，在中国的一百年时，也就是在2021年，能够建成东北亚和平繁荣共同体。

最后，我还是以奥运会这一个话题来结束我的演讲。平昌冬奥会被评价为充分体现奥运会精神的一场奥运会。古代希腊举办奥运会时各国都暂停战争，参加比赛。也就是说，通过体育交流实现和平，这就是奥林匹克的精神。令人欣喜的是，2020年夏季奥运会将在日本东京举办，接着2022年中国北京将举办冬季奥运会。

希望通过平昌冬奥会发芽的朝鲜半岛和平的种子，到2020年能在东京开花，然后到2022年能在北京结出东北亚和平和繁荣的果实。这样的过程将会让在座的复旦大学的年轻人懂得自己既是中国人，也是亚洲人，让韩国的年轻人开始认识到自己既是韩国人，也是亚洲人，以此开启真正的亚洲时代。希望在座的各位朋友们作为亚洲人心怀雄心壮志，在更大的舞台上展翅翱翔，大展宏图！

（翻译：文恩熙）

政治与安全

韩国反腐败国际合作的动因及路径分析*

巴殿君　安那莹

【内容提要】 腐败伴随人类社会的发展成为痼疾性病理现象。它不仅仅给社会带来负面影响，甚至有时决定一个国家的生死存亡。但长期以来，腐败和反腐败问题被看作一国内政而局限在境内。随着经济全球化的发展，在国际经济活动中出现了广泛的行贿受贿问题，这不仅阻碍公平竞争，还会影响正常的国际经济关系。这一现实促使一些国家和国际组织开始探讨合作性的解决方案，出台了一系列全球性、区域性的合作机制，为反腐败国际合作提供了制度基础。韩国基于反腐败国际合作的内在动力，充分利用国际合作路径，积极参与反腐败国际合作，取得了一定的成效。但尚存国内相关制度需要整备等问题。

【关键词】 韩国　反腐败　国际合作

【作者简介】 巴殿君，吉林大学东北亚研究院教授、博士生导师，国际政治研究所所长；安那莹，吉林大学东北亚研究院硕士研究生。

一　腐败及反腐败国际合作的开启

透明国际（Transparency International，TI）把腐败定义为"滥用委托

---

* 本文为吉林大学廉政建设专项研究课题（项目编号：2015LZY011）的研究成果。

权而获得私利的行为或为了获得私利而滥用权力的行为"（Corruption is the abuse of entrusted power for private gain）。腐败既可以以行为者为中心进行界定，也可以从制度或政治体制角度进行结构性划分。从权力和政治角度来看，腐败可以理解为公职人员利用其公职或滥用公共权力以权谋私的行为，其本质是公共权力的非公共利用或滥用公共权力危害国家政权、侵害公共利益，即对正当权力的扭曲和滥用。一般情况下腐败的主体是法律赋予或国家、政府授予或公众给予行使某种公共权力的国家公务人员或从事公共管理事务的人员。随着民主化的推进，非政府组织、大企业集团、科研团队、专业性社会团体等对政府及决策产生影响的过程中潜伏着腐败风险，腐败的范畴由政府公共部门扩大到非政府领域。因此，腐败的范畴可以界定为公务员以及非营利部门的相关人员滥用职权获得不正当利益的行为。

腐败伴随人类社会的发展而成为痼疾性病理现象。腐败不仅给社会带来负面影响，甚至有时决定一个国家的生死存亡。国际反腐败大会（International Anti-Corruption Conference，IACC）曾指出腐败作为威胁全世界人民的罪恶，加深贫困，弱化人权。

长期以来腐败和反腐败问题被看作一个国家的内政问题，在不同社会制度和文化背景下，对腐败的内涵和范畴界定不同，界定是否存在腐败、衡量腐败程度的依据和标准是本国相关法律。因此，国际组织或他国的介入被认为违背不干涉内政的原则。但随着国际贸易、区域经济一体化和经济全球化的发展，国际经济活动中出现了广泛的行贿、受贿行为，阻碍公平竞争，影响正常国际经济关系。这一现实促使一些国家和国际组织开始探讨反腐败相关合作议题。为了禁止美国公司和个人贿赂国外政府官员的行为，1977年美国出台了《反海外腐败法》（Foreign Corrupt Practices Act，FCPA），为反腐败国际合作议题提供了契机。但《反海外腐败法》的实施，使得美国企业在国际市场上处于相对不利的竞争地位。因此，美国把反腐败国际合作上升到国际性问题，引领了反腐败国际合作的开启。美国通过与OECD协商，促使美国主要的贸易伙伴出台类似的法律，并在1997年与OECD其他33国共同签订《国际商业交易活动反对行贿外国公职人员公约》（Convention on Combating Bribery of Foreign Public Officials in International Business Transactions，以下简称

"OECD反行贿公约")[①]。它采纳了联合国、世界银行、国际货币基金组织、欧洲理事会和欧盟等国际组织的反行贿活动中取得的新成果,对行贿外国公职人员罪做出了明确定义,即对犯有行贿外国公职人员罪的行为应给予适当和有效的刑事处罚,其量刑标准应参照各国对行贿本国公职人员的量刑幅度,贿赂金及其他非法所得将予以没收并做出相应的经济制裁。它的重要意义在于将打击跨国行贿与本国有关行贿罪的处罚挂钩;明确认定行贿罪是一种可引渡的罪行;用法律手段保障了各国反腐败的合作,包括对司法管辖权的认定与执行、反洗钱及财务金融的合作、法律援助与引渡合作以及监督和后续行动合作等。美国和OECD国家在国际商业交易中的显著地位,赋予这一公约在减少企业对外国政府官员行贿方面的重要意义。[②]

二 反腐败国际合作的制度基础

腐败是各国面临的共同难题。随着科技、互联网、信息化、全球化的快速发展,腐败也越来越多样化,腐败犯罪跨国化趋势也越来越突出,通过犯罪后潜逃出境或将赃款转移出境来逃避法律制裁已成为各国有效惩治腐败犯罪的最大障碍之一。腐败案件涉外化,对社会、经济、政治的稳定和发展产生了不良影响。这一现实要求国际社会通过反腐败国际合作来共同应对腐败问题。相关制度或秩序安排和合作机制的形成是反腐败国际合作的前提和基础。目前,反腐败国际合作机制按合作范围可分为联合国主导下的反腐败多边合作机制、联合国之外国际组织主导的反腐败国际合作、区域国家参与和主导的反腐败国际合作与双边反腐败合作四类机制,主要以全球性、区域性的公约、协议、条约等的形式存在。

联合国也与OECD一样,以美国《反海外腐败法》为主要范式,从1978年开始致力于制定反腐败国际合作的相关规制,成果主要表现为2003年10月31日第58届联合国大会通过、2005年12月24日生效的《联合

---

① 此公约于1999年2月生效。1996年韩国成为第29个OECD成员国,在亚洲仅次于日本第二个加入此组织。
② 20世纪90年代,反腐败国际合作成为世界性话题。这是因为后冷战时期发达国家企业对发展中国家的直接投资剧增,随之而来的是对投资对象国的官僚行贿行为成比例增加。

反腐败公约》(United Nations Convention against Corruption，以下简称"公约")。它确立了预防、刑事定罪与执法、国际司法和执法、资产追回与返还、履约监督五大国际反腐合作机制，为反腐国际合作提供了基本法律框架，促使反腐败国际合作走向制度化。它的重要意义在于打破了一直以来以OECD等发达国家为主探讨的反腐败国际合作的范畴，扩大到包括发展中国家和第三世界国家在内的全球范围。它强调预防腐败的重要性，促使各国政府设立反腐败相关机构，构建提高政治透明度的相关制度体系。特别是第一次把民间部门的腐败定性为犯罪，并提出了提高企业廉政度的相关规定。

另外，《联合国打击跨国有组织犯罪公约》(The United Nations Convention Against Transnational Organized Crime，UNCATOC) 为有效地预防和打击跨国有组织犯罪提供条件。2000年生效的该公约的最初动因是"处理贩运妇女和儿童问题、打击非法制造和贩运枪支及其零部件与弹药问题以及包括在海上非法贩运和运送移民问题"，随后通过各项议定书把范围扩大到"恐怖主义犯罪"和"洗钱、腐败、非法贩运野生动植物群濒危物种、破坏文化遗产"等犯罪。其中对"洗钱、腐败"犯罪规定的内容包括公职人员腐败行为的刑事定罪、共犯的刑事责任、贿赂公职人员的法人责任、采取措施预防、侦查和惩罚公职人员的腐败行为等。

还有由亚洲开发银行和OECD亚太地区反腐败行动组牵头，基于对反腐败的复杂性、各国配合及反腐败国际合作的有效性认识而出台的《亚太地区反腐败行动计划》，为亚太地区反腐败合作提供了基础。它由三大行动支柱和一项实施计划组成。前者包括发展有效而透明的公职服务系统，包括对公职人员的廉洁、负责及透明度等要求；加强反行贿受贿及促进商业活动廉洁，包括预防、调查和惩治贿赂行为及对公司负责制和可监督性的要求；支持公众的积极参与，包括对腐败的讨论、有关信息的获取及公众参与等。实施计划强调了两项核心原则，即建立一种可以对改革整体进程进行推广和评估的机制，以及在关键的改革项目上向参与国政府提供特别和实用的援助。

三 韩国参与反腐败国际合作的动因

第一，韩国威权主义向民主政治转型。韩国建国以来经历了长时期的从威权主义转向民主政治的进程，通过卢泰愚时期的脱离威权主义进程和1993年出台的金泳三"文官政府"，开启了民主政治的新时代。一般情况下，民主化进程提高市民的政治权利和自由，提高国民的参政议政意识和水平，提高透明性要求，为国内反腐败和反腐败国际合作提供政治基础。① 第二，政治倾向性。在包括反腐败国际合作在内的特定领域，通过双边或多边协定参与国际合作形成国民共识。这基于韩国严峻的腐败现实和反腐败需求。韩国虽然通过惩防并重、预防为主的反腐败制度建设和反腐败实践取得一定成效，但仅仅摆脱了"绝对腐败"的水平，作为社会毒瘤的腐败仍然广泛存在，滥用权力、职务犯罪、不法资金的海外转移、海外洗钱等腐败问题相当严重和普遍。2015年，韩国的经济规模在世界排第11位，但韩国的廉政指数在OECD 34个国家中排在第27位。OECD国家的平均廉政指数为7，而韩国的廉政指数为4~5，属于腐败比较严重的国家。② 韩国的职务犯罪呈现出逐年递增的态势。国际透明以面谈、电话采访、网络调查等方式，调查一般百姓的腐败经验和腐败认识并进行指数化，从2003年开始发表全球贪腐趋势指数（Global Corruption Barometer）。从2012年9月到2013年3月，对1500名韩国成年百姓进行面对面调查，结果56%的被调查者不信任政府的反腐败政策，并认为其政策无效。第三，韩国经济发展和经济利益需求。包括经济利益在内的国家利益是调整国际关系的最核心要素。国家都是追求本国经济利益的理性行为体，通过成本收益的核算进行决策，致力于本国利益的最大化。腐败提高经济的不确定性和交易成本，阻碍本国资源的有效配置和经济增长。韩国当然也意识到反腐败国际合作关系到本国经济发展和经济利益。第四，透明国际所发表的腐败指数作为一国对外信用和社会公正性程度的指标之一，促使韩国积极参与反腐败国际合作。

---

① 有观点认为民主化促进腐败的滋生和发展，即言论自由等开放社会比威权主义提供了更多的腐败土壤，为进行周而复始的选举，要管理投票人，提高成本，形成腐败结构。另外，有的研究成果表明民主化与腐败之间不存在单纯的线性关系。
② 廉政指数（Corruption Perceptions Index，CPI）于1993年由德国人彼得·艾根创办。从2012年开始采用了100分制。为便于比较，本文把100分制换算成10分制。分数越高表示越廉洁。8~10分表示比较廉洁，5~8分表示轻微腐败，2.5~5分表示腐败比较严重，0~2.5分表示极端腐败。

四 参与多边反腐败国际合作

(一) 批准《联合国反腐败公约》

联合国与韩国于 2003 年在《联合国反腐败公约》上签了字。为了实现韩国内国法与公约的衔接,很好地履行公约,韩国出台了《有关腐败资产没收及返还特例法》,2008 年 2 月 29 日通过了国会审核,实现了公约的批准。①

(二) 参与构建 APEC 框架下的反腐败国际合作网络

1989 年成立的 APEC 的宗旨是促进成员间的经济合作。APEC 从 2003 年开始探讨铲除阻碍经济发展的腐败问题及提高透明度的路径。在 2004 年的智利圣地亚哥 APEC 首脑会议上出台了《圣地亚哥反腐败宣言》《圣地亚哥反腐败与提高透明度行动计划》。2005 年 9 月,在韩国召开的 APEC 反腐败与提高透明度的研讨会上,韩国主导创建了 APEC 反腐败与提高透明度会议(T/F)。2010 年,与美国合作,为把 T/F 升级为工作组(Working Group)助一臂之力。

韩国每年都会积极参与 APEC 反腐败与提高透明度工作组会议和相关研讨会,阐述韩国的反腐意志和反腐实践,包括韩国反腐败相关法律法规的完善以及在反腐败国际支援领域做出的努力。

(三) 履行 OECD 反行贿公约并制定国内《海外贿赂防止法》

OECD 反行贿公约进行非常严格的同行监督和评议,评估成员国将此公

---

① 韩国国民权益委员会作为韩国防腐败的专职机构,与法务部等相关部门合作,为在韩国国内更好地实践该公约而努力,包括负责公约履行情况的检验等。2016 年 6 月 20~24 日,在奥地利维也纳召开了 2016 年第 7 次联合国反腐败公约实践情况检验组会议,141 个当事国、签约国(日本)代表及国际机构相关人员约 400 人参会。在会议中,抽签决定 2 周期(2016~2021)受检验的国家,韩国将于 2017 年同越南一起检查所罗门群岛,2018 年同基里巴斯一起检查科威特,对韩国的检查将于 2019 年实施。2 周期检查对象国应根据《公约》的第二章(预防措施)和第五章(资产返还)的内容,与委员会相关部门、法务部和外交部等相关部门合作,诚实履行作为检验国的职责,并将缜密应对韩国的履行情况检验。

约付诸国内立法的情况。① 为致力于构建健全的国家商业交易秩序，也为很好地履行 OECD 反行贿公约，1998 年韩国出台了《海外贿赂防止法》，规定在国际商业交易活动中以获得不当利益为目的对外国公务员行贿时，可判刑 5 年以下或罚款 2000 万韩元以下。并通过附件规定《海外贿赂防止法》的实施起点为 OECD 反行贿公约生效时，说明此法的法律效力依存于 OECD 的最终决定。

所有缔约国轮流由"同行评议"即另外两个国家评估，这两个国家分别是与这个国家在文化上有关系的国家和与之没有任何关系的国家。缔约国每年需要上报国内进入司法调查的海外贿赂案件。韩国 1999 年 7 月接受了第一阶段的审查，即审查是否为公约的履行制定了相关国内法。2004 年 11 月，接受了澳大利亚和芬兰作为审查国的第二阶段的审核，即公约履行相关情况的审核。2011 年 10 月，接受了芬兰和以色列作为审查国的第三阶段的审查，即韩国在履行公约的检举和处罚方面的审查。韩国成功通过审查的同时，采纳了第三阶段审查给出的建议事项。

（四）提出 G20 反腐败国际合作的韩国方案

G20 峰会是国际经济合作的主要论坛，它始终高度重视反腐败国际合作。G20 是全球首屈一指的大国协商共治机制，层次更高，影响更广，而且它的成员国多为西方发达国家。以 2008 年全球经济危机为契机，腐败问题与经济危机、经济发展的关系更加凸显，当年的华盛顿峰会宣言提出要促进金融市场的诚信、预防权力滥用的问题、加强跨国资本流动监管等。2009 年 4 月，伦敦峰会公报提出加强金融监管，9 月的匹兹堡峰会发表的《领导人声明》提出防止发展中国家的资金非法流出，呼吁 G20 成员批准《联合国反腐败公约》。2010 年 4 月的多伦多峰会宣言再次强调所有 G20 成员批准并实施公约，并为提出更加具体、更具实践性的反腐败对策，同意设立 G20 反腐败工作小组。2010 年 11 月，韩国成为亚洲第一轮值主席国，在首尔组织召开了 G20 首尔峰会，在设定议题、讨论、得出结论等全过程中发挥了

---

① 此公约要求缔约国将其纳入国内法中，比如，日本把它纳入国内不公平竞争立法中，欧洲国家将其纳入刑事犯罪法律。每个成员国都需要通过评估，新加入者要事先进行评估，通过后才能加入 OECD。

主导作用。首尔峰会通过的《二十国集团首尔峰会领导人宣言》，承诺通过《亚太地区反腐败行动计划》预防和消除腐败，支持以共同方式建立有效的全球反腐败机制。"G20反腐败行动计划"以首尔首脑峰会宣言的附件形式，提出了反腐败的"韩国方案"。这是第一个由韩国主导起草的国际性反腐败宣言，是韩国第一次以国际文件的形式明确提出加强反腐败国际合作的"韩国主张"，充分体现了韩国在加强反腐败国际合作方面的关切和立场。2015~2016年的反腐败行动计划是继承和发展首尔反腐败行动计划的继承和延伸。①

韩国参与了2016年G20反腐败工作小组会议，筹划制定国际追逃追赃和打击跨国商业贿赂相关国际合作的原则，同时参与了2017~2018年G20反腐行动计划草案等反腐败有关热点问题的讨论和研究，为2016年9月G20杭州峰会出台的《二十国集团反腐败追逃追赃高级原则》和《二十国集团2017~2018年反腐败行动计划》做出贡献。韩国支持设立中国主导的G20反腐败追逃追赃研究中心，并承诺致力于与执法部门、反腐败机构和司法部门之间的国际合作及信息交流。

五 扩展与其他国际组织及双边反腐败合作

（一）扩展与其他国际组织的反腐败合作

1. 积极推进与国际反腐败学院的合作

2012年3月，韩国与国际反腐败学院（International Anti-Corruption Academy，IACA）签署了合作协议。以此为契机，双方的合作快速发展。②

---

① 2011年的G20戛纳峰会、2012年的洛斯卡沃斯峰会、2013年的圣彼得堡峰会、2014年的布里斯班峰会、2015年的安塔利亚峰会、2016年的杭州峰会分别强调了加大反腐败力度、加强反腐败国际合作和反腐败立法、追缴被盗财产；应对高危部门腐败、增强公共部门诚信和透明度；建设反腐败合作网络；促进国际社会形成腐败问题的零容忍环境，核准《G20私营部门连接透明高级别原则》《G20反腐败公开数据原则》和《G20推动公共采购廉洁原则》，推动民事和行政上的国际合作；核准了《二十国集团反腐败追逃追赃高级原则》《二十国集团2017~2018年反腐败行动计划》，决定在中国设立G20反腐败追逃追赃研究中心。

② 国际反腐败学院是反腐败教育训练的国际专职机构。

2013年，国民权益委员会为IACA募捐了约1.5亿韩元，2012~2015年参与了诸多IACA的学术和教育运行项目，提高了韩国的国际地位。2014年5月，选拔并派遣了一名负责教育课程的科长级首席学术专员。

韩国从2013年开始以反腐败清廉事务工作人员为对象，运营了符合IACA要求的反腐败教育课程，2016年4月20~28日共有26人参加了教育训练。两个机关以互惠关系为基础，积极合作，通过开展一系列反腐活动，强化组织和政策的力量。

2. 强化与联合国开发计划署的反腐败合作

2015年1月29日，韩国以"韩国和世界反腐败经验交流"为主题，与联合国开发计划署首尔政策中心共同主持了"2015首尔谈话"，将韩国的反腐败经验与全世界分享。当年12月，韩国与联合国开发计划署签署反腐败合作协议。以此为基础，韩国与联合国开发计划署进行合作，为韩国、联合国开发计划署、发展中国家之间开展反腐败合作项目付出不懈的努力，包括韩国"反腐政策评价"制度的越南引用等。

3. 深化与世界银行的反腐合作

从2015年开始韩国与世界银行以韩国的"清廉度测定""预防腐败政策评价"等评价清廉度的实践经验为基础，共同开发清廉政策评价体系，推进以亚洲国家为中心的反腐项目。

世界银行在2015年对韩国的"清廉度测定"和透明国际的"国家反腐败系统评价"（NIS）、世界银行的"国家治理、反腐败诊断评价"（GAG）进行了比较研究，以此为基础，在2016年制定了清廉政策评价体系（Integrity Assessment Framework）草案。此评价体系的目的在于，通过精准分析国家反腐败系统当前的实效性，进而提出提高公共部门清廉度的改善方案。

（二）拓展双边反腐败合作

1. 韩国与印度尼西亚的反腐败合作

韩国与印度尼西亚的反腐败合作协议是韩国签署的第一个双边反腐败协议。韩国从2007年开始把评价公共机关清廉度、腐败影响评价等方法传授给印度尼西亚。从2008年开始，印度尼西亚每年实施并发表公共机构的清廉度，从2009年开始实施腐败影响评价，为相关部门提出反腐败相关法规的修订建议。另外，韩国与印度尼西亚监察专员于2012年12月签署了监察专员协定。

双方定期召开合作会议，为解决双方在外侨民的困难进行合作，并在国际监察专员协会（International Ombudsman Institute，IOI）、亚洲监察专员协会（Asian Ombudsman Association，AOA）等多边机构中相互给予支持。

2. 韩国与越南的反腐败合作

2010 年，韩国与越南签署了反腐败合作谅解备忘录。通过定期分享反腐败政策、在"腐败评定标准"及"保护举报人政策"的国际研讨会上发表相关主题，帮助越南订立反腐败政策。2013 年 3 月，韩国与越南签署了监察专员合作协议。协议的主要内容包括保护在外侨民和企业的权益，开设信访窗口，沟通相关政策、交流经验，召开相关研讨会，等等。2016 年 4 月，越南监察院长等 10 人访韩，在高层合作会议上讨论了构建在外侨民权益保护通道及两国监察专员发展方向。2016 年 10 月 14 日，韩国国民权益委员会委员长和越南中央内务委员会副委员长等相关人员缔结了反腐败合作延长两年的谅解备忘录（协议）。协议缔结仪式结束后韩国就越南关注的 OECD 反行贿公约中韩国的立法和履行现状与越南进行了交流。

3. 韩澳、韩泰国际监察专员合作

2015 年 6 月，韩国与澳大利亚签署了监察专员合作协议。2016 年 3 月和 11 月分别召开了韩澳监察专员合作会议。2011 年 2 月，韩国与泰国签订监察专员合作协议，以此为契机两国展开了频繁的交流活动。韩国国民权益委员会相关人员在 2016 年 4 月访问泰国监察专员事务所，2016 年 12 月以泰国首席监察专员为首的共 47 名泰国监察专员代表团访韩，进行了"强化泰国监察专员影响力研修"和"听取驻韩泰国侨民苦衷恳谈会"。

六 强化与国际监察专员的合作

（一）加入国际监察专员协会

以监管日益扩张的行政权力、保护公民权利为宗旨，监察专员制度（Ombudsman）在众多国家相继建立。随着监察专员制度在世界范围的扩大和普及，建立一个为各国监察专员提供联络、沟通、交流的平台即国际性的监察专员联合体成为必然。1978 年成立的国际监察专员协会作为全世界各国、各地区的议会监察专员机构的联合体，是保护国民权利和利益的监察者、仲裁者、权益拥护者。目前已经发展为世界114个国家197个监察专员成员加入的协商机制。

韩国于1996年加入IOI。2008～2015年，韩国作为亚洲地区的会长或地区理事，在IOI理事会及总会上参与各种议题的讨论和决策，将亚洲地区的立场和意见反馈到IOI。2016年11月15日，韩国国民权益委员会委员长在泰国曼谷召开的第11次国际监察专员协会总会上，在日本、印度尼西亚、伊朗等16个亚洲会员国中获得11票，再一次被选为任期4年的地区理事。在此次会议中，国民权益委员会对江原道（正式会员）和京畿道始兴市（准会员）会员申请给予了支持，详细介绍了韩国公益举报人保护制度等韩国的优秀制度。

（二）活跃于亚洲监察专员协会

亚洲监察专员协会成立于1996年，主要负责在亚洲地区扩大并发展监察专员制度。目前有韩国、中国、日本、巴基斯坦、泰国、中国香港等18个国家和地区的35个机构。韩国国民权益委员会是创始会员，2003～2015年作为财务理事参加了各项活动，并于1997年、2004年和2014年在首尔先后召开了三次亚洲监察专员协会理事会及总会。2017年5月，韩国国民权益委员会与江原道社会纠纷调解委员会在江原道平昌组织召开了第十五次总会。

七 韩国反腐败国际合作的经验

在全球化趋势下腐败成为人类共同体所面临的严峻课题，它作为滥用公共资源追求私利的行为，阻碍经济发展的同时严重影响社会和谐。反腐败国际合作启动和发展是经济一体化、国际商业活动中引导公平竞争的一个重要环节。一国的反腐败相关法律体现在刑法、民法、商法、行政法、税法等法律体系中。为了更好地履行国际社会的相关公约，韩国除了《政治资金法》、《公职人员伦理法》和《腐败防止法》以外，还制定了独立的《有关腐败资产没收及返还特例法》《海外贿赂防止法》，这符合OECD等国际组织的劝告和方向，在世界上也是不多见的。但在具体规定上需要进一步的补充和完善。韩国的税法不包含有关行贿的明文规定，还允许一定限度内的接待费，这很容易引起其他国家的异议。

韩国是OECD会员国，为了采纳和实施OECD以及其他国际组织的反腐败相关劝告，需要刑事、政府采购特别是刑事处罚的实施方法和企业会计标准领域整备相关法律法规。韩国经济的对外依存度极高，迅速而科学应对的必要性也日益明显。亚洲金融危机后，韩国的会计等相关制度改善了许多，但在韩国国内还广泛存在对韩国企业会计制度的不信任，还有很大的空间来提高会计透明度。

South Korea Anti-Corruption International Cooperative Action and Road Diameter Analysis

Ba Dianjun, An Naying

Abstract Corruption, along with the development of human society, has become a chronic pathological phenomenon. It not only has a negative impact on society, but it sometimes even determines the life and death of a country. However, the issue of corruption has long been confined to a country's home. With the development of economic globalization, bribery problems have emerged in international economic activities, which not only hinder fair competition but also affect normal international economic relations. This reality has prompted some countries and international organizations to start exploring cooperative solutions and has put in place a series of global and regional cooperation mechanisms that have provided the institutional foundation for international cooperation in fighting corruption. South Korea has made some achievements in taking full advantage of the international cooperation path and actively participating in the international cooperation against corruption on the basis of the internal drive of international cooperation against corruption. However, there are still problems related to the need to curb the domestic system.

Keywords South Korea; Anti-Corruption; Global Cooperation

韩国海洋观的历史变迁*

李雪威

【内容提要】 在漫长的远古时期,朝鲜半岛居民利用和拓展海洋生存空间的能力十分有限,其海洋认知带有鲜明的沿岸性特征。但每当沿岸航路受阻之时,跨海航行的意识便随之增强。统一新罗与高丽时期,海洋认知的跨海性特征最为突出,海洋防御意识也得以强化。朝鲜王朝时期,封闭保守的海洋观念大行其道,严格限制海上活动,强化陆地防御。二战后,韩国重塑海洋观念,形成开放的海洋意识,构建多元的海洋利益观念,拓展更为广阔的海洋安全视野。

【关键词】 韩国　朝鲜半岛　海洋观念　海洋史

【作者简介】 李雪威,法学博士,山东大学东北亚研究院教授,主要研究方向为海洋问题、朝鲜半岛问题。

韩国是中国的海洋邻国,研究韩国海洋观念的历史变迁对于我们解读韩国的海洋观念、把握其战略动向具有重要现实意义。目前,国内外学界对于韩国海洋史的研究多集中于记述和还原不同历史时期的海洋实践活动。其中,中国学者侧重于对韩国特定历史阶段海上航路和海上贸易等海洋活动的

---

* 本文为国家社科基金一般项目"亚太地区对美国航行自由政策的认知及中国应对策略研究"(项目编号:16BGJ044)的研究成果。

探讨①，韩国学者则在更为广泛和深入探究韩国特定历史阶段海洋活动的同时，更见长于对韩国海洋史进行全面系统的梳理。20世纪80年代以前，韩国关于海洋史的研究成果寥寥无几②。90年代中期以后，韩国学者在研究韩国史的同时，开始将海洋史作为新的视角。③ 2000年以来，韩国海洋史研究步入活跃期。④ 在众多韩国海洋史的研究成果当中，关于韩国海洋观念发展变化的研究成果屈指可数，尚存在进一步研究的空间。海洋观念孕育于海洋实践之中，海洋实践也锤炼和提升了海洋观念。国内外学者的研究成果既为我们呈现了韩国海洋发展的历史画卷，也为我们进一步揭示韩国海洋观念的历史变迁奠定了坚实基础，本文将据此尝试从韩国的海洋历史实践中勾勒出其海洋思想观念的脉动。

一 14世纪末之前历代王朝海洋观念的演进

从远古时期至14世纪末，朝鲜半岛经历了漫长的势力林立、竞相争霸时期，最终于7世纪后期由新罗实现统一，此后，朝鲜半岛进入统一新罗——高丽王朝的繁盛时期。在这一过程中，朝鲜半岛历代王朝的海洋观念也在发生着深刻变化。

---

① 主要成果有：陈炎：《略论"海上丝绸之路"》，《历史研究》1982年第3期；林士民：《论东方航线的拓展与东亚贸易圈》，《韩国研究》1996年第3辑；孙光圻：《公元8～9世纪新罗与唐的海上交通》，《海交史研究》1997年第1期；刘凤鸣：《齐国开辟了"东方海上丝绸之路"》，《齐鲁文化研究》2009年第8辑；周裕兴：《从海上交通看中国与百济的关系》，《东南文化》2010年第1期；孙泓：《东北亚海上交通道路的形成和发展》，《深圳大学学报》2010年第5期；魏志江：《论十至十四世纪中韩海上丝绸之路与东亚海域交涉网络的形成》，《江海学刊》2015年第3期；等等。
② 韩国海军本部战史编撰官室：《韩国海洋史》，首尔：大韩军事授讲文化社，1955。
③ 主要成果有：〔韩〕尹明喆：《高句丽前期的海洋活动与古代国家的发展》，《韩国上古史学报》1995年第18期；〔韩〕尹明喆：《古代的船与海上交流：从海洋条件看古代韩日关系史》，《日本学》1995年第14卷；〔韩〕崔亨泰等：《海洋与人类》，首尔：韩国海洋研究所，1999。
④ 主要成果有：〔韩〕河世凤：《韩国的东亚海洋史研究》，《东北亚文化研究》2010年第23期；〔韩〕尹明喆：《韩国海洋史》，首尔：学研文化社，2003；〔韩〕姜凤龙：《刻在海洋上的韩国史》，首尔：Hanerlmedia出版社，2005；〔韩〕郑镇述：《韩国海洋史》（古代篇），首尔：京仁文化社，2009；〔韩〕尹龙赫：《韩国海洋史研究》，首尔：周留城出版社，2015；等等。

(一) 海洋通道观念的变化：由沿岸通道观转变为跨海通道观

远古时期，朝鲜半岛居民的航海技术和造船技术不发达，对海洋缺乏足够的认知，拓展海洋生存空间的能力十分有限，故将浩瀚的海洋视为难以逾越的天然屏障。尽管顺应海流、季风等变化偶尔实现漂流式跨海航行，但人们对沿岸航路的高度依赖孕育了朴素的拓展和利用沿岸航路的海洋通道观念。较早反映人们这种沿岸通道观念的是《三国志》的记载："从郡至倭，循海岸水行，历韩国，乍南乍东，到其北岸狗邪韩国，七千余里，始度一海，千余里至对马国……又南渡一海千余里，名曰瀚海，至一大国……又渡一海，千余里至末卢国……"①，可见，较早时期人们对带方郡—马韩—狗邪韩国—对马国—倭国各地的西南沿岸航路已具有清晰的认知。这一航路沿朝鲜半岛西海岸北上，经"老铁山水道"可到达山东半岛②，是朝鲜半岛各方势力向中原王朝朝贡的日常化海上航路，也是朝鲜半岛连通中国与日本最为重要的海上通道。③

在沿岸航行时代，沿岸航路因安全系数较高在对外交往中被广为利用，但绕行大、航程长、耗时多、效率低。因此，随着黄海东西两岸的频繁往来，摆脱迂回的沿岸航路、开通便捷的跨海航路的需求日益提高。特别是沿岸航路受阻之时，这种诉求更加迫切。例如，高句丽南下之后，百济上书北魏称，"投舫波阻，搜径玄津"④，即意图探寻避开高句丽的势力范围、直达北魏的海上捷径；后来，新罗为打破高句丽和百济的海上封锁，也尝试开辟横渡黄海的航路，直至660年唐军横渡黄海作战，正式开通黄海中部横渡航路，即从山东半岛横渡黄海到达朝鲜半岛西海岸的航路。海洋不再是天然屏障，而是连接黄海东西两岸的通道，这大大提高了统一新罗的海洋通道意识，形成跨海通道观念。

统一新罗除了东部海域的北部被渤海国控制以外，广泛活跃于东亚各个海域。其跨海通道观念主要表现于在既有航路的基础上广泛利用多样化的跨

---

① 《三国志》卷三十《魏书三十》，中华书局，1973，第854页。
② 〔韩〕孙兑铉：《韩国海运史》，首尔：Withstory 出版社，2011，第24页。
③ 此外，半岛东部沿岸航路也实现日常化利用，但活跃程度远不如西南沿岸航路。
④ 金富轼：《三国史记》卷二十五《百济本纪第三·盖卤王》，孙文范校勘，吉林文史出版社，2003，第303页。

海航路，例如，黄海中部横渡航路、黄海南部斜渡航路（全罗北道附近海岸—连云港、明州）、东海斜渡航路（西南海岸—黑山岛—明州）等。当时，这些航路多数已实现日常化利用，① 但对于从朝鲜半岛至浙江省斜渡航路的日常化问题仍存在争议。② 高丽王朝的海上活动能力很强，跨海通道观念更为普及。高丽王朝时期的黄海中部横渡航路又分为两个条：高丽前期主要利用开京—碧澜渡—瓮津—登州的航路；高丽前期至上半叶主要利用开京—碧澜渡—瓮津—密州的航路。黄海斜渡航路是开京—碧澜渡—黄海斜渡—明州，高丽中期以后较多利用。东海斜渡航路已正式开通，宋朝政治经济中心南移后较多利用。③

统一新罗—高丽时期海洋通道观念的提升还表现在跨海航路与"南海路"的连接上。这一时期，西起罗马东到中国东南海岸一带的海上丝绸之路已经开通。海上丝绸之路即"南海路"，又被称为"陶瓷路"或"香料路"。④ 8世纪以后，随着黄海、东海航路的广泛开拓与利用，朝鲜半岛对外航路已与"南海路"相互衔接，成为世界海上交通网络的重要组成部分。

（二）海洋贸易观念的变化：由沿岸贸易观转变为跨海贸易观

海洋通道观念影响海洋贸易观念。在沿岸航行时代，朝鲜半岛海上经济活动也具有鲜明的沿岸性，主要是利用沿岸航路开展沿岸贸易。北部的古朝鲜很早就利用沿岸航路与山东半岛齐国进行"文皮"贸易。⑤ 半岛南部沿岸的贸易活动也非常活跃，⑥ 据《三国志》的记载可知，"（牟辰）国出铁，韩、濊、倭皆从取之。诸市买皆用铁，如中国用钱，又以供给二郡"。从牟辰、韩、濊、倭、中国二郡的地理位置可知，铁贸易是在沿岸航路沿线展开

---

① 〔韩〕崔根植：《9世纪张保皋贸易船的指南器使用可能性研究》，《国际高丽学会首尔分会论文集》2000年第2期，第89页。
② 〔韩〕郑镇述：《张保皋时代的航海技术与韩中航路研究》，《战略21》2006年第16期，第208页。
③ 〔韩〕尹明喆：《韩国海洋史》，首尔：学研文化社，2008，第307页。
④ 〔韩〕郑守一：《新罗西域交流史》，首尔：檀国大学出版社，1992，第490页。
⑤ 在古朝鲜沿海沿江地区发现大量古代中国的明刀钱和五铢钱等货币，表明海路可能是当时贸易活动的重要通道。〔韩〕金德洙：《环黄海经济圈和东北亚的地域开发》，《产业开发研究》1998年第17期，第138页；陈炎：《海上丝绸之路对世界文明的贡献》，《今日中国》2001年第12期，第50页。
⑥ 《三国志》卷三十《魏书三十》，中华书局，1973，第852~854页。

的。可见，沿岸航路的利用已使沿岸贸易观念被广为接受。

3世纪，随着半岛西南沿岸航路进入活跃期，沿岸贸易观念得到进一步发展，表现为沿岸贸易由无组织、分散的状态步入组织化、体系化阶段。沿岸贸易体系并非一成不变，会随着沿岸贸易主导权的更替而瓦解、重构。朝鲜半岛较早形成的是中国汉朝主导的乐浪、带方贸易体系。4世纪上半叶，这一体系瓦解，推动了倭与新罗的贸易往来，沿东海岸开辟了高句丽—新罗—倭的贸易通道。4世纪下半叶，百济迅速强大，海洋经济意识随之提高，建立起它主导的百济—伽倻—倭贸易体系。① 百济积极的海洋贸易观念还表现在它尝试拓展跨海航路，寻求与中国江南地区实现海上贸易往来。②

统一新罗—高丽时期，随着跨海航路的不断拓展，贸易活动也出现新变化：贸易主体发生变化，在官方贸易之外，民间贸易广泛兴起；贸易活动辐射范围发生变化，由沿岸带状分布拓展至跨海扇形分布；贸易对象也有所变化，除中国、日本外，也与波斯人、大食人（阿拉伯人）等有贸易往来，这一时期的海上贸易规模是沿岸航行时代无法比拟的，跨海贸易观念已被普遍接受。

8世纪，统一新罗的官方贸易占据主导地位，从事官方贸易的是遣唐使和遣日本使。8世纪后期，东亚三国都出现皇权（王权）瓦解的征兆，官方贸易衰退，民间贸易兴起。9世纪中叶，随着民间贸易的广泛开展，跨海贸易观念已经广为扩散。张保皋是跨海贸易观念的践行者，他以清海镇为大本营，构建起以赤山、登州、莱州、泗州、楚州、扬州、明州、泉州及日本太宰府（九州岛）为基地的扇形跨海贸易网，他向唐派遣卖物使、向日本派回易使，并与波斯人和大食人频繁接触，进口地中海和波斯的商品，③ 促进了海上丝绸之路的东向延伸。当时，民间贸易规模庞大，一度取代朝贡贸易，以至于"会昌（841~846）后，朝贡不复至"④。

11世纪前50多年间，高丽王朝与北宋、日本的官方往来一度中断。高丽显宗时期，丽宋民间贸易开始盛行，跨海贸易观念再度得到强化。开展跨

---

① 〔韩〕李贤惠：《四世纪加耶社会的贸易体系变化》，《韩国古代史研究》1988年第1期，第174页。
② 周裕兴：《从海上交通看中国与百济的关系》，《东南文化》2010年第1期，第72页。
③ 〔韩〕郑守一：《新罗西域交流史》，首尔：檀国大学出版社，1992，第337页。
④ 《新唐书》卷二百二十《东夷列传》，中华书局，1975，第6207页。

海贸易的主体是宋商，其次是丽商。① 宋商是丽宋跨海贸易的重要力量，在两国官方往来中断时期，大批宋商频繁往来于丽宋之间，对两国经济、文化的交流做出巨大贡献，对动荡的政治关系也起到调解作用。丽商主要是随高丽使团开展贸易活动。高丽王朝在与宋、元开展海上贸易期间，形成以礼成港为中心，以登州、明州、泉州等为基地的扇形跨海贸易网。此外，大食国等外国商人也与高丽开展贸易活动。

（三）海洋防卫观念的变化：由沿岸要塞防卫观转变为戍岸护海防卫观

海洋既是对外交往的和平通道，也是外敌入侵的军事通道。在沿岸航行时代，据守沿岸要塞是巩固海防的重要手段。汉江流域位于半岛西部沿岸航路的中枢地带，在沿岸航行时代，汉江流域及黄海航道沿岸地区是经黄海赴中国的海上交通要塞。各方势力在此竞相角逐，或早或晚都认识到占据汉江流域对自身兴衰存亡的重大意义——得之制人，失之制于人。百济早在选址建都之时，便有大臣言明汉江流域的重要性："惟此河南之地，北带汉水，东据高岳，南望沃泽，西阻大海。其天险地利，难得之势，作都于斯，不亦宜乎？"② 百济据此要塞之地，于4世纪下半叶，掌握了半岛海上贸易主导权。5世纪，高句丽大举南下。475年，占领汉城，百济被迫向南迁都。6世纪，新罗争夺沿岸要塞的意识显著增强。6世纪中叶，新罗夺取汉城。百济、高句丽、新罗对汉江流域的激烈争夺，充分反映出它们占据沿岸要塞以便控制沿岸航路的海防观念。在扼守沿岸要塞的过程中，新罗积极与唐朝联合，并最终实现半岛统一。

随着统一国家的形成和海上活动的频繁开展，统一新罗和高丽王朝的海防意识大为提高，积极加强海防体制建设，形成戍岸护海的海防观念，即通过守护海岸和周边海域来巩固陆地安全，也为海上活动提供安全保障。

完成统一大业后，新罗当务之急是防范日本入侵。文武王积极加强东南地区的海防建设，在东海岸建设护国寺庙——镇国寺，希望运用佛教的威力

---

① 〔韩〕姜凤龙：《韩国海洋史研究的几个问题》，《岛屿文化》2009年第33辑，第22页。
② 金富轼：《三国史记》卷二十三《百济本纪第一·始祖温祚王》，孙文范校勘，吉林文史出版社，2003，第275页。

抵御日本入侵。据《三国遗事》记载，文武王"遗诏葬于东海中大岩上。王平时常谓智义法师曰：'朕身后愿为护国大龙。崇奉佛法。守护邦家'"①。神文王遵照文武王遗志，将其安葬在大王岩下。为缅怀文武王的恩惠，神文王将镇国寺改名为感恩寺，并在感恩寺金堂台阶右侧设置一洞穴，以便化身为护国龙的文武王能够自由进出。这就将大王岩和感恩寺连成一体，将龙神信仰与佛教信仰结合起来，意在宣传护海观念和护国理念。9 世纪，新罗沿海一带海盗活动猖獗，经常抢掠人口卖到唐朝为奴。828 年，张保皋从唐朝回国，向兴德王建议："遍中国以新罗人为奴婢，愿得镇清海，使贼不得掠人西去。"②张保皋获得朝廷许可在家乡莞岛设立清海镇，将巩固海防与海洋贸易结合成一体，体现了海防与通商并重的海洋观念。

高丽建国与水军的活动密切相关，高丽太祖王建即出身于海上势力，他利用水军打赢几场大战，建立高丽王朝。因此，高丽王朝的海防观念和海防能力都大为提高。11 世纪，女真海盗在高丽海岸一带活动猖獗。为防范海盗入侵，高丽强化水军训练，建立水军基地，有代表性的是在元兴镇和镇明镇设立的船兵都部署，水军担负着开展海战和巩固海防等任务，在保护使臣船和贸易船通行安全方面也发挥了重要作用。高丽针对东部海域的海洋环境和讨伐女真海盗的目标，打造适合的军船，如戈船、剑船等，还组建骑船军以抵御倭寇侵扰。13 世纪 30 年代，元军大举南下，高丽实行"海岛入保政策"③，临时迁都到易守难攻的江华岛。高宗组织了长达 16 年的雕刻大藏经活动，在江华岛设立管理大藏经雕刻的大藏都监，在南海岛设立分司教定都监④，希望借助佛教力量抵御外来入侵，保护周边海域安全。

二 14 世纪末至 20 世纪初朝鲜王朝海洋观念的嬗变

受到国内政策变化和明朝海禁政策的影响，朝鲜王朝封锁海上活动，实行抛弃海洋的锁国政策。尽管朝鲜王朝末期开通沿岸航路，也一度兴起海洋

---

① 一然：《三国遗事》，〔韩〕权锡焕、陈蒲清译，岳麓书社，2009，第 105 页。
② 《新唐书》卷二百二十《东夷列传》，中华书局，1975，第 6206 页。
③ 〔韩〕尹龙爀：《高丽的海岛入保政策与蒙古的战略变化》，《历史学报》1982 年第 32 期，第 55 页。
④ 〔韩〕闵贤九：《高丽对蒙抗争和大藏经》，《韩国学论坛》1979 年第 1 期，第 45、50 页。

通商论，但未能彻底打破封闭保守的社会氛围，万历朝鲜战争的胜利、朝廷对宗教的镇压都对其海禁政策起到强化作用。伴随着西力东渐，抛弃海洋的朝鲜王朝日渐趋向没落。

（一）海洋屏障观念

建国之初，朝鲜王朝将海洋视为与外界隔离的天然屏障，关闭海洋门户，实行空岛和海禁政策。朝鲜王朝的海洋观念深受高丽末期海洋政策的影响。1223年，倭寇开始入侵高丽。1227年，高丽向日本提出严正抗议，此后30多年再无倭寇出没记录。① 1260年，倭寇再次入侵，1350年后，侵略频度和规模都大大增加。② 为抵御倭寇入侵，防范三别抄势力与倭寇联手，③高丽王朝采取"空岛措施"，即高丽王朝末期采取的将岛屿居民全部转移到陆地、清空岛屿的极端性措施。朝鲜王朝则将"空岛措施"提升为"空岛政策"，规定未经官方允许私闯岛屿者将根据法律遭受100杖的处罚，④ 旨在有效控制居民，限制居民的海上活动。高丽末期，赴明朝贡之路已由海路转向陆路，朝鲜王朝继续推崇与明朝的宗藩关系，在海洋的认知上亦步其后尘，追随明朝推行海禁政策，形成消极、封闭的海洋观念。

朝鲜王朝重视农业发展，倾力推进对陆地的开发，以农业为中心的社会文化和严格的封建等级秩序赋予其稳定的特性。在这种社会氛围之下，变动性较大的渔业和海上贸易等活动都是不被朝鲜社会所接受的，轻视甚至鄙视海洋的风气得到助长，人们普遍认为岛屿是生存环境恶劣的空间，在岛屿上生活的人和乘船出海的人被鄙称为"岛贼"和"船贼"，岛屿与海洋的社会地位被严重矮化。

朝鲜太宗时期就下令禁止私自下海渔利⑤，世宗五年（1423）又颁布违禁下海律⑥。此外，朝鲜对出没于其海岸的"荒唐船"也严加防范，厉行海

---

① 〔韩〕罗钟宇：《红巾军与倭国》，《韩国史》1994年第20期，第395~398页。
② 〔日〕筱原一男：《日本史研究》，东京：山川出版社，1975，第141页。
③ 〔韩〕姜凤龙：《韩国海洋史的转变：从海洋时代走向海禁时代》，《岛屿文化》2002年第20期，第41页。
④ 〔韩〕姜凤龙：《刻在海洋上的韩国史》，首尔：Hanerlmedia出版社，2005，第231页。
⑤ 《朝鲜太宗实录》卷二十六，太宗十三年癸巳七月，韩国国史编撰委员会，1968，第679页。
⑥ 《朝鲜世宗实录》卷二十一，世宗五年癸卯九月，韩国国史编撰委员会，1968，第554页。

禁政策。① 从前兴盛的航路和港口纷纷衰退，海上贸易急剧萎缩，只在沿岸地区进行漕运。明朝末年，女真族兴起，断绝陆上贡道，朝鲜王朝被迫利用沿岸航路朝贡，但始终未能全面恢复跨海通道。万历朝鲜战争的胜利客观上巩固了朝鲜宣宗的统治，延缓了海禁政策的瓦解。此后，朝廷对宗教的镇压也强化了海禁政策。18世纪末，朝鲜王朝支持海洋通商论的政治势力一度得势，他们主张放弃海禁政策，恢复海上航路，提高造船技术，实施积极的通商政策。但随着19世纪上半叶反对派重新主政，海洋通商论遭到全面弹压，未能彻底转变朝鲜王朝封闭的海洋观念。

（二）限定性海洋贸易观念

朝鲜王朝逐海洋之利的意识十分薄弱。在当时的地缘经济环境下，朝鲜王朝的主要贸易对象是明朝和日本。明朝实行海禁政策，朝明双方主要通过陆路开展贸易往来，海上贸易则全面萧条。朝鲜王朝对日实行限定贸易政策，朝日海上贸易也大幅萎缩。

对马岛位于日本和朝鲜半岛之间，是双方贸易的重要中介。对马岛几无可耕之地，其获利重要来源是利用地理位置优势发展对朝贸易。1419年，李从茂讨伐对马岛后，为了减少倭寇的入侵，朝鲜王朝采取各种怀柔政策，重点是赋予对马岛的岛主特殊权限，建立起限定贸易体制。限定贸易体制不是放弃海禁政策，而是通过限定最小化的贸易窗口，更好地维持和强化海禁政策。朝鲜朝廷对与日本贸易者制定多重限制政策。例如，朝鲜朝廷给贸易有功之臣或希望与朝鲜开展贸易的日本人颁发图书，即授图书制度；给日本贸易负责人发送书契；给对马岛岛主颁发身份证明书——行状、渡航证明书，即路引、文引；为控制在近海捕鱼的日本人，制定了捕鱼、税收规定；将日本人进出港口限定在三浦，即釜山浦、荠浦或乃而浦、盐浦等。②

朝鲜朝廷确立对日限定贸易体制有助于倭寇势力迅速转变成和平的贸易参与者，并将他们的活动纳入制度框架之下。但是这种限定贸易政策无法满

---

① 朝鲜曾针对"荒唐船"出没问题实施了严格的海禁政策。"上下教以荒唐船出没，未有今年之频数，命前头使行时，以申严海禁之意，措辞奏闻事，令庙堂禀处。"《朝鲜肃宗实录》卷五十五，肃宗四十年甲午七月，韩国国史编撰委员会，1968，第531~532页。
② 〔韩〕姜凤龙：《刻在海洋上的韩国史》，首尔：Hanerlmedia出版社，2005，第238页。

足日本扩大对朝贸易的需求，随着日本人的不满渐渐增多，先后爆发"三浦倭乱""蛇梁津倭乱"，朝鲜则更加严格限制对日贸易。16世纪中期，日本统治势力室町幕府日渐衰弱，倭寇趁机摆脱其控制，在明朝和朝鲜的沿岸地区肆意掳掠，其中给朝鲜王朝造成最大冲击的是1555年的乙卯倭乱。乙卯倭乱后，朝鲜朝廷对倭寇更加强硬，设立备边司（朝鲜时期处理军务的官衙），强化对日贸易活动的管理，对对马岛岛主的贸易限制更加严格。

在东亚三国中，朝鲜对与欧洲贸易的限制最为彻底。中国和日本都曾在实施锁国政策期间对欧洲有限开放，明成祖朱棣派郑和七下西洋；日本也允许与同旧宗教无关的荷兰开展贸易，限定从长崎和平户入港，只有朝鲜始终未向欧洲开放。直至19世纪，西方势力蜂拥而至，朝鲜继中国和日本之后，被迫开放门户。

（三）戍岸弃海的海防观念

朝鲜王朝建立后，进一步加强对倭寇的防范，实行空岛和海禁政策。为了强化管理，规定未经官方允许私闯岛屿者将获刑百杖，甚至有人主张将躲避或藏匿于岛屿的人定刑为叛国罪。朝鲜王朝实施空岛政策的目的与高丽末期大不相同。朝鲜时期的海洋贸易已处于衰退状态，靠海谋生的海洋人口数量大为减少，对他们进行警戒和镇压没有太多意义。空岛政策旨在体现将所有居民都置于朝廷控制和保护之下的统治理念。对于朝廷来说，岛屿原则上不是国王所要控制和保护的对象，也被排除在行政编制之外。因此，居民进入岛屿意味着脱离朝廷的统治范围，会受到逃离罪或叛国罪的相应处罚。①

朝鲜王朝的海防体制发生了很大变化。为抵御越发猖獗的倭寇，太祖年间，朝鲜一方面增强水军力量，另一方面在沿岸地区筑起城墙，建立烽燧制。太祖在位期间，倭寇慑于其威名，不敢骚扰朝鲜。太祖去世后，倭寇再度兴起。于是太宗年间以沿岸水军镇和烽燧制为基础积极构建新海防体制，即抛弃岛屿和海洋，以陆地防御为主的海防体制。新海防体制所体现的海防意识与统一新罗和高丽王朝的海防意识大为不同。统一新罗时期建成的感恩寺、张保皋设立的清海镇、高丽时期在元兴镇和镇明镇设立的水军基地等海防措施旨在以陆地为基地，加强对沿岸地区及广阔海域的防卫能力，为海上

---

① 〔韩〕姜凤龙：《刻在海洋上的韩国史》，首尔：Hanerlmedia出版社，2005，第231页。

活动提供坚实的保障。其范围既包括陆地，也包括附近岛屿和海洋。而朝鲜王朝时期的海防体制意图在海上击退倭寇，严防倭寇登陆，反映的是朝廷抛弃岛屿和海洋、死守陆地的海防意识。

朝鲜王朝后期空岛政策发生变化，开始采取入岛合法化政策，允许居民在岛屿居住，在岛屿设立水军镇，履行守护岛屿等军事职责，并兼任控制和管理岛屿居民的职责。但这一变化并未削弱和取消海禁政策，事实上设立水军镇反而更加强化了海禁政策。沿岸岛屿是倭寇等海上侵略势力进犯朝鲜的跳板，朝廷在此驻军，本来就是为了有效阻止侵略势力接近朝鲜沿岸地区，加强海上封锁。

三 二战后韩国海洋观念的塑造

二战后，朝鲜半岛摆脱了日本殖民统治，但陷入南北分裂状态。韩国位于朝鲜半岛南部，军事分界线的分隔限制了其陆上"北拓"的可能性，这反而促使韩国向海洋拓展发展空间，韩国政府总结历史经验教训，选择走上开放海洋的道路，树立起海洋开放观念。与此同时，随着科技水平的提高和世界范围内海洋意识的增强，韩国经略海洋的能力日益增强，海洋观念不断得以丰富和提高；韩国重视海军建设，海洋安全视野不再局限于近海沿岸，而是向更为广阔的远洋地区拓展；旨在以海兴国，以海强国[①]。

（一）全方位的海洋开放观念

韩国对海洋的认知随着国内外政策的调整而不断发生变化。建国之初，韩国国内政治局势动荡，始终未能制定出明确的对外战略。20世纪60年代初，朴正熙以强有力的军事手段实现了国内政局稳定，继而提出"贸易立国"的口号。这是高度依赖海洋的外向型经济发展战略，意味着韩国正式启动海洋开放政策。当时中韩两国尚未相互承认，韩国未能恢复历史上与中国海上往来的传统，大规模工业园区和大型港湾设施主要集中在东南海岸。

---

① 20世纪90年代末，韩国制定的《海洋发展基本计划》就已提出建设"海洋强国"的理念。此后，2000年制定的第一个海洋发展综合计划——"海洋韩国21"与"第二次海洋水产发展基本计划（2011~2020）"都继续强化这一目标。

20世纪90年代，韩国国内政治由威权主义向政治民主化转型，对外与中国实现关系正常化，积极促进东西两岸经济均衡发展，形成全方位开放的海洋政策。

韩国贸易伙伴遍布世界各地，海洋是其对外贸易主要通道。韩国主要有五条代表性的海上航路：西部海域的"韩中航路"；东部海域经过日本、俄罗斯连接北太平洋的"北方航路"；东南部海域的"韩日航路"；南部海域到达中南美洲、大洋洲的"东南航路"；南部海域驶向东南亚、阿拉伯、非洲、欧洲等地的"西南航路"。[①] 这些航路构筑起韩国通向世界的"海上高速公路"，体现了韩国开放的海洋观念。

随着冷战的结束，世界步入急速开放的时代。政治壁垒的打破使东北亚以及全球海洋贸易步入一个全新的时期。《联合国海洋法公约》的出台引发世界各国对海洋的关注，海洋被视为"第二国土"，21世纪亦被称为"海洋世纪"。在漫长的历史进程中，海洋曾被视为天然屏障，空岛和海禁政策的实施形成了鄙视海洋的风气。现如今，面对开放的海洋时代的到来，韩国政府积极行动，带领国民反省消极的空岛和海禁政策，强调对统一新罗—高丽时期开放的海洋思想观念的研究，挖掘张保皋、李舜臣等历史人物的历史能量，重视海洋文化遗迹的发掘、保存、复原，形成生动的海洋史教育资料，意图再次唤起国民对海洋的关心，倡导国民树立亲近海洋的观念，培养国民开放、积极进取的精神品质，强化整个社会开放的海洋意识。

（二）多元化的海洋利益观念

随着《联合国海洋法公约》的出台，韩国争夺海洋利益的意识日益强烈，不断强化海洋利益观念，极力扩大本国海洋利益。[②]

第一，韩国强调树立21世纪国土新概念，将国土概念从陆地拓展至更为广阔的海洋，提出"海洋国土"概念。韩国认为，21世纪的海洋国土是

---

① 〔韩〕白炳善：《未来韩国的海上交通线保护研究》，《国防政策研究》2011年第1期，第155~156页。
② 韩国不满足于只维护国际海洋法所规定的海洋权利和海洋权益，而是极力追求国际海洋法规定之外的海洋利益（包括国际海洋法规定的合法海洋利益，也包括超出国际海洋法规定的不合法海洋利益）。

扩张的、动态的国土。按照《联合国海洋法公约》的规定，韩国海洋国土的范围包括朝鲜半岛沿岸、专属经济区、大陆架等海洋区域。但韩国对其海洋国土概念做出自己的界定，即韩国的海洋国土概念是指为韩国的海洋经济活动所打造的特定空间，不是国际法上或法律上规定的概念。韩国的海洋国土是从太平洋、南极向全球海洋基地不断拓展的海洋区域。①

第二，韩国竭力维护海洋主权，强化海洋管辖权。为此，韩国政府在建国之初即颁布《关于毗邻海洋主权的总统宣言》，此后相继制定《海底矿物资源开发法》及实施令、《专属经济区法》。目前，正推动《海洋领土管理法》的出台。韩国在海洋争端中竭力抢占先机，从历史、文化、地理、法律等各个方面寻找依据，推动争议岛屿礁及其周边海域的韩国化。韩国国土海洋部从2009年开始推进将超过1平方米的岛屿全部登记于地籍公簿的计划，还向联合国大陆架界限委员会主张向东南方延伸大陆架范围。2013年12月，韩国扩大防空识别区，也意图将苏岩礁纳入韩国的管辖范围。

第三，韩国大力推进对海洋的开发与利用。随着科学技术的进步和经济发展的需要，韩国经略海洋的意识和能力逐步深化与提高。韩国对海洋资源的开发包括海中鱼类等海洋生物资源，海底石油、锰结核等能源和矿产资源，海面潮汐能、波浪能、风能、太阳能等能源资源。韩国对海洋空间的利用包括海洋运输、海上人工岛、娱乐场、海底隧道、电（光）缆、仓库，等等。韩国重视沿岸、近海、远洋直至极地地区的资源开发和科学研究，推动传统海洋产业升级，促进新兴海洋产业发展。

第四，韩国着力保护海洋生态环境，加强海洋安全管理。韩国于2013年重建海洋水产部，综合管理海洋和水产业务。韩国积极研发保护海洋的新技术，建立海洋污染源综合管理体制，建立海洋保护区管理体制，构筑绿色沿岸空间。为加强海洋安全管理，韩国于2014年成立国家安全处，执行海洋救助与海洋警备等职能。韩国宣传海洋安全文化；强化客船、渔船、集装箱等的安全管理体制；增强海洋治安力量和沿岸海域搜索救助力量。努力探索开发利用海洋与管理保护海洋两相兼顾的有效途径。

---

① 韩国海洋水产部：《韩国海洋开发基本计划：海洋韩国21（2000～2010）》，2000年5月，第37页。

(三) 广域化的海洋安全观念

二战结束后,韩国着手加强海军建设,将维持和确保对周边海域的控制能力作为海洋国防安全的首要课题。在此基础上,随着海洋空间的拓展和海洋利益的延伸,韩国的海洋安全视野发生了重大变化,由沿岸近海扩大至太平洋、印度洋再延伸至阿拉伯海、红海、波斯湾地区,近海求稳、远洋谋拓、海陆兼顾的海洋安全观念日渐清晰。①

作为经济对外依存度较高、追求扩大国际性影响力的国家,海军力量建设至关重要。20世纪四五十年代,韩国初建海军,尚未提出明确的海洋安全观念,主要依靠美国军事力量确保海洋安全。20世纪六七十年代,随着韩国外向型经济发展战略的推进和美国在亚洲收缩兵力的影响,自主国防的重要性随之凸显。此后,韩国采取引进与自主研发相结合的方法加快海军建设。目前,韩国正力争建立一支具有立体攻防能力的海军力量,海洋安全观念不断增强。

近海沿岸防御是韩国海洋安全的首要课题。为了实现这一战略目标,韩国在半岛周边地区积极加强军事部署。在西北地区,韩国成立西北岛屿防卫司令部。在南部地区,韩国在釜山成立第七机动战团,在镇海创立潜艇司令部,在济州岛打造济州海军基地。为了执行综合防御作战任务,韩国在济州岛建立海军陆战队第9旅团,第93潜艇战队、第7机动战团也已转移至济州海军基地。在东部地区,韩国计划兴建郁陵岛海军基地。如果该方案付诸实施,将可构筑连接西北岛屿、南部济州岛和东部郁陵岛的"U型"战略岛屿防御体系。

随着海军力量的日益强大和海洋利益的不断延伸,以美韩同盟为依托,②韩国海军的影响力从朝鲜半岛周边海域扩大至东北亚地区直至延伸到索马里海岸,表明韩国海洋安全意识不只局限于半岛周边海域,还要保护海上交通航路安全,维护管辖海域外的海洋利益,其范围随着韩国商船、客船、科学考察船的移动还将不断扩大。近年来,鉴于打击索马里海盗行动的重要性和

---

① 李雪威:《韩国海洋战略研究》,时事出版社,2016,第1页。
② 张景全、刘丽莉:《成本与困境:同盟理论的新探索》,《东北亚论坛》2016年第2期,第12页。

迫切性，韩国持续向索马里海域派遣青海部队。截至 2017 年年底，已经派出了 25 批青海部队。① 此外，韩国还积极推动针对海上恐怖活动、海盗活动、海上走私、贩毒、非法移民、海洋灾难等非传统安全威胁的海上国际合作，构建国际共助体制。

结　语

韩国的海洋实践、海洋观念与其跌宕起伏的国运同奔共涌。总体观之，活跃在朝鲜半岛的各方势力纵横捭阖，不同的海洋实践塑造了其差异化的海洋认知，差异化的海洋认知又深刻影响着其海洋实践。韩国海洋意识的开放或封闭与其国运同沉浮，与其民族共兴衰，从而推动韩国在时代洪流中不断走向海洋。东亚地区是韩国海洋实践的重要舞台，与东亚国家实现往来也是其海洋观念孕育与发展的地缘驱动力之一。历史反复证明，走向海洋，与海域相邻国家和平共处，融入地区合作，是韩国繁荣发展的必由之路。此外，韩国海洋观念也深受域外介入势力的影响。域外介入势力如从事和平的经贸、文化等活动，则有助于强化韩国海洋合作与开放的观念；如从事军事活动，甚至介入地区海洋争端，则韩国海洋观念中的军事与对抗色彩往往更为突出。

The Historical Changes of South Korean Marine Concepts

Li Xuewei

Abstract　In the long ancient times, the ability of the Korean Peninsula to exploit and expand marine living space was very limited. The cognition of marine had distinct coastal characteristics. But whenever the coastal route was blocked, the consciousness of crossing the sea increased. At the Unified Silla—Goryeo period, the cognition of marine has distinct cross-sea characteristics, the consciousness of

---

① 〔韩〕金宗镇：《青海部队第 25 批驶向亚丁湾》，《国际新闻》2017 年 9 月 29 日。

marine defense was enhanced. At the Joseon dynasty, the closed and conservative marine concepts was widely adopted, restrained the maritime activities rigorously, enhanced land defense. After the second world war, South Korea established its opening marine concepts, formed diversified marine interests concepts and expanded broader vision of marine security.

Keywords　South Korea; Korean Peninsula; Marine Concept; Marine History

韩国文在寅政府的东北亚外交：
挑战与突破*

张慧智　赵铁军

【内容提要】 文在寅上任后迅速结束朴槿惠被弹劾带来的乱局，重新整理与中、美、日、俄等国的关系，提出了以韩美同盟为基础强化安保和应对朝核威胁的能力、推进南北和解合作与朝鲜半岛无核化、推进与周边国家合作以形成"东北亚+责任共同体"等政策主张，以"实现朝鲜半岛和平繁荣"的核心目标。本文主要从半岛分裂与韩美同盟给韩国带来的结构性安全困境、半岛统一与国家发展的目标不一致导致其对朝政策不可持续、国内政治与国际政治相互制约导致其政策协调不利等方面分析韩国外交面临挑战的根源所在，分析文在寅政府目前取得的外交成果及受到制约的因素。从中可以看出，虽然文在寅通过"冬奥外交"大幅改善了朝韩关系，但无法改变美韩同盟对其自主外交的限制。在周边大国围绕朝鲜半岛利益博弈不断升级的情况下，文在寅的东北亚外交依然任重道远。

【关键词】 韩美同盟　外交自主　韩国

【作者简介】 张慧智，吉林大学东北亚研究院教授；赵铁军，吉林大学东北亚研究院博士研究生。

---

* 本文为教育部人文社会科学重点研究基地重大项目"朝鲜半岛形势变化与我国的对策"（项目编号：2017JJDGJW005）和教育部哲学社会科学研究重大委托项目（2016JZDW003）。

一 问题的提出

2017年5月10日,共同民主党的文在寅当选为韩国第19届总统,结束了韩国因总统空缺带来的混乱局面。文在寅上任伊始,立即通过"电话外交""特使外交"等方式,为重新启动与中、美、日、俄等国的正常沟通做准备。并在双边和多边舞台迅速展开"首脑外交":6月访美,在朝鲜半岛出现战争危机的背景下紧急确认韩美同盟"坚如磐石",确保美国对韩国的安全保障,在"主导"朝鲜半岛事务方面寻求美国支持;7月访德,参加G20峰会,分别与德、中、日、印、澳、法等国首脑举行会晤,提出"新柏林构想",向世界宣布韩国"对话与施压并行的对朝政策",希望得到各国对韩国对朝温和政策的支持与理解,以"实现朝鲜半岛和平繁荣";9月访俄,参加"东方经济论坛",向俄罗斯介绍"新北方政策",寻求普京对其半岛政策的支持;11月参加东盟峰会,提出"新南方政策",要将韩国与东盟的关系提升到"共同体"水平;12月访华,致力于恢复受"萨德"影响严重下滑的中韩关系,推动中韩关系重新启航。

文在寅总统一系列外交举措取得了明显效果。2018年新年伊始,朝韩迅速恢复直接对话并举行高级别会谈,缓解了半岛战争一触即发的紧张局势,为平昌冬奥会顺利召开提供了良好环境,为朝韩磋商包括朝核问题在内的半岛事务创造了良好氛围;韩美实现首脑互访巩固了两国同盟关系,韩国在坚持缓和对朝关系、积极推动朝韩直接对话、说服美国同意冬奥会期间美韩推迟联合军演等问题上赢得主动,得到包括中美在内的各国普遍支持;在韩国"三不"[①]承诺下中韩实现首脑会晤,两国关系回暖,政治、经济、社会、文化等各领域的沟通与合作得到恢复,尤其是在朝鲜半岛问题上达成的"三点共识"[②]对于维护地区和平稳定、促进地区繁荣发展发挥了重要作用,为今后中韩合作解决朝核问题奠定了基础。

---

① "三不"是韩国不再继续部署"萨德"、不加入美国全球反导系统、不发展韩美日三方军事同盟。
② 三点共识包括坚持半岛无核化目标不变、绝不允许半岛生战生乱,坚持对话协商解决半岛问题。《韩国总统府评价中韩首脑会谈:扬帆再启航利好信号》,海外网,2017年12月15日,http://news.haiwainet.cn/n/2017/1215/c3541093-31208325.html。

尽管如此，不容忽视的是韩国外交面临的根本问题并未改变。一是虽然朝韩关系有所缓和，但美朝作为朝核问题的主要当事方，美国依然坚持以朝鲜放弃核导为谈判前提，朝鲜则不断强化核导能力并丝毫没有放弃的意愿。韩国如果不能推动朝美直接对话，推进半岛无核化取得进展，那么不仅半岛局势可能重新恶化，其对朝温和政策也将受到质疑，韩美同盟也会出现裂痕。二是从赴韩观看平昌冬奥会的中国游客人数远远低于韩国预期可以说明"萨德"对中国国民的感情伤害并未消除，两国欲重建互信需要长期努力。如果韩国不能落实其在"萨德"问题上的"三不"承诺，或者在建设"韩国型三轴体系"（即杀伤链、韩国型导弹防御体系、大规模惩罚报复系统）过程中进一步引入危害中国安全的武器装备（如 SM-3 防空导弹），则双边关系必将面临新的考验。三是日本利用朝鲜核导"威胁"不断强化本国军事力量，对半岛紧张局势煽风点火，对韩国的外交政策指手画脚，这些早已引起韩国的警觉和不满；朴槿惠政府与日本"闪电"签署的《韩日慰安妇协议》曝出的诸多秘密条款更令韩国各界难以接受，加上韩日双方长期存在的领土争端再次导致双边关系迅速恶化。文在寅政府如何推行双轨政策处理韩日之间的历史领土问题和对朝安保合作，建设"面向未来的韩日合作伙伴关系"将成为韩国外交的又一难题。本文从半岛分裂与韩美同盟给韩国带来的结构性安全困境、半岛统一与国家发展的目标不一致导致其对朝政策不可持续、国内政治与国际政治互动导致其政策协调不利等方面入手分析韩国外交面临挑战的根源所在，以便更好地理解韩国的外交政策取得的成果与主要制约因素，从而为更好地推动中韩关系的发展做出贡献。

二　结构性安全困境：自主与同盟的均衡

所谓"安全困境"，就是在国际体系的无政府状态下，各国相互缺乏信任，一国增强自我安全的行为（如增强实力和军力）会不自觉地相对降低他国安全，从而使他国为了自身安全也竭力增强实力，以至于陷入安全竞争的恶性循环之中。安全困境通常会导致本来并不试图相互伤害的国家之间，甚至是利益目标一致的国家之间最终还是会走向冲突。[1] 安全困境在韩国的

---

[1] John H. Herz, *International Politics in the Atomic Age*, New York: Columbia University Press, 1959, p. 231.

表现尤其突出。韩国的安全困境主要来源于两个方面：一是朝鲜半岛南北分裂带来的威胁，二是美韩同盟带来的制约。两者相互作用，不仅引发了朝核危机，破坏了半岛和平统一前景，而且在美韩同盟框架下韩国政治外交和军事安全自主性受到极大制约，韩国根本无法按本国意愿发展与周边国家关系，而必须"看美国眼色"。无论是朝鲜半岛南北关系，还是韩国与周边国家关系的发展，背后都有美国的影子。

在韩国，最反映国家缺失自主权的就是韩国没有"战时作战指挥权"。1950年朝鲜战争爆发，韩国主动将海陆空作战指挥权交给了美国，[①] 1978年将其移交给美韩联合部队司令部。1994年，韩国从驻韩美军手中收回了平时作战控制权，开始独立负责本国军队的警戒、巡逻、演练、调动、部署及拟定作战计划等事宜，但战时作战指挥权依然掌握在美军手中。2006年，自主意识极强的卢武铉政府开始与美国谈判收回战时作战指挥权，经过多轮艰难谈判双方达成计划于2012年4月把战时作战指挥权移交给韩国以及解散韩美联合司令部的决定，并为此专门成立了韩美联合履行工作组来推进《作战权转换计划协议》的实施。[②] 然而，李明博政府上任后，以"尚未建立独立指挥体系，缺少独自应对朝核威胁能力"为由，将原本应于2012年收回战时作战指挥权事宜推迟到2015年，朴槿惠政府则再次将收回时间推迟到2020年代中期。文在寅政府上任之初就主张尽快完善收回战时作战指挥权的条件，"培养韩军主导韩美联合防卫能力，提高韩军核心能力和协同性，建设负责任的国防力量"。文在寅还多次提到要在任期内（至2022年）完成战时作战指挥权的交接，其目的是希望通过提高本国国防自主权，形成"韩国主导、美国支援"的新型作战关系，减少对美国的军事依赖。然而，根据韩美协议，韩国收回战时作战指挥权需要满足三个条件：能稳定移交战时作战指挥权的朝鲜半岛及区域内安全环境；战时作战指挥权移交之后，韩军具备主导韩美联合防卫力量的核心军事能力，而美国提供可持续的补充力量；韩军具备在局部挑衅和全面战争初期阶段应对朝鲜核与导弹威胁的能力，而美国提供延伸威慑手段和战斗力装备。事实上在未来很长一段时间，

[①] 曹中屏、张琏瑰等：《当代韩国史》，南开大学出版社，2005，第113页。
[②] 李家成、朱绪朋：《试析韩国再次要求延迟战时作战指挥权移交的动因》，《国际论坛》2015年第2期，第76页。

无论是半岛与东北亚地区日益复杂的安全环境，还是韩国对韩美联军的指挥能力方面，韩国都不具备收回战时作战指挥权的条件。韩国保守党也对此提出诸多质疑，认为韩国不仅缺少情报能力和自我防卫能力，而且这样做会破坏韩美同盟。可以预见，文在寅政府收回战时作战指挥权以实现自主国防的目标将会遇到很大困难。

除此之外，"萨德"入韩也是美国强力施压下韩国被迫放弃部分主权的结果。美国要求"萨德"入韩是为了确保其军事绝对优势、维护全球霸权、完善其全球反导系统的重要手段，但历任韩国总统持续对美国反导说"不"。[1] 2009 年，朝鲜第二次核试验后，美国朝野普遍认为朝鲜不会弃核，为应对未来朝鲜核导可能对美构成的"直接威胁"[2]，着手把韩国纳入其全球导弹防御体系。而金正恩执政后进行的 4 次核试验和 80 多次弹道导弹发射给韩国带来的安全恐慌为美国推进"萨德"入韩提供了有力借口，再加上朴槿惠政府执政前期中韩关系迅速升温和密集的高层互动使美国开始担心失去对韩国的全面掌控，于是在朴槿惠遭到"弹劾"、韩国政坛混乱之际，美韩迅速协商达成部署"萨德"协议，并在文在寅执政后加速完成了部署。韩国在缺少实力应对朝鲜核导"威胁"的背景下，明知"萨德"无法保障其国家安全，明知美国部署"萨德"的主要目的是遏制中国、围堵俄罗斯，依然不顾中俄的强烈反对，愿意让渡部分主权[3]，用部署"萨德"满足美国的战略需求，从而换取美国提供的安全保障。[4] "萨德"入韩使美国全面完成了在亚太地区导弹防御系统的部署，打破了东北亚地区脆弱的战略均衡，不仅严重伤害了韩国与中俄的政治互信和良好的外交关系，而且迫使中俄采取军事应对措施，事实上加大了冲突风险，使韩国成为大国冲突时军事打击的首要目标。虽然韩国对中国做出的所谓"三不"承诺使两国政治关系回暖，航空和旅游开始复苏，但不能否认的是中韩关系元气

---

[1] 李为胜：《部署"萨德"：美韩顾忌中国》，《中国国防报》2014 年 10 月 28 日，第 3 版。
[2] Jim Garamone, "Gates: North Korea Becoming Direct Threat to U. S. ", American Forces Press Service, Jan. 11, 2011.
[3] 根据迈克尔·艾德夫（Michael F. Altfeld）提出的"自主－安全交易模型"，在大国与小国间的"非对称性同盟"中，小国要获得大国的保护，就需要让渡自主权。即同盟是国家通过让渡自主权换取更多安全的手段，安全是国家选择同盟的最终目标。
[4] 〔韩〕朴辉洛：《韩美同盟与韩中关系：萨德论争的意义》，《国际关系研究》2016 年第 6 期。

大伤，要想恢复政治互信，使双边关系得到健康发展将需要双方长期共同努力。

《韩日慰安妇协议》（2015年12月28日）与《韩日军事情报保护协定》（2016年11月23日）更是在美国施压下韩国与日本签署的"屈辱性"协议。美国为完善亚太导弹防御体系，使其亚太盟国在拥有"宙斯盾"舰、X波段雷达、"爱国者"PAC-3拦截弹等导弹防御硬件的同时，"从制度上确保相互操作性"，以应对朝核威胁，遏制中国崛起，一直要求韩日加强军事合作，并努力推动美日韩形成三边军事同盟。然而"慰安妇"问题带来的"心结"造成韩日之间存在难以弥合的嫌隙，阻碍了美国的布局和利益，因此美国有意敲打韩国。"韩国和美国、澳大利亚均签署了《军事情报保护协定》，唯独没有与日本签署，（使美国的亚太导弹防御体系）恰恰缺少了制度保证"①，美国进而"敦促亚洲两个最亲密的盟友放弃他们的历史分歧"，建立稳定的协作关系。正是在美国的不断施压与协调下②，朴槿惠政府不顾韩国民意强烈反对和程序合法性要求，先后"闪电"签署了上述两个协议③。

2017年年末，韩国外交部下设的韩日慰安妇问题协议工作组公布的《韩日慰安妇协议》审查结果显示，该协议"没有充分听取受害者的意见"，而且"存在一些非公开的秘密内容"④。鉴于美国的压力和日本的强硬，以及"这是以政府的立场达成的协议"，文在寅政府决定"不要求日方重新谈判"⑤，通过模糊化处理《韩日慰安妇协议》，以便建设"面向未来的韩日关系"，获得美日在朝核问题上的支持和协助。但是，慰安妇受害者和韩国国民显然"无法接受这个协定"⑥，日本想尽千方百计企图掩盖历史

---

① 美国国会调查局：《亚太导弹防御：合作与反对》，2013，转引自《韩日缔结军事情报保护协定，谁是赢家？》，《南方周末》2012年12月2日。

② Jeff Kingston, "Japan's prime minister could solve the 'comfort women' issue once and for all. So why won't he?", *The Washington Post*, Jan. 22, 2018.

③ 《国民之党，政府应向日本明确转达慰安妇协议信息》，《今日亚洲》2018年1月25日，http://www.asiatoday.co.kr/view.php?key=20180125010014176。

④ 《朴槿惠政府隐藏了"双面协议"，协议存在"非公开内容"》，《联合新闻》2017年12月27日，http://www.yonhapnews.co.kr/bulletin/2017/12/27/0200000000AKR20171227088400014.HTML?from=search。

⑤ 《韩政府发布韩日慰安妇协议后续措施》，《联合新闻》2018年1月9日，http://www.yonhapnews.co.kr/bulletin/2018/01/09/0200000000AKR20180109109600014.HTML?from=search。

⑥ 《文在寅"慰安妇协议没有解决问题"，安倍"韩国应信守承诺"》，《世界日报》2018年2月9日，http://www.segye.com/newsView/20180209005466。

的行为使两国关系陷入僵局。

《韩日军事情报保护协定》则是为了加强对涉及朝鲜核导情报的收集、交流、共享及印证，提高情报使用效益，为做出有效的军事应对及美韩日三边军事合作服务。协议签署后，韩日双方可不经美国直接共享朝鲜核导信息，开展实质性军事合作，该协定为日本自卫队介入朝鲜半岛事务提供了依据。日本也多次公开宣称"朝鲜半岛有事时会派自卫队前往"，这对曾遭受日本36年殖民统治的韩国来说无论如何都无法接受。因此，韩国国民批判该协定实质上是朝鲜民族历史上第二份丧权辱国的"乙巳协定"。① 该协定无疑对美国拉住韩日构建"东北亚小北约"奠定了基础，也为韩国履行"不发展韩美日三边军事同盟"的承诺留下了隐患。

韩国的外交与安全政策之所以受制于美国，是因为韩美同盟长期以来最大的特点是较强的非对称性：无论是从韩美双方的国家实力、盟友职责、同盟权力等方面，还是从同盟利益、战略政策、竞争方式上都体现出明显的非对称性，② 尤其是韩美同盟的功能由威慑朝鲜扩展为覆盖政治、经济、文化、外交等多领域的全面战略同盟后，两国关系中的不平等性愈加突出。美国是韩国的保护国、领导者和施惠者，占有绝对的政策主动性和战略规划性；韩国是美国全球和亚太地区的一枚棋子，只有在优先保障美国在亚太地区的主导地位不受威胁的前提下才能追求本国的战略利益，否则就会遭到美国敲打，甚至遭到美国惩罚。文在寅高度重视韩美同盟，要将韩美同盟建设成"伟大的同盟"，同时，也在积极争取外交的主动权和主导权，希望通过改善与朝鲜的关系缓和半岛紧张，通过加强国际合作和平解决朝核问题，消除半岛再次陷入战乱的隐患。但是，当美国把朝核视为本国安全威胁时，只会更加追求"美国优先"而不是同盟优先。朝鲜半岛南北关系发展方向越来越取决于美国对朝鲜半岛的政策需求。这意味着韩国要按照自己的方式处理对朝关系，争取半岛和平尚有很远的路要走。但韩国也只有坚持自主与同

---

① 《韩日草签军事保护协定引起混乱》，KBS，2016年11月14日，http://news.kbs.co.kr/news/view.do？ncd=3377188&ref=A；《舌战：誓死反对引狼入室的韩日军事保护协定》，《亚洲经济》，2016年12月19日，http://view.asiae.co.kr/news/view.htm？idxno=2016111807274591317。

② 韩进军：《浅析韩美同盟的非对称性》，《国际研究参考》2014年第1期。

盟之间的均衡，才有可能维护国家权益，才有可能真正实现"世界一流国家"的远景目标。

三 民族统一与国家发展：政治正确与政策务实的选择

文在寅政府上任初始就明确了其外交政策的核心目标是实现朝鲜半岛的和平与繁荣，因为朝美对决一触即发的紧张局势终于使韩国政府与国民真正认识到韩国无法承担也不应承担战争的后果。因此，文在寅政府非常明确地提出将在韩国主导下致力于消除朝鲜半岛冷战结构，在"和平优先"原则下，根据"相互尊重"精神和"国民参与"的开放政策，与朝鲜、东北亚邻国以及国际社会，共同为朝鲜半岛和东北亚地区实现和平与繁荣。[①] 无论是文在寅2017年7月在德国柏林发表的"新朝鲜半岛和平构想"，还是韩国统一部正式发布的"国政课题"与"朝鲜半岛政策"，都将"南北和解合作与朝鲜半岛无核化"作为未来五年的国政目标。为实现上述目标，文在寅政府对朝政策涵盖了丰富的内容：①推进朝鲜半岛新经济版图构想，构建经济统一基础；②签署朝韩基本协定，重建朝韩关系；③改善朝鲜人权，解决离散家属团聚等人道主义问题；④活跃朝韩交流，发展朝韩关系；⑤扩大统一共识，促进统一国民协约。[②] 为解决韩国历届政府更迭带来的对朝政策不可持续问题，文在寅政府还提出要签署新的朝韩基本协定，推进双边协议法制化，使朝韩关系不再受政府更迭的影响，保证所有南北协议都能成为半岛的和平资产；对半岛局势进行管控，将朝鲜半岛停战体制转变为持久和平体制，并行推进朝韩关系改善和朝核问题的解决；将包括离散家庭相逢、河川整治、病虫害防治、人道主义援助、人权问题等在内的非政治交流合作与政治军事相分离，以保持朝韩关系的可持续性；在朝韩共存共荣，恢复民族共同体的过程中，"自然而然"地实现统一。

在朝鲜半岛被分裂的70年间，朝韩在社会制度、经济体制、意识形

[①] 《朝鲜半岛政策》，统一部，http://www.unikorea.go.kr/unikorea/policy/koreapolicy/policyinfo/goal/。

[②] 《朝鲜半岛政策》，统一部，http://www.unikorea.go.kr/unikorea/policy/koreapolicy/policyinfo/goal/。

态、相互认知等方面已产生巨大差异，但朝鲜的对南政策和韩国的对北政策都以统一为最终目标，根据双方实力消长和国际形势的变化，长期在"对抗与对话"中反复和徘徊，一直为"谁吃掉谁"进行较量。显然，在朝朝综合实力差异巨大的情况下，朝鲜的首要目标是保障国家的生存与发展，因此对韩国国内长期存在的"吸收统一论"和"朝鲜崩溃统一论"极度反感与愤怒，更加大了利用核导力量保障国家和政权安全的依赖。不仅朝鲜担心"被统一"，韩国各界对统一的认知也有许多差异。从执政者的角度，韩国各届政府都会提出自己的半岛政策。金大中政府的对朝"阳光政策"和卢武铉政府的"包容政策"不仅大幅改善了朝韩关系，而且两国的密切交流与合作使世人看到了一线朝鲜半岛实现自主和平统一的希望。然而，李明博和朴槿惠两届政府执行的对朝强硬政策加剧了两国的冲突与矛盾，朝鲜近年来不断进行的核试验和弹道导弹发射等恶化了韩国对朝鲜的看法，增加了韩国对朝鲜发动攻击的恐惧感。再加上统一的巨大代价让韩国政府感到难以承担，增加了韩国国民尤其是青年一代对统一的抵触。① 虽然韩国人均 GDP 近 3 万美元，但家庭负债占可支配收入比例高达 170%，青年失业率高达 10.3%。减少家庭负债、提高青年就业率、推动经济可持续增长、不断提升韩国的国际地位等已成为韩国各届政府的主要任务。半岛统一不仅要解决一系列政治、经济、社会问题，还会大幅拉低韩国的人均 GDP，对于当前已经面临重重经济难题的韩国政府来说，其根本无力也不想承担巨额统一成本。与此同时，韩国国民对统一也越来越缺少热情。韩国统一研究院的民意调查显示，认为"半岛有必要统一"的韩国人由 2014 年的 69.3% 下降到 2017 年的 57.8%；20 多岁的青年中反对统一的比例达到 71.2%；只有 16.5% 的人赞成增加税收为统一做准备；即便是支持统一比例很高的 60 岁以上的老年人也不愿意"为统一牺牲个人生活"。② 因此，韩国出现了人人口头说统一，实际内心惧怕统一的现象，"朝鲜半岛统一"也成为韩国社会仅用于表达"政治正确"的"务虚"的政策口号。

---

① 《朝鲜半岛统一费用将高达 1 万亿美元，相当于韩国 GDP 的 3/4》，《经济学人》2016 年 5 月 14 日。
② 朴柱和等：《2017 年关于南北融合的国民意识调查》，《统一部》2017 年第 12 期。

表1　韩国各年龄层对统一事项的同意比例

单位：%

年龄	有统一的必要性	统一不是当前目标	为统一提高税收	经济发展比统一重要	可以为统一牺牲个人生活
20岁	38.9	61.7	9.7	73.1	8.0
30岁	51.7	56.2	16.3	72.5	9.6
40岁	56.5	47.8	12.6	73.9	8.2
50岁	65.3	39.7	19.1	67.8	13.1
60岁以上	71.0	36.9	22.4	59.8	15.8

资料来源：朴柱和等：《2017年关于南北融合的国民意识调查》，《统一部》2017年12月。

文在寅政府正是看到朝鲜半岛"和平统一"渐行渐远、"武力统一"不可接受的现实，决定放弃所谓的"政治正确"和虚幻的政策目标，转而用"和平"目标替代"统一"目标，致力于通过建立朝韩和解合作机制来解决双边关系长期存在的问题，从而消除半岛再次爆发战争的隐患，保障半岛持久和平。不仅如此，文在寅政府还针对朝鲜的顾虑与担忧提出了对朝"三不"原则，即不希望朝鲜崩溃、不推动吸收统一、不追求人为统一，要在"保障朝鲜政权安全"的前提下，寻找半岛无核化与和平机制的一揽子解决方案。这些务实的政策手段不仅可以减轻朝鲜"被统一"的担心，也能够更容易被朝鲜接受。

其实，无论是民族统一还是国家发展，韩国仅靠自己的努力是远远不够的，急需国际社会给予积极支持和配合。出于"半岛无核、无战争、与盟友关系无罅隙"的"三无"理念[①]，文在寅认为，在美朝对决如此严重，谁都不想先让步的情况下，要和平解决朝核问题，避免朝鲜半岛再次爆发战争，韩国必须率先改善朝韩关系，再由自己发挥桥梁作用推动朝美各让一步直接对话。

然而，美国在对朝政策上依然没有体现出任何改变。在朝韩关系转暖之际，美国空军举行了针对朝鲜战火燃起时的军事演习[②]，在温哥华举办了由20国外长（其中有17国是朝鲜战争时的联合国军成员国）参加的"朝鲜半

[①] 《慕安会论坛聚焦核安全问题》，观察者网，2018年2月18日，http://www.guancha.cn/Neighbors/2018_02_18_447382.shtml。

[②] 《美国空军举行针对朝鲜战火燃起时的军事演习》，香港新闻网，2018年1月15日，http://www.hkcna.hk/content/2018/0115/644876.shtml。

岛安全稳定外长会议"①，继续孤立朝鲜，出台"史上最重"对朝单独制裁②，并表示"如果制裁不奏效，将进入第二阶段措施"。可见，美国为维护其在半岛问题上的主导权和话语权，阻止韩国等各方被朝鲜的"和平攻势""争取"过去，反复强调如果外交手段失败，美国就会毫不留情地进行军事打击。2018年2月，由于对白宫的对朝先发打击战略提出异议，原本被提名美国驻韩大使的韩裔教授车维德被突然撤下似乎也证实了特朗普的立场③。美国为了阻止朝鲜对本土"可能的"核攻击，不顾韩国随时会因为美国对朝鲜的局部打击遭到全面报复的风险，持续强化对朝鲜军事威慑和恫吓，令韩国非常忧虑。但是，文在寅也非常清楚如果因朝韩和解而导致韩美关系出现裂痕不仅无助于朝核问题的解决，也会给未来国家安全带来不可忽视的损害。因此，文在寅一直努力保持与美国的密切沟通。不过，平昌冬奥会结束后随着美韩联合军演的重新开始，朝鲜半岛局势可能会重新恶化。韩国在应对美国压力、缩小双方分歧、协调双方立场、推进朝美直接对话等方面依然面临着极大挑战。

四 国内政治与国际关系：合作与冲突的政策协调

一般来说，一国外交政策是决策者根据国家利益在理性选择的基础上制定的，是用来指导一国外交与对外关系活动的。但是，决策者制定外交政策又是处于一个复杂的国内政治环境之中。④ 在国家层次上，国内集团通过迫使政府采纳合意政策来寻求自己的利益，而政治家则通过在这些集团中建立联盟以寻求权力。在国际层次上，国家寻求利益最大化提高其满足国内需要的能力，而使外部变化的不利后果最小化。⑤ 因而，同盟、利益集团、国内

---

① 《俄外交部：温哥华多国外长会加剧朝鲜半岛紧张局势》，新华网，2018年1月18日，http://www.xinhuanet.com/world/2018-01/18/c_1122277749.htm。
② 《特朗普加重对朝裁紧抓半岛问题主导权》，新华网，2018年2月24日，http://www.xinhuanet.com/2018-02/24/c_1122447632.htm。
③ 《车维德被撤下提名，"流鼻血战略"引发华盛顿朝野担忧》，《联合新闻》2018年2月2日，http://www.yonhapnews.co.kr/bulletin/2018/02/02/0200000000AKR20180202000300071.HTML?from=search。
④ 刘军：《国内政治、对外关系及其相互影响》，《国际论坛》2010年第2期，第23页。
⑤ Robert D. Putnam, "Diplomacy and Demestic Politics: The Logic of Two-Level Games," *International Organization*, 1988, p.434.

机构之间就不同偏好的竞争将形成一国的经济、军事与对外政策。① 在国际谈判桌上的任何一方都可能因对结果不甚满意而破坏谈判,与此相对应,未能满足国内利益集团诉求的任何领导人都有被赶下台的危险。正是国内政治与国际关系的内在冲突性,妨碍着国家间合作处理彼此间的共同问题。

文在寅政府的外交政策不仅受到当前朝鲜半岛紧张局势的影响,更处处受到国内保守派在野党的掣肘。大体上,韩国政坛可以划分为保守阵营和进步阵营。保守派和进步派的政策主张有较大不同,在东北亚外交政策上的差异更加明显。保守派主张美韩同盟是韩国的外交安保基石,只能在韩美同盟基础上发展中韩关系;进步派虽不否定这个基石,但要尽量降低美国对韩国过多过深的影响,提出"自主外交"和"自主国防"政策,希望均衡发展与中美的关系;保守派将朝鲜确定为"主敌",主张实施对朝强硬政策,意欲配合美国通过战争消除朝鲜政权,解决朝核问题并推进半岛统一;② 进步派则实施对朝温和政策,主张通过与朝鲜和解和合作逐渐改造朝鲜。在李明博和朴槿惠两届保守政府执政近10年间,韩国亲美保守派的社会基础日益壮大。2017年的调查结果显示,在中美竞争结构下,67.3%的韩国人选择加强与美国的合作,只有22.3%的韩国人选择与中国加强合作;在对朝人道主义援助方面,有71.6%的韩国人认为"朝鲜态度不改变就不应提供人道主义援助"。③ 在这样的民意基础上,即便进步阵营的文在寅政府也不得不在对外政策中考虑国内政治现实。

在对中美认识问题上,韩国保守派不断推迟收回战时作战指挥权、放弃自主国防,却不认为是"对美事大主义",反而批评进步派反对"萨德"入韩,并利用舆论媒体煽动民族主义情绪。亲美的国防部门不顾中韩在和平解决朝核问题上拥有更多共同利益,依然利用朴槿惠被弹劾期间的外交停滞与国内秩序混乱,不惜违反国家相关法律法规,也要加速"萨德"入韩,使之成为"既定事实",以阻止进步派总统上任后可能产生的变化。④ 在国防

---

① Lobell Steven, *The Challenge of Hegemony*: *Grand Strategy*, *Trade and Domestic Politics*, The University of Michigan Press, 2003.
② 《俄媒:韩保守派推动萨德部署,想用战争解决问题》,《环球时报》2017年2月28日。
③ 金智允等:《处于新出发点的韩美关系:对美舆论调查与韩美关系启示》,《峨山政策研究院》2017年第6期。
④ 《大选前萨德突然加速部署是金宽镇主导的》,《韩民族新闻》2017年10月15日,http://www.hani.co.kr/arti/politics/politics_general/813981.html。

部门的运作和保守媒体的渲染下,"萨德"部署与否成为"爱国"还是"卖国"的标识,给文在寅带来巨大的国内政治阻力。再加上朝鲜不断发射弹道导弹带来的威胁,文在寅政府只好屈服于美国和国内保守派的压力完成了"萨德"部署。无论文在寅的初衷如何,这一客观结果还是给中韩关系带来了巨大冲击和长远伤害。

在对朝政策上,尽管文在寅的"朝鲜半岛无核化与朝韩对话并行推进"的政策遭到保守派的质疑,也与强调"极限施压"的美国产生较大分歧,但是,过去10年保守政府实施的对朝强硬政策导致朝韩关系极度恶化,不仅没能阻止朝鲜的核导开发,而且给半岛带来战争威胁。因此,无论是保守派还是进步派都希望尽快打破南北关系僵局;而且当战争迫在眉睫时,两派也一致认为美国不应选择军事行动,因为"这个选项意味着大规模毁灭"。韩国国内强硬与温和两派都支持"和平解决朝核问题",使文在寅的对朝政策有了较大发挥空间,为文在寅与特朗普协调对朝政策时增加了谈判权重,迫使特朗普在维持美韩同盟还是牺牲韩国的选项上谨慎权衡。

总之,一国外交政策的制定不只是为寻求制衡别国,寻求国家生存也不总是优先考虑,而是被内部权力斗争和妥协所主导。这种内部斗争可能会导致国内集团以危及自己国家生存的方式来行动。内部权力斗争和妥协会造成从国际体系观点来看似乎不那么理性的行动。① 从这点出发,我们似乎可以将文在寅试图通过"对萨德系统进行环境评估"来缓和与中国关系的真实原因解释为其当时无法找到国内共识而采取的拖延战术。问题在于,文在寅上任之初派特使访华特意表达会"妥善处理萨德问题",却转身就加速完成了"萨德"入韩,损害了中国对文在寅政府的信任。同时,国际冲突与合作反映的是国内政治中的斗争与共识。如果国内政策变化使一国政治领导人的合作努力更加有利可图,国际合作的可能性就会增加。这也解释了文在寅坚持在巩固韩美同盟的基础上实施对朝和解政策的理性。因为韩国长期在外交上追随美国,美国对韩国的国内政治有巨大影响力。倚重美国并获得美国的支持则成为文在寅维持国内正统地位的必要条件。

---

① 海伦·米尔纳:《利益、制度与信息:国内政治与国际关系》,上海世纪出版集团,2015,第257页。

结　语

　　文在寅执政近一年，其东北亚外交政策目标越来越清晰。即在东北亚地缘政治紧张、地缘竞争激烈的背景下，为了韩国的生存与繁荣创造良好的和平合作环境。韩国要与中、美、日、俄展开堂堂正正的合作外交；以韩美同盟为中心，加强与中、日、俄的协调，和平解决朝核问题，实现半岛和平稳定，建立半岛和平体制，实现朝鲜半岛的和平与繁荣；构建"东北亚＋责任共同体"，以"和平之轴"建设东北亚和平合作平台，并超越东北亚，建设东北亚与东南亚的"繁荣之轴"。这些外交政策虽然更加注重务实解决实际问题，但国内、国际环境的巨大变化给文在寅带来了诸多挑战。

　　中韩首脑会晤虽然在一定程度上修复了因"萨德"入韩而滑入谷底的中韩关系，但韩国尚未落实其"三不"承诺，两国关系也未出现明显进展。文在寅的"冬奥外交"尽管有效缓和了朝韩关系，但在朝鲜拥核意志没有丝毫改变的情况下，此举反而加大了韩美分歧，美国警告韩国不要破坏国际对朝制裁统一战线，强调"对话的结果必须是无核化"，还通过增加韩国军费负担、对韩国的钢铁等产品采取贸易制裁等方式向韩国施压。日本对韩美联合军演问题的强行干涉、在慰安妇协定问题上的强硬态度都加大了韩日两国裂痕，两国关系将走向何种未来难以确定。

　　总体上看，文在寅的外交政策虽有创新，仍难摆脱国家结构性框架带来的束缚。这主要是因为一方面韩国难以改变美韩同盟对其自主外交的限制，另一方面周边大国林立，围绕着朝鲜半岛进行的激烈利益博弈使韩国外交面临大国权力政治的巨大束缚。尽管韩国一直把国家战略目标确定为"东北亚大国"和"世界一流国家"，希望能够发挥"大国"作用，但在东北亚地区，从地理面积、人口规模、经济总量、军事实力等多个方面评估，韩国无论如何都难以称得上"大国"。当战略目标与战略能力不匹配时，理想与现实的巨大差距使韩国无法摆脱被大国包围的心理痛苦，还会引发强烈的民族主义情绪，进而加大与周边国家的摩擦。文在寅政府虽深刻了解并强烈希望通过自身努力突破韩国面临的种种外交困境，但长期积弊仅凭一届政府之力恐怕难以完全消除，再加上国内保守派在野党的处处掣肘，文在寅政府的东北亚外交任重而道远。

The South Korea's Northeast Asia Diplomacy Under the Moon Jae-in's Presidency: The Challenge and Break-trough

Zhang Huizhi, Zhao Tiejun

Abstract The Moon Jae-in's presidency quickly ended the chaos of Park Geun-hye's impeachment. It has adjusted the policies in relating with China, America, Japan, Russia. Those include to alliance the US to strengthen the level of security and ability to defense the nuclear threats; to promote of the Korean north-south reconciliation and cooperation, especially the denuclearization; and to form the Northeast Asian Cooperation and the Northeast Asian Community in responsibility in order to establish the Korean peninsula peace and prosperity. This paper aims to analysis the obstacles of diplomacy in Moon Jae-in's Presidency from three perspectives: The threats of Peninsula dividing and Korea-US alliance; the unstable policies of South Korea to DPRK; the conflicts between the intranational polices and international policies in South Korea. Although, the Pyeongchang Winter Olympic Game has significantly improve the relationship between ROK and DPRK, The Moon Jae-in's presidency still have lots of problems in dealing with diplomacy in its future governance.

Keywords Korea-US Alliance; Independent Diplomacy; South Korea

共同民主党的对外政策主张与文在寅时期中韩关系的发展方向*

张 弛

【内容提要】 随着共同民主党候选人文在寅当选总统，韩国政局及中韩关系开启了新的时代。从政策纲领来看，共同民主党在外交上奉行"均衡外交"；在安保上既坚守美韩同盟，又寻求国防自主；在南北统一问题上重视交流与对话。这些主张与中国在朝鲜半岛和东北亚问题上的立场有不少相近之处，对文在寅时期中韩关系的恢复与发展提供了有利条件。尽管文在寅执政后，中韩关系的发展仍面临美国因素、韩国保守势力和民族主义抬头的牵制，但文政府将会致力于与中国妥善处理"萨德"问题，重新构建韩国在中美之间的"均衡外交"，促使中韩经贸往来尽快恢复正常，并在和平解决朝核问题上维持和加强与中国的合作。

【关键词】 共同民主党 文在寅 对外政策 中韩关系

【作者简介】 张弛，博士，上海政法学院国际事务与公共管理学院讲师。

---

* 本文为上海市社科规划青年课题"文在寅时代美韩同盟与中韩战略合作伙伴关系'建设性并立'的展望研究"（项目编号：2017EGJ001）、教育部 2017～2018 年度国别和区域研究课题"文在寅时期中韩战略关系重塑研究"和上海市高校青年教师培养资助计划"后朴槿惠时代中韩关系建构研究"（项目编号：ZZSZ16004）的阶段性成果，并得到上海政法学院高原学科资助。感谢上海政法学院国际事务与公共管理学院的李帅武同学在本文撰写期间提供的建设性帮助。

共同民主党的对外政策主张与文在寅时期中韩关系的发展方向

2017年5月9日，文在寅正式当选韩国第19届总统，他所属的共同民主党也因此在在野近10年之后，再次成为韩国的执政党。回首过去保守政党自由韩国党（先后称"大国家党"和"新国家党"，2017年2月改为现称）的执政岁月，韩国政府在毫不动摇地坚守美韩同盟的基础上，对朝鲜采取强硬的政策，南北关系长期恶化；而中韩关系的发展也经历了大起大落。文在寅的当选，尽管结束了前总统朴槿惠被弹劾以来韩国国内权力的真空和政局的动荡，却面临着诸多外交难题：朝鲜军事水平不断提高，美朝关系对立，中韩"萨德"争端有待解决，日韩慰安妇协议再协商问题风波又起。如何妥善应对与处理这些棘手议题，成为摆在文在寅政府面前的艰巨任务。本文拟从回顾共同民主党的发展轨迹出发，通过梳理其对外政策特别是对华政策的基本主张，分析并展望文在寅时代中韩关系的发展方向。

一 共同民主党发展的历史轨迹

韩国政党政治的一个突出特点是政党分合频繁、党名屡变。共同民主党从2015年年底由"新政治民主联合"改为现党名至今尚不足两年。不过，追溯共同民主党的历史渊源，其发端可以上溯至1955年建党的民主党。该党不仅是当时反对李承晚独裁的重要政治力量，而且一度成为第二共和国（1960~1961）的执政党。1961年朴正熙发动"5·16军事政变"后民主党一度被解散，直到1963年才得以重建。1965年，民主党联合当时国内最大的在野党民政党，共同组建民众党。然而，民众党建党后很快发生分裂，部分党员在1966年组建新韩党。但在短短1年后，民众党和新韩党重新合并，建立新民党，直到1980年被第五共和国全斗焕强推的宪法修正案解散。1985年，原新民党的主要成员重建政党，先后改党名为"新韩民主党"（1985）、"统一民主党"（1987），"二金"（金泳三、金大中）成为此时期政党的实际领导人。不过，"二金"很快因总统候选人之争发生分裂，金大中出走，另立和平民主党，并于1991年再次改称民主党。而金泳三则投身保守阵营的民主自由党，在1992年战胜金大中，当选总统，韩国正式告别了军人执政，进入了文人政府时期。

1995年，总统之战失利后宣布退出政坛的金大中重返政坛，建立新政治国民会议，标榜为庶民大众服务的国民政党。① 在 1997 年的总统选举中，金大中与金钟泌领导的自民联联手取得胜利，新政治国民会议一跃成为执政党。金大中当选后很快与金钟泌就内阁制改宪问题发生分裂，为了保留总统制和应对第 16 届总统大选，金大中号召建立一个改革型的政党，并按他的构想建立了新千年民主党。② 2002 年，该党候选人卢武铉当选总统，继续执政。但是，由于新千年民主党内部"挺卢派"和"反卢派"斗争不息，"挺卢派"于 2003 年退党并成立开放国民党。2004 年，卢武铉加入开放国民党，新千年民主党下野，开放国民党开始执政。后来开放国民党几经分裂、重组和改名，又受到 2007 年大选败选的打击，直到 2008 年才重新整合为统合民主党/民主党。2012 年，民主党候选人文在寅在与新国家党候选人朴槿惠的总统竞逐中失利，与安哲秀率领的新政治联合在 2014 年合并组建新政治民主联合。但 2015 年年底安哲秀退党，新政治民主联合分裂，改党名为"共同民主党"。在 2016 年的国会选举中，共同民主党成为国会第一大党。2017 年 3 月，朴槿惠因亲信干政事件被弹劾下台。5 月，在提前举行的第 19 届总统大选中，文在寅获胜，共同民主党重回执政党地位。

二 共同民主党的对外政策主张

虽然包括韩国媒体在内的许多人都将共同民主党称为进步政党，但严格来说，韩国的主要政党中除了正义党，其他政党基本上呈现中立偏保守的特点，③ 共同民主党亦是如此。诚然，与以自由韩国党为代表的右翼保守政党相比，共同民主党在如何设定国家与市场的关系，如何调和财阀和庶民的利益，如何处理南北关系，如何看待韩美同盟等重大经济、安保问题上带有一定的进步色彩。不过，共同民主党的政策主张带有比较鲜明的折中主义特征。这一点，在它的对外政策纲领上也得到了鲜明的印证。

---

① 朴昌根：《战后韩国若干重要政党的来龙去脉》，《韩国研究论丛》总第 13 辑，第 213 页。
② 신지연，『한국 정당 정치사：위기와 통합의 정치』，서울：백산서당，p.466.
③ 〔韩〕李熙玉：《"玫瑰大选"与对华政策讨论》，《成均中国观察》2017 年第 2 期，第 30 页。

共同民主党的对外政策主张与文在寅时期中韩关系的发展方向

（一）共同民主党的对外政策纲领

从共同民主党的政纲来看，其对外政策的基本理念可以从外交、安保和统一三个层面来解读。首先，在外交层面，共同民主党主张实现既发展韩美同盟又深化与周边国家关系的"均衡外交"，① 凸显韩国在国际社会中的地位与角色。对于韩国任何政党来说，韩美关系始终居于韩国对外战略的首位，共同民主党对此毫不怀疑。美国之后，便是韩国所谓"周边四强"中的其他三强——中、日、俄。在对华、对日、对俄关系上，共同民主党主张在不损害韩美关系的基础上协调发展，并争取韩国在对这些大国外交中的主动性，发挥所谓"中间国"或"均衡者"的作用。因此，从外交层面看，共同民主党的主张与自由韩国党大致相仿，只是自由党亲美的态度更鲜明，而共同民主党则带有一些独立自主的色彩。

其次，在安保领域，共同民主党的态度是在巩固韩美同盟的基础上，发展可靠的自主国防，构建东北亚多边安保体制。与外交上类似，共同民主党也深知韩美同盟是韩国安保政策的基础与根本，也从未否定韩美同盟的价值。但是共同民主党反对将国防自主权长期委于美国，批判李明博、朴槿惠时期一再延长战时指挥权移交的政策。② 对于未来东北亚安全秩序的构想，共同民主党建议在不削弱美韩同盟的基础上，通过分阶段、渐进式的合作，先构建多边对话体，③ 最后建立包含南北双方和周边四强在内的东北亚多边安保机制。

最后，在统一问题上，共同民主党与自由韩国党等保守政党存在较大分歧。与自由韩国党重制裁压迫、轻交流对话的强硬政策相比，共同民主党长期在统一问题上持增进南北交流、构筑和平统一基础的立场，金大中、卢武铉执政期间推行"阳光政策"，两次与金正日举行南北首脑会晤，一度营造了半岛和平、稳定的氛围。对于李明博、朴槿惠时代的对朝关系，共同民主

---

① 더불어민주당,「강령/정강정책」, http://theminjoo.kr/platform.do#n。
② 이정호•박종필,「문재인•안철수 모두 국방예산 대폭 증액」,『한국경제』, April 17, 2017.
③ 毕颖达:《韩国实践多变安全战略的"得"与"失"》,《世界经济与政治论坛》2016年第5期，第69页。

党批评是"无视朝鲜、轻视对话的压迫政策"① 和"南北关系的最差状态"②，认为对朝施压和促使朝鲜崩溃的政策是行不通的。共同民主党宣誓在执政后，将在尊重《7·4南北共同声明》、《朝韩基本协议》、《6·15共同宣言》和《10·4首脑宣言》的基础上，同时推进半岛无核化与和平体制构建，建设促进双方共同利益的南北关系。

（二）共同民主党对美、朝、日的政策主张

1. 对美政策：依赖与自主之间

在共同民主党的对外战略布局中，韩美关系依然居于首位。不过，共同民主党对韩美关系的态度比较复杂，它既有依赖韩美同盟来寻求安全庇护的需要，又怀有改变韩美间不对称同盟关系的诉求。韩国光复后，美国因素始终在韩国政党体系的建立过程中发挥重要影响，并深刻地介入政党政治。共同民主党成长过程中，虽不如保守政党那样强烈地依附于美国，但对美国的政策仍保持一定的追随。早在金大中、卢武铉执政时期，韩国政府就明确了要构筑全面、生机勃勃的韩美同盟。③ 当时，尽管党内对韩美间的部分问题，如向伊拉克追加派兵、韩美FTA等存在一些歧见，但经过折中之后，共同民主党都采取了服从美国的政策。④ 2008～2017年在野期间，虽然共同民主党屡屡指责执政党在对美交涉中让步过多，丧失自主性；但遇到重大议题时，共同民主党对美态度表现出妥协色彩。尤其是在美韩部署"萨德"问题上，共同民主党虽持反对态度，但理由是针对朴政府决策的程序而非政策本身。

不过，在依赖的同时，共同民主党的对美政策也表现出自主的一面，这一点突出表现在国防自主和同盟关系再调整两方面。在国防自主问题上，卢武铉执政时就商定2012年美国向韩国移交战时作战指挥权，但这一移交在保守政党执政后一再被延迟。对此，共同民主党持强烈的反对态度，认为推迟移交是执政当局与美方的"私相授受"，既平添韩国的负担，又伤害中韩关系。共同民主党智库制定了战时作战指挥权移交的短期

---

① 홍현익，『이명박 정부의 대북정책 평가와 개선방안』，서울：민주정책연구원，2011，p.1.
② 박태정，「더민주 "박정부 3년 역사 후퇴·민생 황폐·남북 최악"」，http：//news1.kr/articles/？2581972.
③〔韩〕外交通商部：《2005年韩国外交白皮书》，外交通商部，2005，第37页。
④ 장훈，「정당정치와 외교정책」，『한국정치학회보』3，2008，pp.274-278.

和中长期计划,① 主张执政后即着手重启移交进程。在同盟关系问题上,共同民主党希望适度调整韩美在同盟中的不对称地位,使同盟双方的关系互动能够建筑在一种制度化的基础上。② 共同民主党试图通过制度来约束美国在同盟中的支配作用,避免过度被美国的战略绑架,并努力使同盟关系能够更多地反映韩国的国家利益。

2. 对朝政策:从"阳光政策"到"双轨"战略

共同民主党在对朝政策上带有鲜明的进步色彩,金大中就任时便提出了著名的"阳光政策",确立了禁止一切武装挑衅、排除吸收式统一、推进和解与合作的三大原则。③ 根据该政策,韩国加强了与朝鲜的对话与接触,增加了对朝鲜的经济支援。特别是2000年金大中与金正日的会晤,实现了半岛分裂55年来南北首脑的首次见面。卢武铉执政后,承袭了"阳光政策",努力构筑"朝鲜半岛和平体制",一方面平衡美国因第二次核危机而对朝鲜采取的强硬政策,另一方面坚持朝韩独立解决南北统一问题的自主路线。④ 卢武铉在任期间,实现了南北首脑的第二次会晤,积极参与六方会谈并达成了一系列重大成果。金大中、卢武铉执政的10年,可谓战后南北关系最为和缓的时代,南北合作的主要成果大多是在这一时期奠定的基础。

2008年民主党下野后,继续奉行对朝包容的政策路线,批评李明博、朴槿惠的强硬政策。但自2010年后,天安舰沉没、延坪岛炮击、朝鲜连续进行核试验和导弹试射等事件接连发生,使朝韩关系日益恶化,韩国国内对朝鲜的反感和要求加强制裁的呼声也逐渐增加。在此情况下,共同民主党的对朝政策开始发生一定的变化。一方面,既定的通过对话解决朝核问题的战略没有发生根本性的变化。共同民主党主张以"冻核"而非"弃核"为优先考量,尽快重启六方会谈或是构建新的协商模式,通过和平对话解决核问题。⑤ 同时,它也反对保守政府中断南北经济交流的举措,建议重启开城工业园并参与朝鲜经济特区的建设,打造南北经济"共同增长"的模型。⑥ 另

---

① 민주정책연구원,「전시작전통제권 전환 재연기의 문제점과 대응과제」, http://www.idp.or.kr/library/?mode=view&table=archive&b_idx=91.
② 〔韩〕外交通商部:《2007年外交白皮书》,外交通商部,2007,第40页。
③ 〔韩〕统一部:《1998年统一白皮书》,统一部,1999,第276页。
④ 김강녕,「노무현 정부의 외교정책의 방향과 과제」,『통일전략』1, 2003, pp.44-45.
⑤ 김은옥,「북한의 4차 핵실험 평가와 대응전략」,『이슈브리핑』2, 2016, p.1.
⑥ 김은옥,「김정은시대 북한의 경제특구 개발 동향과 시사점」,『이슈브리핑』11, 2015, p.5.

一方面，共同民主党在对朝制裁的态度上开始变得积极，特别是在第四、第五次核试验后，民主党明确表示以制裁来对朝施压是解决朝核问题的重要途径之一。① 因此，当前共同民主党的对朝政策已转向一种"双轨"战略：既不放弃对话解决的根本原则，但也开始强调对话与制裁的均衡。

3. 对日政策：历史原则与"双轨"外交

从历史来看，韩国的保守派大多来自日本殖民时期亲日的少数特权阶层，他们与日本之间的历史渊源导致保守政党在处理日韩之间历史、领土争议问题时带有相当的妥协性和不彻底性。朴槿惠政府对日政策的"先硬后软"，最终草签慰安妇协定和军事情报保护协定，都显示出保守政党对日政策的局限性。

虽然共同民主党也主张在对日政策上采取历史问题和经济合作相分离的"双轨"外交，但它反对保守政党在历史问题上的摇摆政策和日韩军事合作的轻率态度。对于慰安妇问题，民主党要求日本必须表达出反省的态度，文在寅在当选前曾称："连谢罪都没有的（慰安妇）协定是无效的，慰安妇问题必须重新协商。"② 当选后的2017年11月，他又表示，"2015年韩日两国政府的慰安妇协商，无论是程序还是内容，都存在重大缺陷"，并明确表明这份协议无法解决慰安妇问题，③ 慰安妇问题仍然是阻碍日韩关系改善的一道坎。对于草签军事情报保护协定，民主党更是谴责该协定是不顾民众感情、出于政治需要的单方面协定。④ 可见，民主党在历史问题上的立场更为坚定，不会与日本轻易媾和。在军事问题上，民主党对日本的右倾化和再军事化保持高度警惕，对日本的野心也有清醒的认识。在民主党的执政下，日韩关系作为美日韩安全合作中最薄弱环节的情况将很难改观。

（三）共同民主党的对华政策主张

共同民主党与中国的外交接触始于金大中、卢武铉时期，当时民主党与

---

① 박광온,「김중인 대표 - 추귀홍 중국대사 면담 결과」, http://theminjoo.kr/briefingDetail.do? bd_seq = 53773.
② 이재림,「문재인, "사죄받지 못한 위안부 합의는 무효… 새로 협상 해야"」,『연합뉴스』, Jan. 1, 2017.
③ 高冰冰：《文在寅公开表态不承认慰安妇协议但强调发展韩日关系与历史问题分开》,《亚洲经济》2017年12月28日。
④ 김경식,「한일 군사정보협정 체결…더민주 "보이지 않는 손으로부터 조정 당하고 있는 것 아닌가"」,『한국경제』, Nov. 24, 2016.

共同民主党的对外政策主张与文在寅时期中韩关系的发展方向

中国的合作一度是和睦和融洽的。尤其是对中国在朝核问题中的作用,民主党政府给予了高度的肯定。回顾20年来共同民主党对华政策的各种表述和其执政时期中韩交往的经验,该党的对华政策主张大致可以从安全、经济和社会三个层面来总结。

第一,在安全上,共同民主党主张要从韩国的实际利益出发,追求"联美和中"。虽然李明博和朴槿惠执政时期也标榜所谓的"中间国家"和"均衡外交",但民主党一针见血地指出保守政党实际上推动的是以韩美同盟为主的外交安保政策。尤其是在"萨德"问题上,民主党认为韩国被同盟所绑架和牵连,使中韩关系和韩国的安全、经济利益都蒙受了损失。① 由于民主党在处理南北关系上奉行自主的原则和对话的态度,在安全战略上主张构建东北亚多边安保体制,所以它与中国在半岛和东北亚安全上的主张相当接近。民主党智库建议,韩国应协调发展美韩同盟和中韩战略合作伙伴关系,构建在中美间"创造性的柔性外交战略"。② 同时,民主党也深刻认识到中韩合作从低级政治走向高级政治过程中面临的困境,主张建立多元的战略对话管道,实现中韩两国外交安保关系的"革新"。③

第二,在经济上,共同民主党既主张加强中韩经济联系,又警惕韩国对中国的经济依赖。相较于自由韩国党的支持者,共同民主党的支持者更为年轻化;比起同盟、统一等问题,他们更关心经济发展、社会福利等与生活息息相关的议题。而中韩之间密不可分的经贸联系和中国在韩国无处不在的经济影响力,决定了民主党必须维持中韩经贸往来的繁荣。特别是部署"萨德"导致的中韩经济关系变冷的趋势,民主党认为急需扭转。对于中国日益增长的经济力量:一方面,民主党认为韩国对中国经济具有较高的依赖性和脆弱性,韩国需要避免对中国过度依赖;另一方面,随着中韩出口结构的趋同,中韩产品在国际市场上的竞争日趋激烈,如何确保韩国产品的相对优势,也是民主党执政后面临的重要课题。

第三,在社会问题上,共同民主党的对华政策带有鲜明的民族主义色

---

① 김은옥,「사드(THAAD) 한국 배치, 무엇이 문제인가?」, http://www.idp.or.kr/library/?mode=view&table=archive&b_idx=107.
② 민주정책연구원,「한미동맹, 국익이 우선이다」, http://www.idp.or.kr/library/?mode=view&table=archive&b_idx=47.
③ 김은옥,「G2 시대 미중관계의 변화와 우리의 대응전략」,『이슈브리핑』1, 2014, pp.7-8.

彩。民主党的成长与二战后韩国民族主义的复兴紧密相关,中韩两国固然历史相近、文化相通,但分歧依旧存在,而这些分歧恰是民主党在处理中韩关系时最难以把握之所在。民主党在中韩历史争议、海上纠纷问题上的强硬态度,可能成为其执政下比安全、经济问题更为严重的隐患。

三 文在寅时期中韩关系的发展方向

(一) 政党与对外决策的关系

通常国家作为制定对外政策的重要行为体,其对外政策的制定有赖于外部和内部因素的共同作用。影响国家对外决策的外部因素主要包括地缘环境、国际互动因素、国际体系因素;而内部因素则主要包括人口规模、民族构成、经济现状、军事能力以及国内政治的影响等。[①] 在诸多内部因素中,国内政治往往发挥很大一部分作用,而政党政治作为现如今各国国内普遍的政治模式,在对外政策的制定中产生了重大影响。通常一个政党通过人民选举得到主持政府的权力,为了保持对政权的控制,执政党对外政策的制定不得不建立在选民同意的基础上,同时又要兼顾党内精英政治家的理性考量,这让一个政党的对外政策拥有了区别于其他党派的特性与连续性。而党内有确切的头衔和职位的政治家,往往在制定对外决策中发挥着更重要的作用。[②] 随着2017年韩国新一轮大选的结束,以文在寅为首的共同民主党重新执政,可以预测,其对外政策方面将继续谋求落实该政党的外交理念。而文在寅作为卢武铉的重要幕僚,也会在一定程度上承袭金、卢的外交路线,继续推行"均衡外交",实行"双轨战略",这些都将对中韩关系的未来走向产生影响。

(二) 文在寅时期中韩关系的走向

中韩关系在历经了朴槿惠时代的"大起大落"后,正站在新的转捩点

---

① 李少军:《国际政治概论》,上海人民出版社,2013,第239页。
② Christopher Hill, *The Changing Politics of Foreign Policy*, trans. by Xiao-song Tang and Han-xi Chen, Shanghai People's Publishing House, 2007, p.60.

上。虽然多数韩国人和中国媒体对文在寅给予了相当的期望,但也需清醒地认识到未来中韩关系回温所面临的限制性因素。第一,美国因素仍是影响中韩关系的最大外部变数。"萨德"入韩清晰地展现出,在对美既有安全又有经济的"双重依赖"下,韩国难以拒绝美国的要求,只能采取追随的政策。特朗普执政后虽然宣布放弃奥巴马的"亚太再平衡",但中美之间的内在结构性矛盾并无改变,①他依然在奉行某种程度的对华遏制路线。这将使中韩关系的发展难以绕开美国的亚太政策,一旦中美关系生变,韩国很可能再次面对外交两难的局面。第二,朝核问题也是困扰中韩关系改善的难题。自第四次核试验以来,朝鲜的核能力和导弹能力在一两年间有了突飞猛进的发展。在此背景下,韩国对美安全需求的增加会导致其向美国进一步靠拢,这种态势对中国的战略环境会造成一定的压力。第三,韩国内部保守势力仍是中韩关系发展的牵制因素。不可否认的是,韩国国内始终存在一股根深蒂固的"亲美远中"的保守力量。由于受冷战时期反共思想的影响和历史、意识形态的偏见,他们坚信美国是韩国唯一可靠的后盾。② 在这股力量的牵制下,文在寅执政后能否摆脱保守力量的影响,构建新型中韩关系,考验着他的政治能力。第四,近年来中韩民族主义对立有所萌芽的态势可能会影响两国未来关系的发展。2016 年以来,受朝核、"萨德"、渔业纠纷等问题的影响,中韩关系急转直下,特别是部分保守媒体乘机煽动民族主义情绪。文在寅的胜选是建筑在民意的基础上,如果韩国民间的这种氛围不能改善,将阻碍中韩关系的发展。

基于民主党和文在寅的对华政策主张,结合影响中韩关系的内外因素综合研判,文在寅时代中韩关系的发展方向将主要包含以下四个方面。

首先,在当前中韩关系发展的症结——"萨德"问题上,文在寅政府很难从根本上扭转这一事实,但会努力寻求与中国间的谅解。由于在文在寅当选之前,"萨德"系统已经在韩国完成了基本布置并已经初步具备拦截能力;文在寅很难推翻前政府的决定,并承受美韩同盟动摇之冲击。文在寅在 2017 年年底访华前,韩国外长康京和曾表明了所谓新"三不"立场,即不追加部署"萨德",不参加美国的导弹防御系统,韩美日安全合

---

① 石源华:《清除"亚太再平衡"战略的负面遗产》,《世界知识》2017 年第 9 期。
② 윤영관,「트럼프 시대 대미 외교, 결기가 아니라 지혜로」,『조선일보』, May 2, 2017.

作不会发展为三方军事同盟。同时，中韩双方也达成协议，将"萨德"问题交予两国军方妥善解决。可见，文政府想尽量减少"萨德"问题带来的消极影响，实行"萨德"与经济等其他问题相分离的"双轨"策略，尽快修复与中国的经贸关系。不少韩国学者也在出谋划策为新政府在"萨德"问题上"解套"，包括建议由韩国出钱向美国购买"萨德"系统，争取韩方对"萨德"的运营控制权，以降低中国对"萨德"的戒心①，加强对华战略沟通以重建中韩战略互信等②，但这些选项都不涉及"萨德"撤出的问题。韩国战略界主流也不赞成撤回"萨德"，在《文化日报》对33名韩国战略专家的调查中，75.8%的专家都认为应该维持美韩的部署决定。③ 可见，在内外的阻力下，文在寅只能通过加强沟通、局部调整或利益交换的形式，使中国能够"容忍""萨德"的存在，尽快使中韩关系转圜。所以，中国不宜对文在寅政府在短期内撤回"萨德"问题上抱持过高的期望。

其次，在处理中美韩三边关系上，文在寅会努力重建韩国在中美之间的"均衡外交"。无论从地缘政治还是经济发展的角度来看，中韩关系变冷对两国都是有害无益的。朴槿惠后期"亲美远中"的一边倒外交，对韩国的安全和经济利益造成了一定的影响。文在寅上任后，会对这一趋势加以调整，使中美韩关系恢复某种程度的平衡。这需要中韩两国进一步深化互信，将两国关系从经济合作的浅水区拉入安全合作的深水区，在"战略合作伙伴关系"的基础上进一步打造"全面战略合作伙伴关系"。随着东亚局势的变迁，韩国认为美中之间的区域竞争正日趋激烈，其在两强间的处境将愈加艰难，只有采取巧妙的平衡政策，才能确保韩国的安全。④

再次，在中韩经贸关系问题上，文在寅虽然会尽快使中韩经贸往来回温，但也会着手降低对华经济依赖。自"萨德"入韩导致中韩经贸关系趋冷以来，韩国蒙受了严重的经济损失。据韩国现代经济研究院测算，受萨德

---

① 정성장，「차기 정부의 사드와 북핵 문제 해법」，『아주경제』，April 14, 2017.
② 이성현，「사드 배치 관련 한국의 대중국 커뮤니케이션의 고찰」，http：//www.sejong.org/boad/bd_ news/1/egofiledn.php? conf_ seq = 1&bd_ seq = 3697&file_ seq = 8356.
③ 김만용，「"사드 배치 결정 유지 해야"75.8%」，『문화일보』，April 18, 2017.
④ 전봉근，『미중 경쟁시대의 동북아 국제정치와 한국 안보』，서울：국립외교원，2017, pp.1-2.

影响，韩国在出口、观光、文化产业等领域损失合计8.5兆韩元，相当于其名义GDP的0.52%，① 这对目前景气低迷的韩国来说，无疑是雪上加霜。文在寅肩负着提振经济的重要使命，决定了他要促进中韩交流尽快恢复正常。不过，经过"萨德"风波，韩国更深刻地体认到其对华经济依存的敏感性和脆弱性，开始拓展在贸易、观光、投资等领域的替代来源，例如韩国贸易协会忠北分部已经向越南、印尼、泰国等27个国家派遣代表团，签订了总额约3600万美元的出口合同。② 尽管这一数字不能与中韩贸易损失相提并论，但反映出韩国贸易政策的新趋向。"萨德"风波导致韩国民族主义抬头的问题，在一定程度上可能会加剧文在寅时期韩国对华经济疏离的倾向。

最后，在对朝问题上，文在寅会维持并加强与中国的合作。在经济方面，文在寅在竞选纲领中明确指出南北经济合作在新政府对朝政策中占据优先地位，这有利于中国借力推动"中俄朝韩经济走廊"的建设。在2015年国家发展改革委、外交部、商务部联合发布的"一带一路"倡议愿景和行动文件中，具体设计的5条路径构想中没有东北亚，可以说是开了"天窗"。③ 如果中韩能借文在寅执政之机，促成"中俄朝韩经济走廊"建设的实施，不但弥补中国周边合作圈的缺口，而且能推动朝鲜打开国门，融入国际社会。在政治方面，文在寅访华期间，习近平明确表示半岛无核化的目标不动摇，不允许半岛生战生乱，④ 这和文在寅政府半岛政策的基本目标是一致的。中韩双方都试图通过对话协商的形式来解决半岛问题或者缓解半岛局势，平昌冬奥会开幕式前，中共中央政治局常委韩正赴韩，向文在寅表达了希望朝韩双方以平昌冬奥会为契机加强和解合作、推动半岛问题政治解决的意愿。在近期朝韩关系因平昌冬奥会而出现"融冰"的背景下，中韩双方都应该推动朝核问题向和平对话、协商沟通的方向发展，为稳定半岛局势做出共同努力。

---

① 박의래，「"사드보복 피해"한국8조5천억，중국1조1천억원 달할 듯」，『연합뉴스』，May 3, 2017.
② 경철수，「충북 수출기업 시장다변화로"중국사드보복"대응」，『동양일보』，April 27, 2017.
③ 石源华：《"一带一路"与中国周边合作全覆盖》，《中国周边外交学刊》2015年第2辑，第49页。
④ 赵成：《习近平与韩国总统文在寅举行会谈》，《人民日报》2017年12月15日。

结　语

文在寅的当选不仅实现了韩国国内的政党轮替，也让中韩关系来到了一个新的起点。诚然，相较于李明博和朴槿惠，共同民主党出身的文在寅在中美韩关系、朝核问题等重大外交议题上，与中国的立场更为接近，这有助于中韩关系走出低谷，尽快回暖；但美国因素、"萨德"阴影、朝核问题、"中国经济威胁论"的抬头和中韩民族主义对立的萌芽等都是文在寅时期中韩关系中的变数。因此，中国应提前对这些变数进行合理的管控，与韩国新政府共同推动中韩关系从"战略合作伙伴"迈向"全面战略合作伙伴关系"的新阶段，将中韩合作打造成支撑东北亚和平、繁荣、稳定的重要柱石，为半岛的自主和平统一奠定必要的基础，努力实现"一带一路"建设与东北亚区域合作的有机对接。

The Foreign Policy of the Democratic Party of South Korea and The Development Trend of Sino－Korean Relations in the Period of Moon Jae-in

Zhang Chi

Abstract　With the victory of Moon Jae-in, who is the candidate of the Democratic Party of Korea in the president election, South Korea's political situation and Sino-South Korean relations have ushered in a new era. According to its policy platform, the Democratic Party pursues "balance diplomacy" in diplomacy, which sticks to both the South Korea-U. S. alliance and the self-defense in security issues and stresses on communication and negotiation in unification issues. These positions have many things in common with China's positions on the Korean peninsula and northeast Asia, which provides favorable conditions for the resumption and development of Sino-Korean relations. Even though the development of Sino-

Korean relations may face restrictions such as the United States factor, South Korean conservatives and the rise of nationalism, the Moon's government will work with China to properly handle the THAAD problem, rebuild a balance policy between the U. S. and China, improve the Sino-Korean trade relations and strengthen cooperation with China in Korean Peninsula nuclear issue.

Keywords　The Democratic Party of Korea; Moon Jae-in; Foreign Policy; Sino-Korean Relations

美日安全政策变化与朝鲜半岛形势分析[*]

高 兰

【内容提要】2017年，朝鲜半岛出现紧张局势，2018年年初以来，经过诸方努力，朝鲜半岛局势开始呈现出缓和的积极迹象，东亚局势随之发生重大变化。总体来看，在美国特朗普政府的不透明性政策风险以及日本安倍政府在安保政策方面的"冒险"的双重作用下，东北亚地区的安全形势日益严峻，以朝鲜半岛为焦点，出现了局部接近热战的可能性与紧迫性。其本质在于，美日两国的东北亚安全政策显示出深刻的地区性乃至全球性影响。中国需要冷静应对，未雨绸缪。

【关键词】安全政策　朝核危机　和平努力

【作者简介】高兰，复旦大学日本研究中心教授。

2017年以来，东亚地区众多安全热点问题不断增加，围绕朝鲜半岛的安全形势日益严峻，出现了局部接近热战的可能性与紧迫性。2018年年初以来，经过诸方努力，朝鲜半岛形势开始呈现缓和的积极迹象，但是依然面临危机。

特朗普总统上任后，在政策操作手法上采取不确定的对外政策，不断调适对朝鲜半岛的政策，其政策团队的部分成员乃至特朗普本人对朝鲜政策日

---

[*] 本文属于2017年国家社科基金"维护国家海洋权益"研究专项"四种海权发展模式互动中的周边国家和域外国家的海洋政策及其中国对策研究"（项目编号：17VHQ007）；2017年度上海市社科规划一般课题"近代以来日本海洋战略的历史演进及其对中日海权博弈结构的影响"（项目编号：017BGJ006）；2017年福建省社会科学研究基地重大项目"菲律宾在中国黄岩岛水域所谓传统捕鱼权的研究"。

益强硬。日本安倍政府在安保政策方面继续采取"冒险"政策，加快修宪步伐、极力推动对朝鲜的严厉制裁措施。中国与美日之间在进行相关战略合作的同时，也存在着诸多分歧。中国需要严密观察，未雨绸缪，避免被动。

一 朝鲜半岛的形势分析

2017年以来，东北亚安全形势扑朔迷离，暗藏危机。与此相关，传统的东亚热点安全问题朝鲜半岛局势出现了重大变化。

2017年，朝鲜继续实施其弹道导弹和核计划，5月15日，朝鲜试射"火星12"型地对地中远程导弹，完成了第6次核试验工作。对于朝鲜核武器开发，2017年版日本《防卫白皮书》[①]认为朝鲜的核试验可能已经实现了"小型化"和"弹头化"。朝鲜接连实施核试验引发东北亚国家连锁反应，半岛局势进一步趋向紧张。

朝鲜实行全民防卫体系，朝鲜的基本军事战略是以统一半岛全境为目标。为了保持持久战争能力和军需动员能力，尽管存在能源困难和经济困难，朝鲜仍然首先培育军需产业。金正恩执政以来核心的军事战略要务是建设核力量。2005年，朝鲜宣称拥有核武器，2006年10月9日，进行了第一次核试验。为了解决朝核问题，2007年进行六方会谈，此后，朝鲜关闭了三个关键的核设施，但拒绝公布所有核设施。2009年5月25日，朝鲜进行了第二次核试验。2013年2月12日、2016年1月6日以及2016年9月9日，朝鲜又分别进行了三次核试验，以及数十次的导弹试验。此后，朝鲜的核力量、核战略与核决心三位一体的核运用架构不断成型，试图实现空基、陆基、海基核力量的并行发展。

截至目前，朝核问题一度接近美对朝使用武力的临界点。联合国开始实施历史上最严厉的对朝制裁，朝鲜继续采取激烈的反制措施。2017年4月29号，美军"卡尔·文森号"航母打击群抵达半岛东部海域，并与韩国海军举行了联合演练。据悉，以"卡尔·文森号"航母为首的美国海军战斗群，在朝鲜半岛附近进行的是一项无限期的任务，对朝鲜进行威慑和警告，

---

① 「平成29年版 防衛白書 日本の防衛」、http://www.mod.go.jp/j/publication/wp/wp2017/wp2017epubDL.html。

同时也加剧了半岛局势紧张。美国海军战斗群驶向朝鲜半岛，增加了美方对朝鲜军事设施发动导弹打击的可能性，可能促使朝鲜领导人采取轻率的行动。

2017年8月以来，美朝之间的争执不断升级[①]。8月8日特朗普警告朝鲜，若再继续威胁美国将遭到"火与怒"的打击，朝鲜方面则回应，正在考虑是否对美国在太平洋的领地关岛进行打击。美国国务卿蒂勒森当天在出访东盟的归国途中特意经停关岛以安抚当地居民，称"美国人民可以高枕无忧"；而国防部长马蒂斯则发表声明，威胁朝鲜再挑衅将面临改朝换代的结果。朝鲜方面再度回应，称特朗普对朝鲜所做的威胁是"一派胡言"，朝鲜军方称将在8月中旬前完成对在关岛的美军基地进行打击的计划。10日，美国总统特朗普再度就美朝对峙发声，对朝鲜警告再升级。与此同时，美国媒体披露，五角大楼已经做好了对朝鲜导弹发射场进行先发制人打击的计划。

在半岛局势持续紧张的背景下，特朗普采取了对朝鲜既缓和接触又严厉制裁的政策。尽管美朝之间口头争执不断升级，但是美国舆论认为，特朗普并没有一个成形的对朝军事打击计划，而且如果真的实施军事行动，其后果也不堪设想。随着美国在韩国周边部署军备的大动作不断，韩国的不安情绪也迅速扩散。根据韩国峨山政策研究院的调查发现，43.2%的受访者认为危机情况下进攻朝鲜是"必要的"，比3年前增长6.9%；反对武力进攻者比之前下降9%。关于美国对半岛采取军事行动，韩国已进行过推演，预计将导致60万人死亡。一旦开战，如果不能成功实施"斩首"行动或彻底摧毁隐蔽在山里和地下的朝鲜核设施，韩国将面临难以承受的灾难性后果。

文在寅当选韩国总统后，呼吁推迟部署"萨德"系统，认为上届政府未能在这个有关国家安全的问题上让公众达成共识，韩国国内反对部署"萨德"系统运动也风起云涌，中韩围绕着萨德驻韩发生争执，韩国在中美间实施的平衡政策发生动摇，事态一度趋向恶化[②]。2017年年末，中韩关于部署"萨德"问题的争执有所转圜。2018年1月11日，中韩热线开通，韩

[①] 《特朗普对朝鲜警告再升级 美军严阵以待》，国际在线，2017年8月11日，http://news.cri.cn/20170811/923eb0a5-5efd-d7a6-adc8-625ca17f5ba3.html#goTop。

[②] 石源华：《再议处于十字路口的东亚政治安全格局》，《世界知识》2016年第17期。

国文在寅总统与习近平主席进行了 30 分钟的首次电话通话①,双方就改善韩朝关系和实现韩半岛无核化方面进一步强化双边合作达成共识。

二 美日的政策调整特征

如上所述,2017 年以来,围绕朝鲜半岛的安全局势,出现了重大变化。为此,美、日出现了政策调整。

(一)美国:特朗普风险

2017 年 1 月,特朗普上台后,推行不透明的外交政策②,宣布结束奥巴马的"亚太再平衡"战略。随着朝鲜半岛局势日益严峻,特朗普政府进行了"南进北压"的东亚政策调整。一方面,美国进一步强化了对朝鲜强硬的压制措施;另一方面,特朗普政府与日本安倍政府共同推进"印太战略",试图强化美日与印度、澳大利亚的合作,推行印度洋-太平洋的联动联盟战略。

特朗普执政以来,美国迎来"有史以来最大规模的军备增强"。2017 年 2 月 27 日,特朗普向国会提交的新财年预算中,国防预算据称达到 6030 亿美元,这是继 2007 年军费增加 12% 及 2008 年增加 10% 以来,美国国防支出最大的增幅,创下了近十年来美国国防预算增幅新纪录。美国《2018 财年国防授权法案》③ 授权国防部在 2018 财年支出 6260 亿美元基础预算和 660 亿美元作战预算,大幅增加了弹道导弹防御投资。

2017 年以来,朝鲜半岛紧张局势日益突出。一方面,朝鲜继续进行核武器和导弹开发,引起美国、韩国、日本等强烈的军事与外交回应。9 月 3 日,朝鲜进行了第 6 次核试验,美国和其他各方未能阻止朝鲜的行动。另一方面,美国在韩国部署"萨德"导弹系统产生的副作用引发了朝鲜的强烈不满与抗议,美朝对抗局势日益加深。美国总统特朗普一再威胁要彻底摧毁朝鲜,还一再与金正恩相互侮辱和威胁。在朝鲜坚持推进核导计划的背景

---

① 《中韩热线开通后首次通话》,《韩国中央日报》2018 年 1 月 12 日。
② 日本防务省研究所编『東アジア戦略概観 2017』、http://www.nids.mod.go.jp/publication/east-asian/index.htm。
③ "National Defense Authorization Act for Fiscal Year 2018", https://www.armed-services.senate.gov/imo/media/doc/FY18%20NDAA%20summary2.pdf.

下，美朝争端一再升级。

美国是朝鲜半岛局势恶化的主导因素之一①。特朗普执政后，其对朝政策与奥巴马相比更加强硬，强势推行经济制裁和军事演习，并多次提出军事解决威胁朝鲜。但是，虽然美国主张对朝战争的声音在逐步提高，打击朝鲜的各种方案已经出台，但美国在对朝动武问题上犹豫不决。这是因为，美国在战略上、军事上以及美韩等盟国关系方面有诸多制约，并且中国和俄罗斯也强烈反对美国对朝动武。因此，美国的对朝政策逐步从超级强硬转为威慑性强硬，即美国在继续强调对朝强硬制裁的同时，试图寻找美朝对话协商空间，提出对朝鲜"四不"政策，也就是说，"不谋求朝鲜政权更迭和崩溃、不谋求加速半岛统一、不谋求在军事分界线以北驻军、不谋求加剧朝鲜人民痛苦"。

2018年1月9日，韩国和朝鲜代表在板门店韩方一侧"和平之家"举行韩朝高级别会谈，就朝方派代表团参加平昌冬奥会、南北关系改善等共同关心的问题进行讨论。1月10日②，美国总统特朗普向韩国总统文在寅承诺，只要朝鲜和韩国保持对话，美国将不会进行军事干预，暂时排除了对朝鲜展开军事行动的可能性。此外，特朗普提出，愿意与金正恩谈判，希望恢复美朝对话等。在各方的努力下，美朝双方于6月12日实现了首次首脑会谈。

但是，韩美双方一致同意继续对朝鲜保持高压政策，强调了对朝鲜保持最大压力战略的重要性。朝韩之间的谈判可能在平昌冬奥会后带来以半岛无核化为目标的朝美对话，但朝鲜目前依然坚决拒绝弃核。

随着美国2018年国防费用拨款方案正式实施，从长期来看，美国在东北亚安全问题上将加强军力投入与军事存在，特别是在朝核问题上不会掉以轻心，美国的东北亚安全政策将保持高度的力度与强度，并且加强了军事力量部署。预计，到2020年，美国海军60%的兵力将部署在太平洋地区，其中包括强化关键海军资源在日本的存在。此外，在新加坡轮换部署濒海战斗舰，将更多驱逐舰和两栖舰的母港设在太平洋地区，在太平洋地区部署联合高速舰等水面舰艇。美国国防部正在增加关岛的海空力量，并轮换驻扎在关岛的海军陆战队，以此构建"地理上更加分散、行动上更加灵活、政治上

---

① 石源华：《朝鲜以超强硬应对美韩的强硬》，《世界知识期刊》2017年第24期。
② 《特朗普表示暂不对朝鲜动武》，《参考消息》2018年1月12日。

更可持续"的部署态势。美空军在亚太地区部署了航空力量,包括战术和远程打击飞机,并将把其他部队如情报侦察与监视部队调往亚太地区,与盟友和伙伴国协作提高陆海空域态势感知能力。

(二) 日本:安倍冒险

2017年以来,长期执政的安倍政府的对朝政策出现新的变化特征。

2017年8月8日,日本召开内阁会议,批准了2017年版《防卫白皮书》(以下简称"白皮书")。白皮书指出朝鲜开发、试验导弹成为"新阶段的威胁",日本可能已在其射程之内。此外,白皮书中涉华部分长达34页,再次借助海洋问题鼓吹"中国威胁论",不惜笔墨对中国的国防政策和军事动态进行介绍。指责中国"毫不妥协地要实现自己的单边主张,对于包括日本在内的区域和国际社会安全的影响,令人强烈担忧"。在对中国海军的分析方面,白皮书称中国国产航母"辽宁舰"2016年首次驶入西太平洋,展示了"海上战斗能力的提高以及向更远方投送战力能力的提高",揣测中国今后在日本海附近的活动会更加频繁。

2015年的《外交蓝皮书》①认为,进入21世纪,世界的势力均衡态势发生重大变化,对全球安全环境造成了复杂影响。在东亚地区,朝鲜开发核武器对日本带来了明确且重大的威胁。此外,中国军事力量加强,增加了在日本周边海域、空域以及南海的活动,因此(日本)必须谨慎关注中国的动向。

2017年的《外交蓝皮书》②将朝鲜核导开发定性为"新阶段的威胁",详细介绍了朝鲜在2016年2次实施核试验和发射超过20枚弹道导弹的经过,表现出强烈警惕。此外,蓝皮书还强调,针对朝鲜的日韩、美日韩合作"正变得前所未有的重要"。

日本防卫省防卫研究所发布的《东亚战略概观》,是该研究所根据日本防卫省"继续推进安保对话与防卫交流,加强日本与周边邻国及相关国家的信赖关系"这一方针所发行的重要刊物,分析对象包含朝鲜半岛、中国、

---

① 『平成27年版外交青書』、https://www.mofa.go.jp/mofaj/gaiko/bluebook/2017/html/index.html。

② 『平成27年版外交青書』、https://www.mofa.go.jp/mofaj/gaiko/bluebook/2017/html/index.html。

东南亚、俄罗斯、美国及日本自身等国家和地区。1997~2017年，连续发布了21份年度战略研究报告。

《东亚战略概观2017》的副标题是"2016年的东亚——不确定性提升的战略环境"①，开篇首先分析美国特朗普政权的不透明的外交政策，详细论述朝核危机的不断升级态势，继续浓墨重彩地渲染中国强硬的海洋发展现状。此外，分析普京访日及日俄关系走向正常化、欧盟"分裂危机"对东亚的影响等。

一方面，根据日本防卫省2018年度概算要求，将成立水陆机动团，引进两艘新型护卫舰，启动新雷达开发，加强监控东海，严防朝核攻击。另一方面，日本在东亚地区频频布局、动作不断。例如，日本多次表示，将继韩国引进"萨德"之后加快推进调研"萨德"部署问题与部署日程。日本还以履行同盟义务、应对朝鲜威胁为由，宣称将拦截经日本上空飞往美国的导弹，使得原本高度敏感的半岛局势进一步升温。日本的上述军事冒险举动也加大了中美被卷入冲突的可能性和危险性。

针对2018年5月举行的美朝首脑会谈，日本加快了外交协调步伐。关于美朝首脑会谈，日本的反应非常复杂，既有期待，也有担心，担心美朝对话直接抛开日本，出现"Japan passing"的困境，损害日本的安全利益。

关于美朝首脑会谈，日本的态度总体上十分冷淡。日本认为，朝鲜弃核的目的是两个，一个是"金钱"，一个是"美国"。美朝首脑会谈只是朝鲜拖延时间的惯常手段，不可能实质性地弃核。美国在达成最终协议以及朝鲜完全放弃核试验并进行切实的验证之前将继续保持攻击体制。关于美朝首脑会谈，日本担心其最关心的人质问题能否被提及。由于国内政治因素，人质问题的解决是安倍政权最重要的课题。2018年4月下旬，朝鲜人质绑架被害者家属及其支援组织"救助会"访问了美国，寻求向与特朗普总统接近的美国高官申诉请求，争取得到特朗普总统的理解与支持。

美朝首脑会谈，日本担心即使朝鲜宣布废弃陆基弹道导弹，但是有可能继续保留将日本纳入射程距离的中短距离的导弹威胁。因此，日本的安全保障陷入极其危险的境地，日本全国部署了美军设施，如果朝鲜半岛发生危

---

① 日本防务省研究所编『東アジア戦略概観2017』、http：//www.nids.mod.go.jp/publication/east‐asian/index.htm。

机，日本将直接陷入危机的最前线。此外，由于美国国务卿蒂勒森突然被解职，特朗普政权内部出现"人才的空白状态"，为此不可预测的特朗普风险进一步加大，如果特朗普总统继续一意孤行，不与日本、韩国等同盟国事先协商，独断专行地处理与朝鲜的关系，日本担心出现继"尼克松冲击"之后的再一次的"特朗普冲击"，日本被排除在外，严重损害其安全利益。

日本对朝政策的传统思路是，如果朝鲜放弃核武器，不再进行导弹试射，与日本解决好人质危机，那么日本将考虑与朝鲜恢复正常的国家关系。但实际上，朝鲜至今为止未能弃核，日本随之加强了导弹防御政策。根据《防卫大纲》，日本计划在 2020 年配备 PAC – 3MSE，2021 年配备 SM – 3 ⅡA，并于 2020 年完成加强"宙斯盾"舰的能力。

随着 2018 年 5 月美朝首脑会谈突然进入议程，日本迅速调整了政策。第一，加强日美关系。安倍首相 4 月 17 日至 20 日访美。如果美朝首脑会谈，日本将建议在首脑会谈中，加入日本人质问题的内容。继续保持对朝压力，继续维持日美同盟的战备体系能力，提高日美同盟的抑制力量、应对力量，以巡航导弹为基础能力，继续保持日本的"敌国基地反击能力"。

第二，加强日韩关系。日本指出，将根据金大中－小渊首相伙伴关系宣言 20 周年的精神，继续强调面向未来强化日韩关系。2018 年 3 月 17 日，在美国访问的河野外相与同时访美的韩国外相康京和举行会谈，确认继续加强日韩、日美韩的紧密合作。自 2007 年南北首脑会谈以来，朝鲜与韩国相隔 11 年考虑再次进行首脑会谈。河野外相建议韩国在 4 月末的南北首脑会谈中，加入人质问题的内容。

第三，谋求日朝首脑会谈。日本河野外相指出，日本根据日朝平壤宣言，解决人质危机、核试验、导弹问题等的政策不变，继续寻求与朝鲜建立邦交正常化。

2018 年 1 月 4 日，安倍晋三首相在新年记者会上指出，必须对朝鲜实施最大限度的压力，不会改变对朝鲜的强硬政策。但是，在美朝首脑会谈的消息宣布之后，3 月 9 日，安倍立刻改变态度，发表了"评价朝鲜变化"的积极发言。随即，安倍首相表示，希望与朝鲜展开直接对话。但是，朝鲜目前更为重视与美国的对话，日朝首脑会谈难以顺利实现。

根据以上分析可以看出，美朝对话的实现与否都会给日本带来巨大的冲击，日本可谓措手不及。一方面，日本担心美国再次进行越顶外交，不顾日本的利益关切，美国特朗普政府独自与朝鲜进行交易外交；另一方面，日韩关系改善依然存在诸多障碍，日本与韩国的相互安全信任度较低，日本显得力不从心。特别是2018年3月以来，不断发酵的"森友学园"审批文件篡改问题正在挫伤安倍内阁的支持率，日本共同社舆论调查显示安倍内阁的支持率出现骤降，日本自民党希望借助日朝对话扭转安倍政权面临的困局。

综上所述，近年来，为了确保日本的国家安全，扩大日本的战略地平线，日本安保政策的特征之一是以朝核危机为突破口，在传统的日美同盟关系基础上，不断强化与韩国、澳大利亚、印度以及东南亚等国的所谓亚太各国的安全保障关系。特别是以维护基于"自由、民主主义、尊重基本人权、法治"的国际秩序为日本国家利益的安倍晋三政府，强化了从西太平洋到东南亚、印度洋直至非洲的地区安全保障关系，将以往以东北亚或亚太地区为中心的地理范围扩大到印太地区。为应对美国亚太政策的不确定性，安倍政府与美国一起，加紧联手印度、澳大利亚等地区强国推动"印太战略"。日本在防卫省专设负责地区海上安全合作事务的部门，加强对东南亚国家海上安全能力建设的支持。作为"印太战略"[①]的具体实施手段，包括通过自卫队参加演习、访问各国港口等方式，呼吁建立"海洋亚洲"[②]，开展各种支援事业，提高伙伴国家的能力，强调航行自由、和平解决争端等三个方面。日本海上保安厅对同海域的沿岸国家海上保安机构进行提高执法能力的支援[③]，每年向东南亚海域派遣巡视船和飞机等，并进行当地联合训练等。同时，日本在其主导制作的亚洲海盗对策区域合作协定（ReCAAP）的基础上，成立信息共享中心，日本持续派遣事务局长。

由此可见，美日采取上述种种强硬政策，极大地刺激了东北亚地区原本相对不稳定的安全秩序，导致影响朝鲜半岛局势的不确定因素不断增加，形势日趋严峻。

---

① 「TICAD VI 開会に当たって・安倍晋三日本国総理大臣基調演説」、2016 年 8 月 27 日、https：//www.mofa.go.jp/mofaj/afr/af2/page4_002268.html。
② 「開かれた、海の恵み——日本外交の新たな 5 原則」、2013 年 1 月 18 日、https：//www.mofa.go.jp/mofaj/press/enzetsu/25/abe_0118j.html。
③ 「平成 29 年版 海洋の状況及び海洋に関して講じた施策」、https：//www.kantei.go.jp/jp/singi/kaiyou/annual/H29/H29_cover.pdf。

三　前景展望

进入 21 世纪，东北亚地区正在经历自冷战结束以来最为深刻的秩序调整和秩序重建。围绕朝鲜半岛局势的发展，东亚地区热点问题集中爆发，深刻地反映了东亚秩序在急转背后的安全危机的烈度和强度[①]。即在东亚地区，随着权力结构的变化，出现实力均衡的变化与主体的多样化。中国力量继续快速崛起，美国超级霸权力量相对衰落，日本强行推进安保政策试图摆脱战后体制，韩国政局危机四伏，朝鲜强硬推进核试验力求自保，东南亚国家的传统平衡战略摇摆不定。

近年来，朝核危机一度形势严峻，国际制裁不断升级。特朗普总统上台伊始，美国海军在南海的挑衅行动一度有所收缩，加大了对朝核危机的制约力度。特朗普明确宣布废除"亚太再平衡"战略，终止对朝"战略忍耐"。朝鲜半岛问题成为东北亚热点问题中的重中之重，是今后最接近"热战"边缘的问题。

朝鲜半岛爆发军事冲突的风险依然存在，危机的场景大致有以下几种情况，包括朝鲜核试验发生事故、朝鲜国内经济和政治形势在外界重重压力下发生变故、美国对朝鲜发动预防性打击等。

种种迹象表明，美国如果对朝鲜动武将"沉重打击中美关系"。在中美元首会晤中，双方确认致力于实现半岛无核化目标，同意就半岛问题保持密切沟通与协调。中国坚持解决朝核问题的"双轨并行"思路和"双暂停"建议，希望各方认真考虑并做出建设性回应。

中国的朝鲜半岛政策目标是实现地区和平稳定与合作共赢[②]，美国则是从其全球战略出发，需要朝鲜半岛局势保持适度紧张，不会让半岛无核化与和平机制同步实现。特朗普与奥巴马的政策基本一致，仍然是军事演习加上经济制裁，而且特朗普的对朝军演强度更高、经济制裁措施更加严厉，拒不接受中国提议的"双暂停"和无核化与和平机制并举的主张，对中国频频

---

① 『平成 29 年版外交青书』、https：//www.mofa.go.jp/mofaj/gaiko/bluebook/2017/html/index.html。
② 石源华：《三议特朗普时代的东亚政治安全格局》，《世界知识》2017 年第 15 期。

施压。

从战后以来美国的东亚安全政策演变史可以看出，为了确保垄断式的霸权地位，美国致力于强化在东亚地区的军事存在，在朝鲜半岛等问题上增加美国的筹码，严防任何一个挑战美国霸权的国家。

针对上述发展趋势，朝鲜问题现在正处于中美合作中的中心地位①。在朝鲜核危机问题上，中美之间正在开展合作，涉及范围包括安理会最严苛的2371号决议；在管理朝鲜核导试验及朝鲜半岛日益紧张的局面时加强沟通。在朝鲜半岛，有必要探讨六方会谈重启的可能性和适当时机，预先研究重启谈判的协商内容和协商方式，有效管控朝鲜半岛可能出现的突发性严重冲突甚至战争。

2017年以来，中日关系有所改善，但是依然存在诸多分歧，其中最大的分歧是对于朝核问题的政策主张。

2017年7月8日，中日首脑会谈在德国汉堡举行，这是习近平主席与安倍首相的第五次"非正式会谈"，两国关系在双方努力下不断地获得改善。双方达成的共识有四点：第一，要借2017年是中日恢复邦交正常化45周年和2018年是中日友好条约签署40周年之际，进一步改善两国关系，推进两国在各个领域的合作。第二，两国要保持高层对话，尽快恢复领导人互访制度。第三，在"一带一路"建设问题上，双方达成了合作的共识。第四，双方同意为防止两国军队发生冲突，尽快启动两国军方的"海空紧急联络机制"。其中，关于"一带一路"倡议，安倍首相表示"这是一个很有潜力的构想"，表达了日本支持"一带一路"倡议，并愿意在这一倡议下谈判寻求两国的合作。对于安倍首相的这一表态，中国领导人当场表示"欢迎"，表达了对于日本参与"一带一路"建设的期待，也愿意与日本谈。

特别是日本逐渐认识到，需要与中国深化经济关系，"一带一路"建设有利于日企发展。根据亚洲开发银行的报告，在亚洲，到2030年，预计每年的基础设施投资需要1.7万亿美元，但实际上只投资了9000亿美元左右，远远没有满足投资需求，因此日本认为中日需要合作以应对亚洲旺盛的基础设施投资需求。为此，2017年12月4日，在东京召开第三次中日企业家和

---

① 刘鸣：《东亚需要发展一个新的合作安全机制》，《世界知识》2017年第22期。

前高官对话之际，安倍提出，"正如习近平主席所指出的，中日关系进入了新的开端"①，中日互惠关系不仅限于两国间贸易，而且具有更大的发展空间。安倍指出，"印太战略"和"一带一路"倡议并非对立关系，"我国（日本）考虑在推动自由开放的印度洋－太平洋战略之下和中国开展更广泛的合作"。

关于朝核问题。尽管在朝鲜半岛无核化问题上，双方的意见一致，但是在具体的政策推进方法方面，中日存在不同做法。安倍要求中国继续强化对朝鲜的政治与经济压力，迫使朝鲜停止核开发和弹道导弹的试射。对此，中国领导人认为，日美韩三方应遵循安理会决议精神，停止对朝鲜的独自的经济制裁和军事威胁，应通过对话来解决问题。

在朝鲜半岛，中日双方探讨研究四方机制或六方会谈重启的可能性和适当时机，预先研究重启谈判的协商内容和协商方式，有效管控朝鲜半岛可能出现的突发性严重冲突甚至战争。此外，中国与美日等国需要协商构建有效的地区安全合作机制，在东亚地区积极推动军备控制，管控朝鲜核武器发展，在朝鲜半岛采取建立互信的措施。

日本认为，在做好朝鲜弃核决定后的技术性应对措施方面，中日之间存在共同利益。这是因为朝鲜承诺弃核，为了督促朝鲜履行弃核协议，需要重新启动四国协议（朝鲜、韩国、美国、中国）或者六方会谈的渠道。此外，在朝鲜实现无核化的费用分摊方面，例如朝鲜接受 IAEA 调查时的初期成本，也需要中、日、韩、俄等周边国家分担费用。日本担心朝鲜在弃核问题上出现反复，希望中国继续发挥积极作用。

2014 年 4 月 15 日，习近平总书记在中央国家安全委员会第一次会议上提出"总体国家安全观"，这是新时代中国特色国家安全思想，是指导新时代中国特色国家安全工作的重要指南。十九大报告比以往任何一次党代会报告都更加关注国家安全，在十九大报告中 55 次提到"安全"，其中 18 处是"国家安全"。今后，中国将继续坚持"总体国家安全观"，统筹外部安全和内部安全、国土安全和国民安全、传统安全和非传统安全等。

2018 年 3 月 25 日至 28 日，应中共中央总书记、国家主席习近平邀请，

---

① 「第 3 回日中企業家及び元政府高官対話（日中 CEO 等サミット）歓迎レセプション」、https://www.kantei.go.jp/jp/98_abe/actions/201712/04taiwa_kangei.html。

朝鲜劳动党委员长、国务委员会委员长金正恩对中国进行非正式访问，习近平同金正恩举行会谈。"习金会"翻开了两国友好关系新的一页，这是金正恩的首次外访，是在中朝关系出现转折、半岛局势缓和向好的形势下，时机特殊、意义重大。习近平主席指出，绝不允许半岛生战生乱，坚持实现半岛无核化目标，维护半岛和平稳定，通过对话协商解决问题。今后，中国将根据"总体国家安全观"的指导思想，继续推动朝鲜政治稳定、经济发展、人民幸福，缓和朝鲜的国际压力，改善生存空间，推动朝鲜的和平稳定发展，努力与朝、韩、日、美等国一起实现东北亚地区环境的和平稳定。

The Change of Security Policy between America and Japan and the Analysis of the Situation on the Korean Peninsula

Gao Lan

Abstract　In 2017, tensions appeared on the Korean peninsula, since early 2018, after many efforts, the Korean peninsula situation began to present a positive sign of easing, thus the East Asia situation has greatly changed. Overall, due to the United States government Trump placed the opacity of policy risk, and Japan Abe's government in the aspect of security policy "adventure", under these dual role, the security situation in northeast Asia is increasingly serious, the Korean peninsula as the focus, close to the possibility of war and urgency. Its essence is that, the northeast Asian security policy of the United States and Japan shows deep regional and even global influence. China needs to calm down and prepare for a rainy day.

Keywords　Security Policy; The Nuclear Crisis; Peace Efforts

历史与文化

清光绪年间中朝民事纠纷交涉研究（1882～1894）
——以"李范晋案"为中心*

周国瑞

【内容提要】 1882～1894 年，在清朝与朝鲜的民事纠纷案件中，清方坚持重罚违规、违法华商的审判原则。这隐含着安抚朝鲜和规范华商在朝鲜活动的双重含义。朝方在司法审判中不但积极争取司法审判主导权，而且包庇本国人民。事实上，清方所拥有领事裁判权只是一纸具文，在司法审判过程中重视朝方意见，亦不偏袒华商。

【关键词】 债务纠纷 地产纠纷 领事裁判权

【作者简介】 周国瑞，中国石油大学（华东）马克思主义学院副教授。主要研究方向为中外关系史、海洋史。

一 问题的提出

发生于 1884 年的"李范晋案"，一直被视为清朝干涉朝鲜司法主权的

---

* 本文为 2017 年度浙江省哲学社会科学规划课题项目（项目编号：17NDJC080YB）、中央高校基本科研业务费专项资金资助项目（项目编号：27R1709011B）、山东省高校人文社科研究计划自筹经费项目（项目编号：J15WA29）的研究成果。

典型案例之一。① 本文认为，个案并不能代表普遍，且该案是否体现清朝与朝鲜司法关系的实质，需要将其置于两国政治关系大变通的背景下予以考察，而不能就案件讨论案件。

1876年，日本借《日朝修好条约》附件《朝日通商章程》无关税之漏洞，在朝鲜扩展商务。朝鲜为制约日商、平衡市场，恳请清朝派遣华商予以援助。② 为解决该问题，1882年清朝与朝鲜缔结《中朝商民水陆贸易章程》变通两国传统封贡关系，互派商务委员，并鼓励商人到对方国家经商贸易。③ 作为一种预设，该章程拟定了处理案件纠纷的司法形式和途径，规定：清朝在朝鲜享有领事裁判权，有权仲裁无论原告是华商或朝鲜人的案件；在朝鲜口岸，如朝鲜人为原告，中国人为被告，则应由中国商务委员追拿审断；如中国人为原告，朝鲜人为被告，则应由朝鲜官员将被告罪犯交出，会同中国商务委员按律审断。④ 韩国学者对领事裁判权的规定深为诟病，认为这是对朝鲜司法主权的干涉，导致清方断案不公、袒护华人、有失偏颇，⑤ 而1884年的"李范晋案"就一直被视为证明上述观点的有力案例之一。⑥

我们当然不讳言领事裁判权的荒谬和不公，但是韩国学者忽略了三个重要因素。一是个案并不能代表普遍。仅依据"李范晋案"不能表明两国司

---

① 参阅朴银琼，『華僑의 定著과 移動』，梨花女子大學博士學位論文，1981，第27~28页；〔韩〕崔承现：《韩国华侨史研究》，香港社会科学出版社有限公司，2003，第42页；王恩美：《首尔城中的法外之地——中国人居留地的形成与中国人的活动（1882~1894）》，《台湾师大历史学报》2010年第44期，第170~172页。
② 郭廷以等编《清季中日韩关系史料》卷二，"光绪七年二月初五日"条，"中研院"近代史研究所，1972，第484~485页。
③ 张存武：《清季中韩关系之变通》，《"中央研究院"近代史研究所集刊》1985第14期，第105~125页。
④ 王铁崖编《中外旧约章汇编》（第一册），三联书店，1957，第404~407页。
⑤ 樸正鉉，「1882~1894년 조선인과 중국인의 갈등 해결방식을 통해 본 한중관계」，『中國近現代史研究』2010第45輯，第1~20页；鄭台燮、韓成敏，「開港후（1882—1894）清國의治外法權 행사와 朝鮮의대응」，『한국 근현대사연구』2007年第43輯，第7~35页；李銀子，「淸日戰爭 이전과 이후在韓 韓中間 '訴訟'안건비교분석」，『아시아 문화 연구』2009年第17輯，第45~65页。
⑥ 参阅樸銀瓊，『華僑의 定著과 移動』，梨花女子大學博士學位論文，1981，第27~28页；〔韩〕崔承现：《韩国华侨史研究》，香港社会科学出版社有限公司，2003，第44页；王恩美：《首尔城中的法外之地——中国人居留地的形成与中国人的活动（1882~1894）》2010年第44期，第170~172页。

法关系的实际状况,且"李范晋案"的审理公正与否还有待研究。二是哪一方是受害人。如华商是受害人,则不存在清方偏袒华商的可能性;如朝鲜人是受害者,则有清方偏袒或者不偏袒华商的两种情况。如若我们以"谁是受害者"为切入点做逆向推理,则韩国学者的结论就有进一步讨论的空间。三是1882年清朝与朝鲜政治关系变通后,仍然保持着传统的宗属关系。这就意味着比拟西方的领事裁判权并不代表两国司法关系的全部。

为此,本文将以"李范晋案"为中心,并用类推的方式考察同类案件中清朝与朝鲜的反应,希望最大限度地揭示清朝与朝鲜司法关系的真实面相,以求教于方家。

二 "李范晋案"的考察

依据今日法学标准,"李范晋案"当属民事纠纷,而该案又因地产而起,所以具体讲应是一起地产纠纷诉讼案件。依据中、朝两国档案,该案件的始末如下。

1884年,在朝华商为创设中华会馆,出资购买了朝鲜人李范大、李范祖兄弟二人的宅院。然而,问题是这两所宅院并非连在一起,他们兄弟李范晋的宅院恰好位于其间。因为三人是兄弟关系,所以为了便于出行,李范晋的宅院保留了其余两个宅院的公共通道。那么,为了处理好李范大、李范祖兄弟二人的宅院不在一起的问题,华商商董熊廷汉在与李范大、李范祖兄弟签订的购房合同中,明确规定李范晋宅院的公共通道可供华商使用。[①] 然而,李范晋以华商穿梭其宅院不便为由,将公共通道堵死,禁止华人出入其间。熊廷汉依据合同,认为李范晋违约在先,于是众多华商一起将李范晋捆绑,扭送到华商商务公署。

李范晋被华商捆绑的事情,迅速传遍朝鲜。朝鲜李朝时代,格外注重人的身份和地位。李范晋与朝鲜普通民众的身份不同,他的父亲李景夏曾任朝鲜兵曹判书,他本人的官阶为"正言"。依据朝鲜的社会习俗和传统,以李

---

① 高麗大學校亞細亞問題研究所、舊韓國外交文書編纂委員會編「清商会館의 駱洞李范祖家屋买受契券备案要请」(光绪十年五月二十二日),『舊韓國外交文書8(清案一)』,高麗大學出版部,1970,第108頁。

范晋的身份而言，他是不能被捆绑的，更毋论刑审。而在司法审判过程中，又有清朝商务委员刘家借"天子法庭"压制朝鲜的留言传出。因此，"李范晋案"不仅在朝鲜坊间影响不好，而且引起了朝鲜开化党的反感，譬如金玉均、尹致昊、徐光范等人以此为借口，不断怂恿朝鲜高宗自主。受此影响，朝鲜高宗"大有震怒清人无礼之色，期欲施行条约内所载撤回之款"。①可见，"李范晋案"使得清朝、华商给朝鲜社会留下了负面印象。

可是该案的审理不仅迅速，而且峰回路转。在清朝与朝鲜联合会审时，李范晋主动承认他应该负全部责任，因为他是该案件的引发者。他在口供中陈述道："将房屋南北间，卖与中华会馆，晋住中间，院内道路共同出入；晋今天不在家，因着房屋之人，将门钉闭，晋实不知此情，事已做错了，求恩典，今日之事，晋实办错，如果中华会馆要买晋之房屋，回家禀明父母，亦可以卖，断不作难。"②

不过，朝方从一开始就抗议清方对李范晋的审判。理由是：应先通过朝鲜外署告知朝鲜国王，经国王批准后方能审理李范晋；按照朝鲜社会习俗，作为朝鲜官员的李范晋是不能随便被抓捕的，中国应该遵守这一民风习俗。③而时任清朝驻朝鲜商务委员的陈树棠反驳道：不通知朝鲜外署是因为会审现场有朝鲜官员；李范晋过去是朝廷命官，现在不再为官，所以审讯李范晋并不违反朝鲜社会风俗。④虽然在该案的审理过程中，清方、朝方各执一词。但是李范晋擅自堵死原来三家共享的公共通道是这起案件的根源，从法理上讲他应该受到相应的惩罚。不过，该案最后的审理结果却出乎意料。1884年闰五月，陈树棠致函朝鲜外署金炳始就此案的最后结果做了通告：

> 昨在袁慰廷（世凯）兄处，获与贵处闵（泳翊）、金（允植）、李（祖渊）、尹（泰骏）诸兄畅叙，谈及商董熊廷汉等扭控前正言李范晋一案，原系小事，无足深论者，惟两造均不知自重，不无各自失其体

---

① 〔韩〕尹致昊：《尹致昊日记》卷一，韩国国史编撰委员会，1973，第77页。
② 「清商會館道路로 因 李范晉과의 訴訟」（光緒十年五月二十八日），『舊韓國外交文書 8（清案一）』，高麗大學出版部，1970，第 112 頁。
③ 「同上件의 李范晉 逢辱에 對한 抗議」、「同上件에 對한 再抗議」（光緒十年五月二十九日），『舊韓國外交文書 8（清案一）』，高麗大學出版部，1970，第 113、114 頁。
④ 「同上回答」（光緒十年閏五月初一日），『舊韓國外交文書 8（清案一）』，高麗大學出版部，1970，第 114 頁。

面，诚堪惋惜。该商董不忍一时之气，实属躁妄，弟时已严加诫饬，嗣又革去商董之职，谕令众商另举以为躁妄者戒。其李范晋虽有不合，然不过一时偶误，情亦可原，应请各位涵量，宽其既往，鄙意以为事等一家，纵或偶有微差，而致差不大者，均宜勿以戒怀。①

熊廷汉的身份是商董，是汉城华商一致推选的。他在事实上协调着华商与清朝驻朝鲜商务委员之间的关系。而他购置宅院所筹建的中华会馆又是一个具有半官方性质的机构。② 也就是说，熊廷汉的购房行为在某种程度上代表着清朝官方的意愿。客观而言，作为商董的熊廷汉并无权捆绑李范晋，因而他应该对该案的发生负一定责任；但考虑到其行为并非恃强凌弱或私人行为，且同时具有官方意愿和服务华商的目的，因此清方将其革职，不过是卸磨杀驴的做法而已。并且，清方又主动指出李范晋之过情有可原。这就在事实上意味着陈树棠向朝方做出了司法让步。反观朝鲜，先是金炳始认为，陈树棠对熊廷汉的审断是公正无误的，并表示李范晋"自底于罪，已由政府参革"。③ 继而又实施了相反的举措。朝鲜政府将参与会审李范晋的本国官员，如刑曹正郎申学休、左捕从韩用喆、右捕从张禹植三人罢官严办。④ 不久，又任命李范晋为弘文馆编修。⑤

从审判结果看，似乎清方并没有偏袒华商。显然，该案的判决受到朝方的巨大压力，以至于参加审理的朝鲜刑曹官员为此丢官。而陈树棠屈从于朝方压力，将华商商董熊廷汉革职，既显示了朝鲜在司法审判中维护其两班贵族利益的特征，也表明了清朝在司法审判中维护清鲜宗藩关系的特征。

但问题是，清朝与朝鲜在"李范晋案"中的表现是否具有普遍性。显然，

---

① 「李范晉 扭控 清國商董 熊廷漢 革職에 關한 剳函」（光绪十年闰五月初九日），『舊韓國外交文書 8（清案一）』，高麗大學出版部，1970，第126页。
② 秦裕光：《旅韩六十年见闻录——韩国华侨史话》，韩国研究学会，1983，第17页。
③ 「同上答函」（光绪十年闰五月十一日），『舊韓國外交文書 8（清案一）』，高麗大學出版部，1970，第126页。
④ 《朝鲜王朝实录·高宗实录》卷二十一，"甲申年闰五月一日甲辰"条，http://sillok.history.go.kr/。
⑤ 《朝鲜王朝实录·高宗实录》卷二十一，"甲申年十月二十一日壬辰"条，http://sillok.history.go.kr/。

只有对同类案件进行考察,才能比较真实地揭示两国司法关系的真实面貌。因此,下面本文将对这一时期在朝华商相关的民事案件做全面考察。

三 清朝与朝鲜民事案件的考察

台湾"中研院"近代史所馆藏的驻韩使馆保存档案及韩国高丽大学出版的《旧韩国外交文书》,收录了朝鲜外署同清驻朝商务委员相互来往的外交照会,其中包含双方围绕民事案件纠纷展开的司法交涉。根据笔者的统计,这一时期双方的民事纠纷案件有 66 起,主要包括商事、地产、斗殴三个方面。

商事纠纷案件有 40 起,集中表现为债务纠纷。在众多的债务纠纷案件中,通常原告为华商,被告为朝鲜人。为何会呈现出这样的格局呢?这同华商的实力以及与朝鲜人之间的交易方式有关。赴朝华商包括背负各类货物,四处游逛售卖的行商,也包括资金实力雄厚,拥有固定店铺,同时向华人行商及朝鲜人批发货物的坐商。因行商要随时结算,所以一般不会与朝鲜人发生债务纠纷。坐商与朝鲜人常有大宗交易。坐商与朝鲜人的交易方式成为引发债务纠纷的可能因素之一。南北邦商人给清驻朝商务委员的禀控中,曾总结了这种交易方式:"(因)汉城市厘生意交往买货,向系先立给期票,到期照票发钱,毫不错误。"① 也就是说,朝鲜商人通过经纪人(中间人)同华商订立契约,声明到期还款,然后赊购货物。显然这是建立在诚信基础上的一种贸易方式,对于部分贪图钱财又无诚信可言的朝鲜人并无实质性的约束作用。华商一旦将货物交给朝鲜人,则自身的权益获得取决于朝鲜人的良心和道德。根据档案,有部分朝鲜商民,或无力偿还,或一开始便有蓄意骗财之心,往往于还款日期前后,举家逃匿;更有甚者在逃匿前,把抵押房产售卖给他人,从而使债务纠纷趋于复杂。

依据《中朝商民水陆贸易章程》,因华商在商事案件中是原告,所以应该由清方和朝方共同会审。华商报案后,清驻朝商务委员照会朝鲜外署,要求朝方交出债务人。朝方交出债务人后,与清驻朝商务委员会审案件。如原

---

① 《朝人控华商肇康占金万钟屋案》,《驻韩使馆保存档案》:档案编号 01-41-047-09,中研院近代史研究所,第 5 页。

被告双方同意调解，则出具甘结，以示结案；① 如原被告方不同意调解，则朝方会依据审判结果追缴欠款。当朝方无法交出欠债者时，则会依据契文，变卖房产，偿还华商债务。② 这是一个正常的司法审判程序。不过，如无司法执行，就不能体现所谓清朝在朝鲜的"领事裁判权"。事实上，清方为维护华商利益，积极要求朝方进行司法配合。但朝方以各种理由予以拒绝，甚至包庇债务人，使得绝大部分的债务纠纷案件悬而不决。

房地产纠纷案件有8起，除"李范晋案"外，其余多是债务纠纷所致，因此清朝与朝鲜的司法表现同处理债务纠纷案件时基本一致。

打架斗殴纠纷案件有18起。发生打架斗殴纠纷的原因诸多。有的是因为朝鲜人欠债不还，激怒了华商，华商将其打伤。例如，1893年3月，华商杨石芳、李和顺等，将欠债不还的金治伯夫妇打伤。③ 当然，也有华商被欠债朝鲜人打伤的案例。例如，1888年的"和顺号控诉朝鲜人李东值案"，该案是朝鲜人李东值将前来索债的华商打伤。④ 有的是因民风习俗的迥异而导致冲突，如1889年的"华人私闯成均馆案"。⑤ 有的是因为日常生活中的琐事而打架斗殴。例如，1890年，朝鲜衙役认为华商姜钟申所卖商品价格过高，双方言语不和，最后大打出手。⑥

在打架斗殴案件中，"李喜顺案"是华商为被告的典型案件。1884年6月，华商熊廷汉带领数人，捆绑并殴打朝鲜人李喜顺，并胁迫其书写欠条。事后，李喜顺向陈树棠控诉熊廷汉等人。⑦ 该案最后由帮办商务委员谭庚尧

---

① 具体案例参阅《朝人严致控华商谭以瑞卷》，《驻韩使馆保存档案》：档案编号01-41-047-06，"中研院"近代史研究所，第1~56页。
② 具体案例参阅《和顺、永来盛号等控韩人洪凤汝欠款》，《驻韩使馆保存档案》：档案编号01-41-047-33，中研院近代史研究所，第1~15页；《韩民吴相顺逃匿公债》，《驻韩使馆保存档案》：档案编号01-41-047-58，"中研院"近代史研究所，第1~10页。
③ 「全州地方朝鮮人毆打情人處罰要請」（光緒十九年三月十七日），『舊韓國外交文書9（清案二）』，高麗大學出版部，1970，第182頁。
④ 《和顺号控韩人李东值欠铁价卷》，《驻韩使馆保存档案》：档案编号01-41-047-27，中研院近代史研究所。
⑤ 「成均館에 亂入한 清人의 嚴査懲辦에 關한 照會」（光緒十五年正月十七日），『舊韓國外交文書8（清案一）』，高麗大學出版部，1970，第516頁。
⑥ 「清 商人 虐待官憲에 對한 抗議와 懲責 要求」（光緒十六年閏二月二十七日），『舊韓國外交文書8（清案一）』，高麗大學出版部，1970，第676頁。
⑦ 「熊廷漢의 李喜順 毆打事件과 關係者 洪俊極 對質의 件」（光緒十年六月二十三日），『舊韓國外交文書8（清案一）』，高麗大學出版部，1970，第152頁。

与金允植一并会审,并判定:"拟将熊廷汉递籍例办,王瀛、王学金驱逐回籍,金秉秀、李永和、李季华、林汝和枷示。"① 于是,该案告结。

在打架斗殴案件中,"朝鲜人金仁泽被刺案"是一起华人为被告的斗殴案件。1889年5月6日,华商高福、高兴及高路三人,在京畿道某市场沽售杂货。因为天降大雨,三人希望到路边朝鲜人金泽仁的草屋避雨,但遭到拒绝,而后双方发生冲突。高兴被朝鲜人用碗打破脸,高福则用刀将金仁泽左肩膀刺伤。事发后,袁世凯命令把总李镇海将涉案华商押回汉城审讯。经审讯,袁世凯认为华商是无理滋事,且未携带护照,因此判定三名华商,"并未领护照,擅入内地,并胆敢滋事伤人,殊属胆大妄为,除饬该犯从严枷杖,暨咨解山东登莱青道衙门,转发递解回籍"②。

从上述斗殴案件的判决看,陈树棠、袁世凯对涉案华商的处理不但迅速,而且量刑标准严厉。③ 对其他相关打架斗殴案件的处理,陈树棠、袁世凯也采取了同样的态度。

通过对清朝与朝鲜民事案件的普遍考察,我们认为,无论是华商为原告还是被告,清方并没有因为享有领事裁判权,而在司法审理中偏袒华商。反倒是朝方为了维护本国商民利益,在双方的司法合作中罔顾事实、颠倒是非。

四 清朝和朝鲜在民事案件中的表现及其原因

因为彼此立场不同,或者出于维护自身利益的考虑,清朝与朝鲜在民事案件的司法交涉过程中,所秉持的态度和方式存在差异。清方的态度集中表现为两点。

第一,相比于用刑律,清方更愿意用调解的方式处理民事纠纷案件。从法治观念看,被称为"细事"的债务、房产、斗殴之类的民事纠纷的

---

① 「金秉秀等의 送交要請 및 熊廷漢 押解에 關한 照會」(光绪十年七月二十九日),『舊韓國外交文書8(清案一)』,高麗大學出版部,1970,第171頁。
② 「韓人金仁澤을 刺傷 清商 高福의 枷杖 解回에 關한 照會」(光绪十五年六月初四日),『舊韓國外交文書8(清案一)』,高麗大學出版部,1970,第565頁。
③ 根据《酌拟派员办理朝鲜商务章程》,对在朝华商的处罚有科罚、监押、枷杖、拘禁、掌笞以及押解回国交给中国地方官员按律惩办。其中最严厉的是押解回国交给中国地方官员按律惩办。参见郭廷以等编《清季中日韩关系史料》卷二,"光绪九年六月二十五日"条,"中研院"近代史研究所,第1174页。

处理方式同杀人、抢劫等重案不同，似乎更倾向于在官方的引导下以调解的方式结案。陈树棠、袁世凯自然会受到这种法治观念的影响。从现实层面看，通过调解的方式处理民事案件是一种务实的司法实践。民事案件中债务纠纷最多。其中的朝鲜债务人通常具有一定的社会地位，且与朝鲜官方联系密切。① 因为清方无权执行司法审判，所以需要借助朝鲜政府之力向欠债者施压，才能结案。如果诉诸刑律，也需朝方执行。相比之下，诉诸刑律无疑会使债务纠纷变得烦琐，且在事实上未必能够索回华商钱财。

第二，清方重罚涉案华商，寄望安抚朝鲜、巩固藩邦。清朝政府在《酌拟派员办理朝鲜商务章程》中规定了违法华商的惩罚等级：中国商民如有过犯，轻则科罚，重则监押，免其枷杖；其为匪不法之徒，酌量拘禁掌笞，以示儆戒；若情节重大，即解回中国，交该地方官按律惩办，仍报北洋大臣查核。② 根据这一规定，对涉案华商的惩罚分三个等级，其中最严厉的惩罚是押解回国。通过对档案资料的梳理，清驻朝商务委员将涉案华商押解回国是一种普遍现象。

在华商为被告的案件中，如华商确有过失，那么遭受惩罚是必不可免的。譬如1884年的"李喜顺案"。该案主要由熊廷汉引起，另有朝鲜人金秉秀等四人从旁挥掇。陈树棠"拟将熊廷汉递籍例办，王瀛、王学金驱逐回籍，金秉秀、李用和、李季华、林汝和枷示"。③ 熊廷汉被押解回国后，遭受拷打，并由中国地方官员按律惩罚。④ 此外，即便华商的过失与案情无关，也会遭受惩罚。如1886年的朝鲜人林祥熙控诉华商萧脉麟一案。经过审讯，林祥熙捏造事实属实，但萧脉麟因冒用他人护照，不得不遭受"责枷

---

① 从资料看，朝鲜人与华商之间存在大量赊购现象。因为从所订立的契约来看，一般要用房产作抵押。朝鲜债务人被华商控诉公堂后，通常受到朝鲜官方的袒护。所以笔者认为，朝鲜债务人不是普通的朝鲜人民，且极可能与朝鲜官方有着非同一般的联系。
② 郭廷以等编《清季中日韩关系史料》卷二，"光绪九年六月二十五日"条，"中研院"近代史研究所，第1174页。
③ 「金秉秀等의 送交要請 및 熊廷漢 押解에 關한 照會」（光绪十年七月二十九日），『舊韓國外交文書8（清案一）』，高麗大學出版部，1970，第171页。
④ 「林學淵 欠錢에 對한 樸見庸 盤究 再要請」（光绪十年九月十五日），『舊韓國外交文書8（清案一）』，高麗大學出版部，1970，第195页；「林學淵 欠錢의 樸見庸과 無關에 對한 再回答」（光绪十年九月十九日），『舊韓國外交文書8（清案一）』，高麗大學出版部，1970，第198页。

示众"的惩罚。虽有十六家华商商号联名具保,但是仍然无济于事。①

又如,在朝鲜赌博滋事、扰乱市场的华商、游兵、游勇,也一概受到清方最严厉的处罚。例如,1886年1月6日,安徽籍李纯卿、张玉和等人在朝鲜经营豆腐商店,闲暇之际聚众赌博,被清方遣返回国。② 1886年12月4日,山东籍万文开、萧中善等人贩卖鸦片,被"枷责押解内渡"。③ 12月19日,北帮华商十五家商号联名具保万文开等人,请求免去"押解内渡",但遭否决。④

清方为何要重罚华商呢?本文认为原因有两点。首先,重罚华商能起到管理和规范华商行为的效果。这一定程度上可以避免激化两国人民之间的矛盾和冲突。其次,重罚华商可显示宗主国在司法审判中的公正性,借此安抚朝鲜人民,巩固藩邦。正如陈树棠就"李喜顺案"照会金宏集时所指出的,"独念朝鲜民之受屈者,仅李喜顺一人,然只受殴伤,财未损耗,已将熊廷汉治应得之罪,不稍徇庇,可告无愧于朝民"。⑤

朝鲜政府在民事诉讼案件中的表现有以下几个方面。

其一,朝方有争取司法审判主导权的显著倾向。在华商为被告的民事案件中,朝方积极争取司法审判主导权。按照《中朝商民水陆贸易章程》的规定,朝方无权参与华商为被告案件的审断。可是,基于保护本国人民及维护国家司法权力的目的,朝方并不遵守该项规定。譬如,1886年,朝鲜人林祥熙控诉华商萧脉麟和朝鲜人李胤埴。朝方深知该案应由清方追拿审断,但以李胤埴系朝鲜人和萧脉麟未领护照为由,要求清方将二人交付朝鲜外署,再行审断。⑥ 但是遭到清方拒绝,"此案朝鲜人林祥熙系属原告,自应

---

① 《萧脉麟请照过期与朝人林熙祥互控卷》,《驻韩使馆保存档案》:档案编号01-41-047-01,中研院近代史研究所,第14页。
② 《李纯卿犯赌卷》,《驻韩使馆保存档案》:档案编号01-41-048-01,"中研院"近代史研究所,第2、3、4页。
③ 《万文开卖烟犯禁求免内渡卷》,《驻韩使馆保存档案》:档案编号01-41-048-02,"中研院"近代史研究所,第3、4页。
④ 《万文开卖烟犯禁求免内渡卷》,《驻韩使馆保存档案》:档案编号01-41-048-02,"中研院"近代史研究所,第8、9页。
⑤ 「劉漢世 林學淵 洪俊國等 欠錢嚴辦에 關한 再照會」(光緒十年九月二十一日),『舊韓國外交文書8 清案(一)』,高麗大學出版部,1970,第200頁。
⑥ 「同上 蕭脈麟 李胤埴의 外署帶來 要請」(光緒十二年八月初二日),『舊韓國外交文書8(清案一)』,高麗大學出版部,1970,第315頁。

毋庸将此案人证送交贵署审断"。①

在华商为原告的案件中，朝方亦积极争取司法审判主导权。譬如，1893年，华商舒元谟、韩秉顺控诉朝鲜人金济民拖欠货款。舒、韩二人向洪州府衙、忠清道处呈控无果后，转向清驻朝商务委员呈控，希望追回货款。这种情况下，朝方理应将涉案朝鲜人押解至汉城会审。可是朝方却要求清方饬令华商返回案发地，向洪州衙门重新起诉，②以求该案由朝鲜地方政府主导审理。

其二，朝方存在凌辱华商、动用刑具的现象。《中朝商民水陆贸易章程》规定："若两国人民或在本国，或在彼此通商口岸，有犯本国律禁，私逃在彼此地界者，各地方官一经彼此商务委员知照，即设法拿交就近商务委员，押归本国惩办，惟于途中止可拘禁，不得凌虐。"③这表明朝方不能对涉案华商动用刑具。然而，朝方并不遵守该条规定。1890年闰二月五日，华商姜锺申在礼山县集市售卖瓷器。因价格问题，礼山县衙衙役召集数十人将姜锺申打伤。而礼山县官员不问事情的来龙去脉，就对华商施以酷刑——压杠子，并威胁不可向清驻朝商务委员控诉。④诸如此类的事情不胜枚举。

其三，有部分朝鲜官员借审案之机，讹诈华商钱财。1884年2月7日，山东登州蓬莱县监生马宗耀向清驻朝商务委员禀控朝鲜人崔致基"立约诓财"。经会审，清鲜双方均认为崔致基拖欠马宗耀钱财属实，并判定崔致基于4月2日偿还全部欠款。可是崔致基偿还一部分欠款后，抵赖不还。马宗耀被迫向汉城府尹求助，反遭勒索规费。⑤于是，马宗耀将此事禀告于陈树棠。陈树棠随即照会朝鲜外署金弘集。⑥金弘集对此表示"甚觉谦愧"，并

---

① 「蕭脈麟의 外署送交 拒否」（光绪十二年八月十四日），『舊韓國外交文書 8（清案一）』，高麗大學出版部，1970，第319頁。
② 「同上件」（光绪十九年十二月二十四日），『舊韓國外交文書 9（清案二）』，高麗大學出版部，1970，第272頁。
③ 王铁崖编《中外旧约章汇编》（第一册），三联书店，1957，第405页。
④ 「清 商人 虐待官憲에 對한 抗議와 懲責要求」（光绪十六年閏二月二十六日），『舊韓國外交文書 8（清案一）』，高麗大學出版部，1970，第676頁。
⑤ 《马宗耀禀控朝人崔致基等诓财》，《驻韩使馆保存档案》：档案编号01-41-012-05，"中研院"近代史研究所，第20页。
⑥ 「崔致基 欠錢追繳에 關한 照會」（光绪十年四月二十九日），『舊韓國外交文書 8（清案一）』，高麗大學出版部，1970，第95頁。

严叱官吏不得再勒索规费。① 在汉城府尹的压力下，崔致基将所欠商款三千文转交汉城府尹。不过，当马宗耀领取货款时，却发现货款已被汉城府部分胥吏拿走。陈树棠随即指出，欠款"既据汉城府追出，如何任听胥吏分销，于法于理未合。……立提舞文滑吏究缴，以清商人欠款"。② 朝鲜官吏讹诈侵吞华商钱财的现象表明朝鲜吏治腐败。而朝方的上述表现，表明其在民事案件的审理中既要努力维护本国司法的独立性，又要兼顾其腐败的官僚体系。这就使得朝方在华商为被告的案件中表现积极，而在华商为原告的案件中表现消极。

结　语

在朝鲜与清朝的民事案件的司法审理中，清方并非咄咄逼人，反而不时退让。同时，清方坚持以调解的方式处理案件，并对涉案华商严惩不贷。这样做的直接目的是避免两国人民之间矛盾的恶化，深层目的则是更好地维护两国的宗藩关系。朝方虽然是清朝的藩属国，但是在实际的司法交涉过程中，不但不遵守两国拟定的章程，而且表现出争取主导权的趋势。这同朝鲜追求独立自主的外交政策有关，但也同朝鲜维护其腐败的官吏有关，因为占民事案件绝大多数的债务纠纷案件多与其官吏有直接或间接联系。

对清朝与朝鲜民事案件的考察，在一定程度上反驳了外国学者的观点，即清朝在朝鲜的领事裁判权只是一纸具文而已，华商并不因之受惠，朝鲜人也不因之蒙屈。当然，华商与朝鲜人之间的案件不仅包括民事案件，还包括刑事案件。那么，未考察刑事案件是否就能得出上述结论？笔者认为是可以的。因为根据清朝巩固与朝鲜宗藩关系的政治需求，既然清朝能在普通的民事纠纷案件中重罚华商，那么我们可以合理地推测清朝必然会在影响恶劣的刑事案件中严惩华商。限于篇幅，笔者将单独考察清朝与朝鲜刑事案件的司法交涉状况。

进一步而言，文本的规定并不代表真实的历史。在清朝与朝鲜的传统封

---

① 《马宗耀禀控朝人崔致等讹财》，《驻韩使馆保存档案》：档案编号01-41-012-05，"中研院"近代史研究所，第23页。
② 《马宗耀禀控朝人崔致等讹财》，《驻韩使馆保存档案》：档案编号01-41-012-05，"中研院"近代史研究所，第30页。

贡关系中，清朝享有两国司法审判的主导权，只不过常常让渡给朝鲜而已。由此，我们可以认为，清朝参照《朝美修好通商条约》中领事裁判权的条款，将清朝与朝鲜司法审判主导权文本化的行为，是两国司法历史习惯的延续。质言之，国外学者根据清朝在朝鲜享有领事裁判权的文本规定，就判定清朝"殖民"朝鲜的结论，是经不起推敲的。①

The Judicial Practices of Civil Cases Between the Qing and Choson from 1882 to 1894

Zhou Guorui

Abstract In the civil cases, the Qing commercial commissioner followed the principle of strong punishment to Chinese merchants who got out of law, which had the double meanings of pacifying Choson and regulating Chinese. However, the Choson government had an obvious intention for the power of judiciary. Though with the arbitration right, the Qing commissioner still respected the opinions of the Choson government and was not partial to Chinese merchants. On the contrary, the Choson government always insisted on a Choson privilege which led to the general trend of such cases.

Keywords Debt Disputes in Commercial; Real Estate Disputes; Consular Jurisdiction

---

① 持这种观点的学者有：〔韩〕宋炳基：《一八八二年朝美条约的订立与清代中国》，杨秀芝译，乐学书局，2006，第299~300页；鄭台燮·韓成敏，「開港 후（1882~1894）清國의 治外法權 행사와 朝鮮의 대응」，『한국근현대사연구』2007年第43輯，第7~35頁；〔韩〕金基赫：《李鸿章对日本和朝鲜政策的目的（1870~1882）》，《韩国研究论丛》1995年第1辑，第97页；Key‑Hiuk Kim, *The Last Phase of the East Asian World Order: Korea, Japan, and the Chinese Empire, 1860–1882*, Berkeley: University of California Press, 1980, pp. 348–349。

朝鲜后期的面里制与户籍登记*

朱　玫

【内容提要】 面和里作为朝鲜时期郡县以下的乡村行政建置单位，自17世纪后期以来在各地逐渐形成与确立。大体上在17世纪后期以后，朝鲜王朝的户籍文书开始导入五家作统和面里相结合的登记体系。版图内的人户以这一新的登记体系被编入官治行政单位面、里，进而成为郡县统治之下的编户齐民。随着朝鲜后期面里制在全国的落实，面逐渐成为郡县内部户数、口数、军役数分定或运营的基本单位。

【关键词】 朝鲜王朝　户籍大帐　面里制　户口统计

【作者简介】 朱玫，中山大学历史学系副教授。

一　面里制的成立与户籍编造单位的下移

在高丽末朝鲜初至朝鲜后期的集约型农业转型下，朝鲜地方社会出现了人口增长、村落开发等社会经济的一系列变化。面对这些变化，朝鲜王朝积极展开地方制度的改编，一方面强化郡县制和守令制，另一方面开始摸索乡

---

* 本文为2017年度国家社会科学基金重大项目"中国古代户籍制度研究及数据库建设"（项目号：17ZDA74）的阶段性成果。

村基层行政组织的再编，试图通过整顿面里制①和五家作统制②确立新的乡村秩序。

"面"和"里"作为郡县以下的乡村行政建制单位，自17世纪后期以来在各地逐渐形成与确立。郡县由若干面构成，面又由若干里构成，面设面尹，里设里正。里内设邻保组织"统"，各里由若干统构成，统通常由五户构成，各统设一名统首。朝鲜后期面里制的成立，不仅标志着郡县以下行政区划单位的成立，也意味着郡县的下级单位面（由于各地面里的建制存在时间差异，一些地方仍以洞、里、坊等名称出现，以下统称"里"）开始承担起与户籍管理相关的职能。

朝鲜王朝实施定期编造户籍的制度。户籍每三年，即在子、卯、午、酉结尾的式年编造。每到造籍之际，总管户籍事务的汉城府经道一级，向各邑（牧、府、郡、县，以下简称"郡县"）传达关于户籍编造的关文和事目。各郡县设立临时机构户籍所并选出相关负责人，向下一级面转达传令，告知户籍的编造事务。各户根据相关规定将本户的相关事项依式书写成户口单子，进行申报。收集完户口单子后，一些地方以面为单位编造"户籍中草"。各面的户籍中草汇集后，重新誊书、汇编成以郡县为单位的"户籍大帐"。③

值得注意的是，朝鲜前期的户籍调查和户籍编造通常是以郡县一级官府为主体，在守令（县监）的监督和指挥下进行。但大致从朝鲜后期开始（各地的时期略有不同），户口调查和户籍编造的基础单位出现了下移的迹

---

① 关于朝鲜时期"面里制"的形成与构造，参见〔韩〕朴镇愚《朝鲜初期面里制和村落支配的强化》，《韩国史论》1988年第20辑；〔韩〕金俊亨《朝鲜后期面里制的性质》，硕士研究生学位论文，首尔大学，1982；〔韩〕吴永教《17世纪乡村政策和面里制的运营》，《东方学志》1994年第85辑；〔韩〕朴顺贤《18世纪丹城县的面里编制》，《大东文化研究》2002年第40辑。

② 关于朝鲜王朝基层组织"五家统制"，参见〔韩〕申正熙《五家作统法小考》，《大邱史学》1997年第12、13辑；〔韩〕吴永教《朝鲜后期五家作统制的构造与展开》，《东方学志》1991年第73辑；同氏《19世纪的社会变动和五家作统制的展开过程》，《学林》1991年第12、13辑；〔韩〕权内铉《肃宗代地方统治论的展开和政策运营》，《历史与现实》1997年第25辑。

③ 户籍大帐完成后，汉城的户籍呈送至汉城府和江华岛；其他各地的户籍则作成3~4部，分别呈送给户曹（汉城府）和各道的监营，其中1部则作为底本保管在本邑。关于朝鲜户籍的编造过程，参见〔韩〕崔成熙《关于户口单子和准户口》，《奎章阁》1983年第7辑；山内弘一「李朝後期の戸籍編成について——特に地方の場合お中心に」武田幸男編『朝鮮後期の慶尚道丹城縣におけて社會動態の研究（Ⅱ）』，學習院大學東洋文化研究所、1997；〔韩〕权乃铉《朝鲜后期户籍作成过程的分析》，《大东文化研究》2001年第39辑。

象。地方官府主要通过郡县下一级单位，即面（里）与户发生交涉。现存的户籍大帐作为进呈册或存留册，通常是郡县单位的户籍册。不过，这些郡县单位的户籍大帐均是将各面的户籍册进行誊书、汇编而成的，有的则是直接将各面所造的户籍中草汇总为底册存留于郡县。以郡县下一级单位为主体所展开的户籍中草编造出现了制度化、体系化的倾向。户籍中草上每页被加盖官印，并出现了守令的手押；部分还付给各户的户口单子上出现了郡县下一级单位负责人的手押，而非守令的手押。① 可见，朝鲜王朝后期，郡县的下一级单位面（里）在户籍调查和户籍编造中的地位逐渐凸显。

二 面、里户籍登记单位的确立：以17世纪庆尚道丹城县户籍大帐为例

位于庆尚道的丹城县共保存了39册户籍大帐，时间跨度从17世纪初至19世纪末（1606～1888年），是考察户籍登记方式变化的宝贵资料。丹城地区户籍大帐的形态及记载样式以17世纪70年代为界限，发生了较大的转变。② 1606年，丹城元县里的本文部分没有体现里内人户的编排方式，户与户之间采取连写的方式。元县里的户口本文记载结束后，末页以"元户五十一"的形式对该里的户数做了统计。到了1678年，户籍大帐上"元县里"已经改名、升格为"县内面"。

县内面下辖括邑内、麻屹、校洞、江楼、水山、於里川等6个里。县内面首页的上端写有"县内面第一里邑内"，"县内面"是面名，"第一里"是里顺，"邑内"则为里名。户籍大帐的本文部分按照里顺，里内则按照统的顺序，依次登记统内各户的具体内容。③ 户与户之间不再连书，各户单独列书，并有了独立的统户编号。第一里的户登载完后，紧接着登载第二里的户。从第二里开始首行只写里顺和里名，不再重复面名。

---

① 〔韩〕全炅穆：《19世纪末南原屯德坊的户籍中草及其性质》，《古文书研究》1992年第3辑。
② 关于17世纪70年代前后户籍大帐的形态及记载样式的变化，参见朱玫《朝鲜王朝的户籍攒造及其遗存文书》，《史林》2017年第5期。
③ 关于户籍大帐本文部分的具体登载事项及说明，参见朱玫《朝鲜王朝的户籍攒造及其遗存文书》，《史林》2017年第5期。

登载完一个面的户以后,往往用"已上"(或"以上")对这一面的户口数进行统计。

  已上元户叁百拾伍户内　　　作统陆拾贰统
   男女人口壹千贰佰捌拾口内
    男陆百伍拾肆口内
     壮肆佰柒拾陆口
     老叁拾壹口
     弱壹百肆拾柒口
    女陆百贰拾陆口内
     壮肆百柒拾玖口
     老叁拾伍口
     弱壹百拾贰口

         都尹忠义卫　朴世琦
         副尹业武　韩弘达

"已上"条的第一行是元户①的总额和总的作统数。第二行是男女总人口。然后分为男性和女性,分别对总口数、壮、老、弱的口数进行统计。最后的都尹和副尹作为面尹,是该面户籍事务的担当者,记载其职役和姓名。1678年,丹城县8个面本文后面所附的"已上"条均采用这一格式。

  户籍大帐上,各面末尾所附的户口统计部分一般称"已上"条,郡县末尾所附的户口统计部分则叫作"都已上"条。丹城县下属8个面的户籍被编造在一个户籍册里。在该县最后一个面法勿也面的户口登记后面,附上了丹城县内各寺刹所属僧人的僧籍、"移居绝户"部分及"都已上"条。"都已上"条首先登载的是整个丹城县1678年元户的总额、作统总数、男女合并口数,然后分成男性和女性,分别按照职役②、年龄(壮、老、弱)统计口数。在这后面还有将"移居绝户"部分按移居、逃亡、物故所做的

---

① 登载于户籍上的户叫"元户",存在于户籍外的户叫"籍外户"。
② 朝鲜王朝实行职役(国役)制,所有16岁以上的男丁都有承担职役的义务。职役中最具代表性的是军役,由庶民的主体承担,即兵农合一。户籍作为征兵调役的基本帐籍,编入户籍的人户具有承担身役(军役)、户役(贡纳、徭役等)的义务。

分类统计。最后是担任丹城县户籍编造的户籍监官、乡吏的职役和姓名，丹城县守令的官品和手决（署押），各道观察使的手决。①

"已上"条中，最后登载了各面的都尹和副尹。都尹和副尹作为面尹，是该面户籍事务的担当者。表1对1678年户籍大帐上各面面尹的身份、姓名做了归纳。

表1　1678年丹城县户籍大帐各面"面尹"的登载

面名	都尹	副尹
南面元堂	幼学权大有	业儒李周英
县内面	忠义卫朴世琦	业儒韩弘达
东面悟洞	幼学柳光斗	业儒崔宇益
北面北洞	业儒都卫夏	忠义卫李之相
东面都山	幼学金安鼎	幼学梁震翰
东面生比良	幼学周南敷	幼学李曒
北面新登	幼学柳之老	忠义卫李項奭
北面法勿也	幼学金尚鎏	幼学尹起莘

1675年颁布的《五家统事目》规定里正和面任由"有地位闻望于一乡者"担任，"如有谋避者，论以徒配之律"，面里任的任期为三年，"各任三年而易之"。② 从表1可知，各面的面尹实际由面内的士族所担任，其在面内的身份属于上层或准上层。国家将地方士族积极吸收到官治的乡里组织，置于守令的直接统治之下，在发挥乡村社会的自律性前提下，有助于实现对乡村社会的再编和统治。

1678年的丹城地区的户籍大帐与1606年的相比，户籍的记载样式发生了几大变化，其中最重要的变化之一便是新的户籍登记单位的成立。户籍的本文部分对人户的编排导入了五家作统制，面、里则成为户籍的登记单位。此外，各面户籍本文记载之后的户口统计部分也发生了一些变化。面代替里成为户口统计的最小单位，且以面为单位的户口统计也更为详

---

① 1678年丹城县"都已上"条的署押部分有所残缺，根据1717年该县"都已上"条的相应部分推断其格式。
② 《五家统事目》各条目载于《肃宗实录》卷四，肃宗元年九月"丁亥"条，韩国国史编纂委员会，1970年影印本，第303页。

细,不仅包括户数和统数,还按性别、年龄对口数做了详细的统计。户籍登记单位的这一变化在朝鲜时期现存的其他地区户籍文书上也基本上得到反映。大体上在17世纪后期以后,朝鲜王朝的户籍文书开始导入五家作统制和面、里相结合的登记体系。版图内的人户以这一新的登记体系编入官治行政单位面、里及下部组织统,进而成为郡县(守令)统治之下的编户齐民。

三 面单位的户口统计及其含义

1678年的户籍大帐与1606年相比,本文末尾的"已上"条与"都已上"条的记载可以说是一大变化。"已上"条载有面单位的户口统计,"都已上"条载有郡县单位的户口、职役等相关统计。

过去的研究着重探讨了郡县单位的"都已上"条在朝鲜王朝户政运营中的意义。研究者通过比较户籍本文和"都已上"条的户口或职役额数,强调各郡县户籍大帐末尾"都已上"条中登载的额数是中央政府分定到地方的额数,户籍本文上的户口登载以此为参照。① 一些研究还比较了户籍大帐"都已上"条和《户口总数》、《良役实总》、邑志、实录等的记载,也发现了类似的现象。② 这些研究主要将探讨对象局限于"都已上"条,而

---

① 诸多研究主要通过比较户籍本文和"都已上"条的户口额数和职役额数,指出19世纪以前户籍本文上的户数、口数和"都已上"条的额数大体一致,但到了19世纪以后,不管是户籍本文上的户数、口数,还是军役数均与"都已上"条的额数产生了较大的差异。宋阳燮还发现丹城户籍本文上的军役数和户数的长期趋势密切相关,出现了联动关系。因此,他认为户数的确保是军役赋课的基本前提。〔韩〕孙炳圭:《户籍大帐职役记载的样态及含义》,《历史与现实》2011年第41辑;〔韩〕金建泰:《朝鲜后期的人口把握实状及其性质——以丹城户籍为中心》,《大东文化研究》2001年第39辑;同氏:《朝鲜后期户的构造与户政运营》,《大东文化研究》2002年第40辑;〔韩〕宋阳燮:《18世纪、19世纪丹城县的军役把握和运营——以〈丹城户籍大帐〉为中心》,《大东文化研究》2002年第40辑。
② 郑演植发现1789年《户口总数》上的户口数和同时期丹城县户籍大帐"都已上"条的户口数是一致的,他主张1789年编撰的《户口总数》上出现的户口数是对全国各郡县户籍大帐"都已上"条额数的总计。孙炳圭比较了1750年、1789年大邱府户籍大帐"都已上"条中各类军役的统计数和1743年刊行的《良役实总》、19世纪前期刊行的《庆尚道邑志》与《大邱府邑志》军总条上的各类军额,发现两者的数值一致或十分接近。〔韩〕郑演植:《朝鲜后期"役总"的运营和良役变通》,博士研究生学位论文,首尔大学,1993;〔韩〕孙炳圭:《户籍大帐职役栏的军役记载和"都已上"的统计》,《大东文化研究》2001年第39辑。

"都已上"条实为郡县单位的户口和职役（军役）统计数。但需要注意的是，郡县单位的户籍大帐是由各个面的户籍誊书汇编而成。面以及各面最后所载的"已上"条在赋役征收中具有何种意义仍有待展开充分的讨论。①

关于"都已上"条的先行研究已经揭示了郡县单位"都已上"条中的户口、职役额数受到了18世纪中叶军额及财政运营中的定额化政策的影响，并非从户籍本文中统计得出。顺着这一思路，进一步追问，各面最后所载"已上"条上所揭示的各项额数到底依据的是户籍本文做出的统计结果，还是依据分定到郡县的额数进一步分排到各个面的结果呢？对"已上"条、"都已上"条、户籍大帐本文三者之间关系的考察可以为这一疑问提供重要线索。表2、表3利用1678年丹城县的户籍大帐，对以上三者所载的各项额数进行了具体比较。

表2　1678年丹城县户籍大帐上各面"已上"条和本文各项额数的比较

地点	元堂	县内	北洞	悟洞	都山	生比良	新登	法勿也	合计
户数									
本文	292	317	257	140	312	239	244	318	2119
已上	292	315	257	139	307	239	243	321	2113
统数									
本文	59	59	51	27	63	48	48	64	419
已上	59	62	51	27	62	48	48	64	421
口数									
本文	1806	1862	1236	743	1717	1257	1582	1676	11879
本文①	1177	1290	1005	550	1267	1033	995	1096	8413
本文②	1158	1265	979	534	1221	1028	967	1078	8239
已上	1164	1280	970	546	1266	1006	986	1203	8421

注：各面中，元堂面的户籍本文有所破损，所以本文的口数统计上存在误差。本文是户籍上登载的所有口数合计的结果。本文①是户籍上登载的口数减去外方居、故、逃亡、移去、出系、出嫁、别户、僧等实际不在户内的口数统计而得。本文②是户籍上登载的口数减去本文①及重复登载的口数。

---

① 关于面与赋税征收的关系，金先卿的论文有所言及。他认为在通常的赋税运营中，面作为行政单位，具有把握和督纳属下各里的租税功能。〔韩〕金先卿：《朝鲜后期租税征收和面里运营》，硕士研究生学位论文，延世大学，1984。

表3　1678年丹城县户籍大帐上各面"已上"条和"都已上"条各项额数的比较

项目	已上									都已上
	元堂	县内	北洞	悟洞	都山	生比良	新登	法勿也	合计	
户数	292	315	257	139	307	239	243	321	2113	2113
统数	59	62	51	27	62	48	48	64	421	421
口数	1164	1280	970	546	1266	1006	986	1203	8421	8421
男	531	654	511	268	620	487	504	659	4234	4234
壮	402	476	390	195	450	345	380	548	3186	3186
老	26	31	32	13	38	24	26	30	220	220
弱	103	147	89	60	132	118	98	81	828	828
女	633	626	459	278	646	519	482	544	4187	4187
壮	441	479	342	209	473	348	387	443	3122	3122
老	29	35	22	15	33	30	25	27	216	216
弱	163	112	95	54	140	141	70	74	849	849

表2比较了各面"已上"条的户数、统数、口数与本文实际统计得出的额数。户数、统数只在个别面出现了差异，口数则在所有面都出现了不同程度的差异。表3比较了各面"已上"条的户数、统数、口数，以及按性别、年龄所细分的口数与"都已上"条相应的额数记载。

不难发现，"已上"条各项合计数额与"都已上"条的额数完全一致。也就是说，各郡县户籍大帐末尾"都已上"条中的户数和口数是将所辖各面"已上"条的户数和口数进行合计的结果。考虑到"都已上"条中登载的额数是中央政府分定到地方的额数，不难推断"已上"条的户口数其实是从中央经各道分定的郡县户口数被重新分配到各个面的额数。

那么，"已上"条的户数和口数是不是与户籍本文户口数的合计结果毫不相关呢？从表2看，"已上"条各项合计数与户籍本文的数值虽然并不完全一致，但除了口数外，其他各项数值则较为接近。而本文口数统计中，本文①或本文②与"已上"条的口数也相对接近。也就是说，这一时期户籍本文的户口在登载时，是参考了各面所分定的额数的。因此，1678年丹城县户籍大帐各面本文部分的户口登载虽然是在实际申报户口人户的基础上进一步编排的结果，但其登载仍是有一定依据的，并不是肆意编造的。

按照通常对户籍大帐编造顺序的理解，户籍本文的户口原本应该是对各户申报的户口进行登载汇总的结果。朝鲜时期的户籍每三年一编造。每到造籍之际，各户亲自将本户的相关事项依式书写成户口单子，并进行申报。户口单子收集以后，以面（里）为单位与上一式年编造的户籍册进行对照核实并进行人户编排，在此基础上编造户籍中草，进而汇编成郡县的户籍大帐。但户籍大帐的这一编造顺序背后，其实隐藏着另一套程序。即在以面（里）为单位编造户籍中草的过程中，各面以分定到面的户口额数为参照，对实际的申报人户进行了相应的加减和调整。

在1819年《己卯式庆州良佐洞草案》①的本文末尾，就保留了基层行政单位依据官方分定的额数进行调整的痕迹。这一草案的最后登载了各里的户数以及和良佐洞的总户数。在各里户数部分，如仁良洞载有"仁良洞十四户 一户减 在十三户"。在总户数部分载有"合六里 户二百三十一户内 二十四户官减 在二百七户"。也就是说，为了符合官定的207户的额数，编造草案时各里的户数被人为地进行了调整，各里分别减了1~11户。

18世纪以后的丹城县户籍大帐上，各面本文记载之后不再出现"已上"条，只保留了郡县单位的"都已上"条。19世纪以后的户籍大帐上又再次出现"已上"条。一方面，1810年以后的户籍大帐每两个面的户籍册装订为一册，不同于之前8个面装订成一册的保存形态。户籍大帐本来是将各面的户籍中草汇集后，重新誊书、汇编成新的郡县单位的户籍。但从17世纪末至19世纪末丹城县户籍大帐的保存形态及记载样式来看，该县19世纪以后的户籍大帐其实是将各面编完的中草汇合后直接用于郡县存留用的户籍大帐，1678年的户籍大帐也是将各面的户籍中草直接汇合而成的。这也印证了前文所说的朝鲜后期户籍编造单位出现向下一级单位面下移的迹象。

四 余论

分析比较1678年丹城县户籍大帐"已上"条、"都已上"条、户籍本文，我们发现各面"已上"条中所载的户数和口数是各郡县户数和口数进一步分配的结果。作为军役征收的基本帐籍，户籍大帐上的军役登载也出现了把中央分定的军额在郡县内部重新分配的迹象。宋阳燮对17世纪末至19

---

① 该草案性质类似于户籍中草，收录于《古文书集成》第32辑"庆州孙氏篇"，韩国精神文化研究院，1997。

世纪初丹城县各面本文所载军役数和郡县的军役总数的长期变化趋势做了比较，发现两者保持了较为一致的变化趋势。① 这意味着，随着朝鲜后期面里制在全国的落实，面逐渐成为郡县内部户数、口数、军役数分定或运营的基本单位。可见，朝鲜后期的户政运营出现了从郡县向郡县的下一级单位面下移的倾向。这一倾向在英祖十三年（1789）编成的《户口总数》中也得到了印证。②《户口总数》不仅对全国各郡县的户口数做了统计，对郡县以下各面的户数、口数、男女别户口数也做了统计。③

朝鲜王朝和明朝作为中央集权的国家，都通过定期的户籍编造制度对王权所及之处的人民进行统治。户籍的登记体系，体现了王朝国家对基层社会的统治方式。黄册制度是明朝制定的户籍编造之法。现存的明官修黄册，使用图甲登记体系。图甲制不仅是户籍登记的单位，亦体现了黄册编制的基本原理。图甲编制的一大特征是十甲轮差。④ 每图编为110户，并附有若干带管畸零户。图中丁粮多者十人为里长，余百户为十甲，每年由一户里长带领本甲十户甲首充当现役，按甲轮差，十年而周。每次大造黄册之际，预先排定下一个10年各户在图甲中的顺次及应役年份，并登记在册。官府通过黄册的图甲编排，对各户的赋役能力和每一年由哪一户应役一目了然。

与之相比，朝鲜的户籍上并没有出现类似于明代的轮流应役方式。朝鲜时期户籍所见的面里制只体现了户籍编制的单位，面、里内部各户的赋役能力、各式年的应役方式没有直接反映在官修户籍上。这可谓中韩户籍登记体系的一大差异。朝鲜的户籍大帐上只载有郡县、面的总额数，这意味着朝鲜后期政府在一定程度上赋予了面、里在赋役征收方面的自治性。近来关于户籍的研究也表明，朝鲜后期默认了籍外户的存在，户籍大帐只登载了部分现实人口，有许多实际生存人口并没有登载在户籍上。面、内的赋役征收很多

---

① 〔韩〕宋阳燮：《18世纪、19世纪丹城县的军役把握和运营——以〈丹城户籍大帐〉为中心》，《大东文化研究》2002年第40辑。
② 编者未详：《户口总数》，英祖十三年（1789）刊，笔写本，首尔大学奎章阁（奎1602-v.1-9）。
③ 18世纪中叶以后，国家施行对各种财源进行全国范围内的总额统计和分配，在此背景下出现了《良役实总》（1743）、《户口总数》（1789）、《赋役实总》（1794）等以"总数""总目""实总"命名的账簿。有研究者认为《户口总数》上所记载的各面户口数是各郡县将分定的户口数重新在内部分配、调整的额数。〔韩〕孙炳圭：《18世纪末的地域别"户口总数"及其统计含义》，《史林》2011年第38辑。
④ 栾成显：《明代黄册研究》，中国社会科学出版社，1998，第264~269页。

情况下是依赖于担当赋役实务的乡吏自己编写的相关文书,而这些文书鲜有保存下来的。这也是关于朝鲜后期各面里的户口是依据怎样的原则编制并登载于户籍上的问题仍存有争议的重要原因之一。①

The Administrative System of Myeon and Ri in the Later Period of Korea and Household Registration

Zhu Mei

Abstract Both myeon and ri are administrative units of village under the unit of county in the period of Joseon Dynasty, which are gradually formed and established in local regions since the late of 17th century. Generally, after the late of 17th century the household registration documents of Korea Dynasty began to introduce a registration system combining "Wujiazuotong", a basic-level system that five households form a Tong, which is a local unit under ri, with myeon and ri. In Korean domain the population and households are listed in official administrative units, myeon and ri, and then become the recruited civilians. With the implementation of administrative system of myeon and ri in the later period of Joseon Dynasty, myeon has been increasingly become the internal basic unit used for dividing, confirming or managing households, populations and labors for military service in the county.

Keywords Joseon Dynasty; Household Register; Myeon and Ri System; Population Statistics

---

① 关于朝鲜后期户籍大帐的近期研究成果,参见〔韩〕权乃铉《朝鲜后期户籍、户口的性质与新的论争》,《韩国史研究》2006 年第 135 辑。

日本驻上海总领事馆对韩国反日独立运动的镇压*

李洪锡

【内容提要】"日韩合并"以来,随着许多韩国独立志士来到上海,建立大韩民国临时政府,坚持反日独立活动。日本怕他们对自己在韩国的殖民统治构成严重威胁,专门从朝鲜总督府派遣特高警察等,在上海总领事馆建立专门监视韩国独立运动的情报机构"鲜人系",并以充分的"谍报费"、利用各种方法和手段进行了长期的跟踪监视,逮捕了很多韩国独立运动的重要干部。这对韩国独立运动造成了极大的挫折。

【关键词】 上海　日本领事馆　鲜人系　韩国独立运动

【作者简介】 李洪锡,延边大学人文社会科学学院历史系副教授。

1910年8月韩国(朝鲜)① 被日本吞并之后许多韩国反日独立志士纷纷亡命于中国东北和关内的上海、北京、广州等海外各地,建立反日独立团体进行了各类反日独立运动。日本为了维护其在韩国的殖民统治秩序,利用其

---

* 本文是2014年度国家社会科学基金一般项目"在华日本外务省警察侵略活动研究(1884~1945)"(项目编号:14BSS036)的阶段性研究成果。

① 近代"韩国"和"朝鲜"是一个国家。从其历史看,1392年朝鲜建国,1897年10月朝鲜王朝将国号改为"韩国",1910年"日韩合并"后日本建立了朝鲜总督府。此后,在上海等地出现了韩国临时政府、朝鲜革命党等反日团体,都同时使用了韩国、朝鲜两种名称。结果,国内外很多近代文献中也经常把"朝鲜"和"韩国"名称混用。在此统一使用"韩国"。但是,在文中引用原始资料时使用原文。

设在各地的领事馆及其"特高警察"①，对海外韩国反日独立运动进行了严密的监视和镇压。这方面的研究，对进一步深入研究海外韩国独立运动史、日帝在韩国的殖民统治具有重要意义。因此，近年来国内外学术界开始关注这方面的问题，并进行了一些研究。其中，在日本领事馆警察对中国东北地区韩国反日独立运动的镇压方面已有一些研究。② 而日本对中国关内地区的韩国独立运动的镇压方面，除了日本学者荻野富士夫的著作《外务省警察史》（校仓书房，2005）中零散地涉及一些内容外尚无专门的研究，所以很有必要进一步深入研究。其中，由于在上海大韩民国临时政府指导下的韩国民族反日独立运动是整个海外韩国反日独立运动的指导中心，本文拟从日本驻上海总领事馆警察对韩国独立运动的镇压问题入手，分析和解释其在镇压方面的步骤、方法和手段以及对韩国独立运动的影响等，揭露日本对朝鲜殖民统治的本质。

一 日本驻上海总领事馆特高警察机构的设置

要探讨有关日本驻上海总领事馆镇压韩国反日独立运动的问题，不得不先考察其情报机构的设置问题。因为日本要镇压韩国反日独立运动，必须先有相关情报部门的严密监视，才能有效地进行该镇压活动。

那么，日本在上海总领事馆设置监视韩国反日独立运动的情报机构，是与之前韩国国内外政治背景密切相关的。"日韩合并"以来，随着日本对朝鲜的殖民统治强化，韩国独立志士们很难在国内进行反日活动，不得不亡命于上海。日方称，1910年8月"日韩合并"以后，"不满于政治和类似于此的政治浪人或雷同附和他们的无赖汉都不愿待在我政治之下，为了追求自由

---

① "特高警察"，其全称是"特别高等警察"，是近代在日本国内专门以社会主义运动、劳动农民运动等反国家反政府运动和思想为监视与压制对象的警察。特高警察专门以思想运动和政治运动为监视和镇压对象，又称为"思想警察"或"政治警察"。参见荻野富士夫『特高警察体制史——社会運動抑取締と実態』せきの書房、1984、13–16頁。

② 在著作方面有李洪锡《日本驻中国东北地区领事馆警察机构研究——以对东北地区朝鲜民族统治为中心》，延边大学出版社，2008。在论文方面，有李洪锡《日本领事馆警察机构在"庚申年大讨伐"中的作用及其罪行》，《延边大学学报》2008年第3期；「中国東北地方の治安維持を巡る関東憲兵隊と領事館警察——"間島"を中心に」『都市情報学研究』第17号、2012；《近代东北地区日本领事馆对朝鲜人警察的采用》，〔韩〕《日本文化研究》2015年第53辑。

天地而开始来上海"①。据日本驻上海总领事馆的调查，1910年9月在上海的朝鲜人只有50名。②

当时，上海市分为公共租界、法租界、中国人街三个区域。其中，韩国独立志士们主要把"法租界作为其根据地"③。这里主要有四个方面的原因：一是因为法租界是日本领事馆警察权无法涉及的地区④，日本等其他国家警察不能在此地随意逮捕任何人；二是因为在法租界当局采取"不引渡政治犯的原则"；三是因为居住于法租界的中国人对韩国独立志士们给予了很多帮助，比如，杜月笙在经济上、社会上为韩国独立志士们提供了各种方便条件；⑤四是由于日方不愿接受由法方提出的取缔亡命于日本的安南（越南）独立活动者的要求，法方也不同意日方提出的取缔法租界的韩国反日独立运动的要求。⑥由于这些原因，"三一运动"后来上海法租界的韩国独立志士越来越多。1921年1月8日，日本驻上海总领事山崎亦早已称："在上海的鲜人有六七百人，大部分是独立运动者，几乎全部居住在法租界"⑦。

在这种背景下，1919年4月，韩国独立志士们曾在法租界（现在上海市黄浦区马当路306弄4号）建立过大韩民国临时政府。⑧它作为韩国反日独立运动的核心力量，始终同韩国国内外反日团体进行密切的联系，对整个韩国独立运动的兴起起到积极的推动作用。日本之所以要镇压上海的韩国独立运动，就是因为日本担心以大韩民国临时政府为核心的韩国独立运动会对其在朝鲜的殖民统治秩序构成严重的威胁。同年9月12日，外务大臣内田称："骚扰事件（指'三一运动'）发生后不久，侨居国外的不逞鲜人在支

---

① 「在上海朝鮮人状況」（昭和五年十一月調）、『外務省警察史』第42卷、不二出版、2000、202頁。
② 「在上海朝鮮人状況」（昭和五年十一月調）、『外務省警察史』第42卷、不二出版、2000、202頁。
③ 「在上海朝鮮人状況」（昭和五年十一月調）、『外務省警察史』第42卷、不二出版、2000、215頁。
④ 『外務省警察史』第42卷、不二出版、2000、202頁。
⑤ 韩国精神文化研究院编《韩国独立运动史资料集》，博英社，1983，第193页。
⑥ 『外務省警察史』第42卷、不二出版、2000、273頁。
⑦ 「大正十年一月八日着在上海山崎総領事発信内田外務大臣宛電報要旨」『外務省警察史』第44卷、不二出版、2000、167頁。
⑧ 「在上海朝鮮人状況」（昭和五年十一月調）、『外務省警察史』第42卷、不二出版、2000、202頁。

那上海建立临时政府,把各地作为根据地","又同朝鲜内地联络,要实现朝鲜独立之目的","如果对该地不逞鲜人如此放弃不管,那么,将来他们更加向朝鲜国内宣传危险思想,民心恶化,将对朝鲜的统治方面造成极大的影响",故"希望采取相应的措施"。① 此后,由日本外务省制定的《对朝鲜的统治方针》中亦称:现在"居住在上海、满洲、西伯利亚的不逞鲜人以一切方法煽动着朝鲜国内的良民","如果不芟除他们,就无法根绝在朝鲜的骚扰","很有必要扫荡其巢穴"。② 1932年,上海发生"一·二八事变"之后,日本外务省指出:"不满于日韩合并而逃亡国外的独立运动者一派中,亡命于上海者早就结成大韩民国临时政府、大韩侨民团、韩国独立党、韩人青年党、兴士团、丙寅义勇队等民族派不逞团,频繁地与国外同志策应,搞光复韩国之阴谋,不断威胁着我们在朝鲜的统治",而且"在民族派不逞鲜人中也出现了许多转向共产运动的人。现在,在该地的中国共产党法南区韩人支部、留沪韩国独立运动者同盟、中国革命互济会韩人分会、上海韩人反帝同盟等朝鲜人共产派不逞团体标榜打到日本帝国主义及解放朝鲜而蠢蠢欲动",因此,"关于调查其运动方面","不能把与上海之间的关系置之度外"。③

日本为了严密镇压(取缔)上海韩国反日独立运动,曾多次提出过在上海设置情报机构的问题。《对朝鲜的统治方针》指出:"必须把外务省高等官驻在上海、奉天、吉林、浦潮、尼科利斯克等,协助领事且同朝鲜总督府保持联络,努力保护和取缔侨居外国的鲜人。"④ "一·二八"事件后,外务省认为,"为了取缔上海的独立运动者及共产运动者,有必要专门依靠特高警察机构的活动,调查预谋犯罪活动的真相","以达到取缔实效"。⑤ 可见,在此所谓"高等官"和"特高警察机构"实际上就是情报机构。而这些情报机构实际上均设在日本驻上海领事馆。

日本驻上海领事馆,于1871年10月根据《中日修好条规》(1871年9

---

① 『外務省警察史』第43卷、不二出版、2000、342頁。
② 《日本外务省特殊调查文书》(1),高丽书林,1990,第739、741页。
③ 「在上海総領事館特高警察機関擴充ニ関スル件」(「高裁案」、昭和七年六月一日、外務省亜細亜局第二課)、『外務省警察史』第42卷、272頁。
④ 《日本外务省特殊调查文书》(1),第739、741页。
⑤ 「在上海総領事館特高警察機関擴充ニ関スル件」(「高裁案」、昭和七年六月一日、外務省亜細亜局第二課)、『外務省警察史』第42卷、272-273頁。

月）中的领事裁判权，设在上海公共租界的北扬子路一号。① 这是近代日本在中国大陆设置的第一个领事馆。1875年10月31日，上海领事馆被升格为总领事馆。1884年9月13日，日本以"取缔本国妇女的卖淫活动"为借口，向上海派遣2名警察，设置了"警察署"。这是日本第一次设在中国大陆的领事馆警察机构。② 此后，日本利用各种机会在总领事馆不断增加警察人员。③ 在这个过程中，日本向上海总领事馆先后设置了不同名称的情报机构。其实，这些机构由于在中日条约中没有任何法律根据而属于非法机构。

日本在上海总领事馆第一次设置监视韩国反日独立运动的情报机构是"三一运动"后由朝鲜总督府派来的翻译官及其密侦组成。1921年4月，日本外务次官称从朝鲜总督府"派出翻译官一名驻在上海，在其手下使用若干密侦，主要刺探在上海韩国临时政府的行动"。此后，日本又从俄罗斯浦盐沿海州、奉天、吉林、通化、广东等地领事馆各派一名翻译官。④ 不久，这些翻译官就归属于设在上海总领事馆的秘密"谍报部"（由内务省、陆军、海军、外务省等情报人员构成）。⑤ 但是，由于这些翻译官缺乏专门的高等警察训练，其监视效果并不明显。到了20世纪20年代中期，随着韩国独立运动的共产主义化趋向迅速发展，这些翻译官越来越难以承担其监视任务。从此，日本外务省认识到有必要给上海总领事馆增加高等警察。1925年3月，上海总领事矢田称，为取得"对朝鲜人事务的成绩"等，"迫切需要对高等警察的扩张和改善"。于是，外务省向日本高等法院提交了其《改善案》。该案中称，在总领事馆警察署设置"高等系"（长官为警视），把它又分为"鲜人系"等三个系。其中"鲜人系"就是专门负责监视韩国反日独立运动的情报机构。为了加强其业务，外务省要安排高等警察3名，还强调"绝对需要懂朝鲜语"的日本人高等警察。⑥ 至1926年2月，日本高等

---

① 「明治五年十月二十八日附原外務大丞発信在上海品川領事宛半公信」『外務省警察史』第42巻、8頁。
② 『外務省警察史』第43巻、不二出版、2000、226頁。
③ 『外務省警察史』第43巻、不二出版、2000、193-194頁。
④ 「海外ニ於ケル諜報機関統一ニ関スル件」（大正十年四月十五日附小橋外務次官発信外務大臣宛照会要旨）、『外務省警察史』第42巻、不二出版、2000、144頁。
⑤ 『外務省警察史』第42巻、不二出版、2000、145頁。
⑥ 「上海総領事館警察署擴充ノ件」（大正十四年三月二十一日附在上海矢田総領事発信幣原外務大臣宛禀請要旨）、『外務省警察史』第42巻、不二出版、2000、157-159頁。

法院批准了该方案。① 但是，外务省没有及时落实。于是，1926 年 8 月 18 日，日本驻上海总领事向外务省提交《要求增员专职谍报事务警察官的说明书》，进一步强调尽早增派高等警察的重要性和紧迫性。其中，称进入本年以来上海的"不逞鲜人""受其背后干部的唆使而动"，"特别是不久前安昌浩从美国带来一些资金到上海，正积极进行统一组织的运动"，"将来对他们的活动越来越需要严密监视"，为此至少需要增加 8 名高等警察。② 但外务省仍没有及时落实。到了 1927 年 12 月末，外务省勉强派来了 1 名朝鲜人特务（村宋文治）③。当然，靠这一个人，监视作用甚微。

1932 年 1 月 8 日，在日本东京皇宫樱田门外发生朝鲜人李奉昌向天皇马车投掷炸弹的"樱田门事件"。④ 紧接着，同年 4 月 29 日在上海发生了震惊世界的"虹口公园爆炸事件"。⑤ 经日本各方面的调查发现，这"两起事件的主谋者都是上海临时政府的金九"。因此，4 月 30 日以总领事馆警察署的赤木警视为指挥，动员领事馆警察 44 名、宪兵 23 名，对上海的韩国临时政府干部 14 名进行了搜捕行动，但"连 1 名都没有逮捕"。⑥ 此后，尽管日本东京又派来警视厅警部等协助过搜捕行动，但仍"没有查出金九的住处"。⑦ 这意味着上海"高等系"的情报活动失误多，监视效率太低，其中

---

① 「在上海総領事館警察組織改善ニ関スル件」（「高裁案」、大正十五年二月）、『外務省警察史』第 42 卷、160 頁。
② 「諜報事務專任警察官増援ノ件」（大正十五年八月十八日附在上海矢田総領事発信幣原外務大臣宛稟請要旨）、『外務省警察史』第 42 卷、不二出版、2000、162 - 163 頁。
③ 『外務省警察史』第 42 卷、不二出版、2000、189 - 190 頁。
④ 李奉昌（1900～1932），朝鲜独立运动家、爱国义士。1931 年 12 月，李奉昌接受大韩民国临时政府领导人金九委派的刺杀日本天皇的任务，赴日本东京。1932 年 1 月 8 日，日本天皇裕仁与伪满洲国"皇帝"溥仪到东京代代木练兵场所参加阅兵仪式之后返回皇居时，李奉昌在樱田门向天皇一行投掷手榴弹，未遂，史称"樱田门事件"。
⑤ 尹奉吉（1908～1932），朝鲜独立运动家、爱国义士。1932 年 4 月 26 日，尹奉吉接受大韩民国临时政府领导人金九委派的刺杀日本军政要人的任务。4 月 29 日，日本侨民及日军在上海虹口公园正在举行庆祝天皇寿辰的"天长节"和日军占领上海的"军事胜利"仪式。正在此时，假装日本人进入会场的尹奉吉将炸弹掷向主席台。结果，在台上的驻沪居留民团行政委员长河端贞次被当场炸死；侵华日军总司令白川义则（大将）被炸，送医后死亡；第九师团长植田谦吉（大将）、日本驻华公使重光葵被炸断一条腿；海军第三舰队司令官野村吉三郎被炸瞎一只眼。尹奉吉被当场逮捕，同年 12 月押送日本，在石川县金泽日本陆军基地内慷慨就义。该事件史称"虹口公园爆炸事件"。
⑥ 「上海虹口公園に於ケル爆弾投擲事件」（昭和七年五月三日附在上海村井総領事館発信芳澤外務大臣宛報告要旨）、『外務省警察史』第 45 卷、不二出版、2000、298、303 頁。
⑦ 荻野富士夫『外務省警察史——在留民保護と特高警察機能』校倉書房、2005、692 頁。

"鲜人系"没有起到多大作用。外务省认为，这主要是与上海总领事馆"高等系"的"规模太小"有关①，希望扩张其警察机构（包括特高机构）。之后，外务省经与陆军省、内务省的协议，制定了扩张高等系的方案。该案于9月3日在第63次议会上获得通过②。12月16日，外务省在上海总领事馆设置"警察部"，并在其下设置"特高警察课"（简称"特高课"，而表面牌子是"第二课"），其任务是处理"有关帝国统治朝鲜及台湾的警察事项"等。在此基础上，把它又分为"鲜人系""支那系"等8个系。和以往不同，这时日本大大扩充了"鲜人系"的特高警察人员，加大其指导监督力度。首先，在设置警察部的同时，外务省从朝鲜总督府派来特高警察7名。③ 结果，1934～1938年"鲜人系"特高警察八九名（其中有1名朝鲜人特高警察李甲宁），而其他系为1～5名。④ 其次，日本为了加大"鲜人系"的指导监督力度，于1932年12月22日任命由朝鲜总督府推荐的警视佐伯多助（京畿道高等课长）为日本驻上海总领事馆副领事。外务省认为，他在韩国从事多年的特高警察业务期间无论是对韩国国内的思想运动还是对韩国独立运动的情况都很"精通"，还懂朝鲜语，被认为是"最为适合的人选"。⑤

二 日本驻上海总领事馆特高警察对朝鲜独立运动的监视

日本在驻上海总领事馆设置和强化其情报机构的目的是对韩国独立运动进行严密的监视，从中获取有关反日独立运动的证据。从时间上看，该监视自从"日韩合并"以后开始，一直持续到1937年日本占领上海。此后，随着韩国独立志士们转移至中国华南、西南地区，其监视自然也停止了。

那么，在监视韩国反日独立运动方面，关键在于日本政府能否保障上海总领事馆对韩国独立运动的情报费（日方称之为"谍报费"）。因为如果没

---

① 「在上海総領事館特高警察機関擴充ニ関スル件」（「高裁案」、昭和七年六月一日、外務省亜細亜局第二課）、『外務省警察史』第42巻、不二出版、2000、272－274頁。
② 荻野富士夫『外務省警察史——在留民保護と特高警察機能』校倉書房、2005、696頁。
③ 「在上海総領事館警察部特高警察（第二課）構成」（開設当時ニオケル）、『外務省警察史』第42巻、不二出版、2000、272－274頁。
④ 『外務省警察史』第43巻、不二出版、2000、42、62－63、94、150－151頁。
⑤ 荻野富士夫『外務省警察史——在留民保護と特高警察機能』校倉書房、2005、698頁。

有情报费，那么无法进行任何监视活动。"三一运动"之前，由于韩国反日独立运动在上海的活动不那么活跃，所以日本政府没有给上海总领事馆相关的情报费，但是"三一运动"后开始划拨包括情报费在内的专项"取缔费"。1921～1924年，日本政府专门设置了"在外国鲜人保护取缔费"的专项经费，其数额由507482日元增为856257日元。① 1925年，日本政府取消"在外国鲜人保护取缔费"，新设"在外国居留民临时保护取缔费"。"在外国居留民"包括日本人、韩国人、中国台湾人，当然其中包括对海外韩国独立运动的"取缔费"。在该"取缔费"中一项很重要的支出就是"谍报费"。设置上海总领事馆警察部以前，上海总领事馆每年使用的"对鲜人的谍报费"为3000日元，而此后猛增至6240日元，主要包括"对密探的授受命令集会费""收买鲜人独立党干部费""同鲜人的秘密集会费""同有关公安局及两工部局警察的联络集会费"等方面。② 其实，该"谍报费"的很大一部分是用于对重要独立志士的监视方面。1933年，日本外务省称，为了搜查金九等人"使用了大量的谍报费"。③

纵观日本驻上海总领事馆对韩国独立运动的监视过程，主要有如下五个特点。

第一，日本驻上海总领事馆警察平时对韩国独立运动的调查内容是非常广泛而全面的。其调查内容的广泛性，主要反映在监视对象所涉及的各个领域。例如，1910年9月21日，日本驻上海总领事有吉称，上海有可能"成为不逞之徒策源地"而"严重关注"当地朝鲜人"与本国（朝鲜）的金钱收受关系、书籍、文书的发送"，"对合并的看法"，"与其他地方的关系"等，甚至对社会上流行的各种传闻加以关注并进行了调查。④ 其调查内容的全面性，主要反映在对每个调查对象的各个环节和各个方面。比如，1923年3月5日日本驻上海总领事船津致外务大臣的《中韩互助社召开募集经费游艺大会之件》中称，中韩互助社为了解决经费问题，于3月2日下午7时15分至10时在四川路中国基督教青年会堂举行了演出会，参加者约400

---

① 『外務省警察史』第5卷、不二出版、1996、229-231頁。
② 荻野富士夫『外務省警察史——在留民保護と特高警察機能』校倉書房、2005、700頁。
③ 荻野富士夫『外務省警察史——在留民保護と特高警察機能』校倉書房、2005、700頁。
④ 「在留朝鮮人動静」（明治四十三年九月二十一日附在上海有吉総領事発信小村外務大臣宛報告要旨）、『外務省警察史』第43卷、不二出版、2000、229-230頁。

名，演出节目有朝鲜妇女金铉淑的舞蹈、"大烧赤壁歌"、韩国伽倻琴、韩国僧舞、口琴、"新剧"等，"新剧"中有1909年安重根在哈尔滨火车站暗杀伊藤博文的场面及伊藤博文与李完用签订条约的场面。其中，对安重根击毙伊藤博文的场面描绘称"极其惨烈"。① 可见，日本对该活动的调查是非常全面的。

第二，日本驻上海总领事馆警察对韩国独立志士的跟踪监视是非常阴险而执着的。其跟踪监视的阴险性主要反映在对吕运亨的监视方面。1920年11月14日，韩国独立运动的重要人物吕运亨于该月14日同藤田九皋等一起乘坐"春日丸"号赴日本东京，早已得知该消息的上海总领事山崎，对跟踪监视他的特务警察特别强调不仅要"不被吕运亨发觉"，而且以同样的方法监视陪同吕运亨一起赴日的崔谨愚（警视厅的"要视察人"）二人。②

其跟踪监视的执着性在领事馆关于金九的各种报告中有所反映。1932年6月24日，驻上海总领事村井称，金九离开上海后先赴杭州后经苏州赴南京③；同年11月10日，驻上海总领事石射称，金九早已预料到会遭到日方的弹压，于4月26日早就离开其居住的法租界环龙路118号19俄罗斯人房屋，转宿于"支那街"蓬莱市场附近④；1933年2月2日，村井称金九同安恭根、朴南坡等一起赴广东方面⑤；同年3月24日，村井称侨居"布哇"的同志向他发来的书信于15日到安恭根家族居住的上海法租界贝勒路天祥里2□号，根据这个书信村井正专心侦查⑥。此后，上海总领事馆曾委托驻南京总领事馆和驻北京领事馆对金九继续进行跟踪监视。1934年6月4日，驻南京总领事须磨称，4月25日以来和金元凤一同赴南昌方面的金九，于5

---

① 「大正十二年三月五日附在上海船津総領事発信内田外務大臣宛報告要旨」『外務省警察史』第45卷、不二出版、2000、3頁。
② 「大正八年十一月十四日在上海山崎総領事発信内田外務大臣宛電報要旨」『外務省警察史』第44卷、不二出版、2000、25頁。
③ 「昭和七年六月二十四日附在上海村井総領事発信斎藤外務大臣宛報告要旨」『外務省警察史』第45卷、不二出版、2000、325頁。
④ 「昭和七年十一月十日附在上海石射総領事発信内田外務大臣宛報告要旨」『外務省警察史』第45卷、不二出版、2000、336頁。
⑤ 「昭和八年二月二日附在上海石射総領事発信内田外務大臣宛報告要旨」『外務省警察史』第46卷、不二出版、2000、5、7頁。
⑥ 「昭和八年三月二十四日附在上海石射総領事発信内田外務大臣宛報告要旨」『外務省警察史』第46卷、不二出版、2000、9頁。

月21日上午11时一起乘坐赴南京的汽船"江华"号,到达南京。他还称,最近金九留着在中国流行的胡须,颐髯约一寸五分,头发梳成背头,这次到南京时穿的是中国式蓝色长上衣。① 同日,驻北平领事馆一等书记官中山称,1932年4月,金九"干预"虹口公园投掷炸弹事件,从国民党十九路军那里得到大洋10万元报酬,在其支持之下,秘密地、巧妙地进行行动。② 1936年3月11日,驻上海总领事上田称,金九从来不喜欢同他在中国的韩国革命团体合作,率领爱国团,经常执行独自的行动。③ 由此可见,上海总领事馆对金九的监视是非常执着的,无论他去哪里都穷追不放,连金九外貌特征的变化和性格也都掌握得一清二楚。

第三,在对所有上海韩国独立运动的监视中,日本驻上海总领事馆警察对韩国临时政府的监视是最严厉的。因为韩国临时政府作为韩国人各种独立运动的领导核心,其影响力超越国内外各反日团体,所以,自1919年上海临时政府成立至离开上海为止,日本驻上海总领事馆对它的监视和调查是重中之重。这主要反映在上海总领事馆向外务省提交的报告方面。经调查发现,在《外务省警察史》第42卷至第47卷中,像《上海临时政府的朝鲜独立方策之件》(1920年5月7日,山崎总领事致内田外务大臣的报告)④、《关于召开临时议政院第十八次会议之件》(1926年12月9日,矢田总领事致币原外务大臣的报告)⑤ 等直接与大韩民国临时政府有关的报告达到80多份。而有关韩国其他独立运动团体的报告只有几份或十几份而已。

第四,在上海每次举办重大纪念活动的时候,日本驻上海总领事馆警察对韩国反日独立活动全过程进行了详细的调查。比如,1924年9月1日,日本驻上海总领事矢田针对韩国独立志士们组织的"国耻纪念日"活动指出,由青年同盟会发起,从8月29日下午2时起,约150人在法租界宁兴

---

① 「昭和九年六月四日附在南京石磨総領事発信広田外務大臣宛報告要旨」『外務省警察史』第46巻、不二出版、2000、59頁。
② 「昭和九年六月四日附在北平中山一等書記官発信広田外務大臣宛報告要旨」『外務省警察史』第46巻、不二出版、2000、60頁。
③ 「昭和十一年三月十一日附在上海上田内田内務書記官発信唐澤警保局長宛報告要旨」『外務省警察史』第46巻、不二出版、2000、108頁。
④ 『外務省警察史』第44巻、不二出版、2000、3-12頁。
⑤ 『外務省警察史』第45巻、不二出版、2000、198-203頁。

街262号三一堂集合,举行了"国耻纪念会",在会议上散发了以"国耻日"为题的印刷物,会议顺序是合唱爱国歌、进行国耻史演讲(赵碗九)、致纪念词(尹滋瑛)。①

第五,监视过程中经常将已形成的有关韩国独立运动的情报资料整理成系统性的统计表。其中,一个很重要的统计表是有关韩国反日团体的统计表。例如,1922年12月,上海总领事馆对相关情报资料进行整理,汇编成《在上海鲜人团体一览表》②,其中对24个反日团体的名称、主义、目的、建立时间、人数、职员、通信处等内容整理得有系统,一目了然。还有一个很重要的统计表是有关韩国独立运动重要人物方面的统计表。例如,1936年8月15日,上海总领事馆对韩国独立运动5个党派的84名重要人物的情报资料,按照其所属党派、姓名、年龄、别名、籍贯、地址、嫌疑理由等顺序整理汇编成题为《重要不逞鲜人的调查》统计表。值得一提的是,其中有些志士的别名往往有好几个,例如,金九派的韩国国民党的安泰根别名有西利路、信庵、安三才、张震球、赵汉用,共产主义者左行玉的别名有左鹤祥、左鹤相、高相赫、左龙朱、左龙树、左道行。③ 这些资料无疑对日本驻上海总领事馆警察监视和逮捕相关人物很有帮助。

三 日本驻上海总领事馆警察对韩国独立运动的镇压

日本驻上海总领事馆在上述监视的基础上,对韩国独立运动进行了严厉的镇压。从文献记录上看,这些镇压自从"三一运动"之后开始,一直持续到1937年。

从上海总领事馆对韩国独立运动的镇压形式来看,主要表现为两种。一种形式是对韩国人举行的各种重大活动采取严厉的取缔措施。其中,韩国人最重要的活动是每年定期举行的纪念"三一运动"的庆祝活动、"国耻纪念活动"等。这对日方来说,在像上海公共租界那样外国人多的地方举行如

---

① 「大正十三年九月一日附在上海矢田総領事発信幣原外務大臣宛報告要旨」『外務省警察史』第45卷、不二出版、2000、94-95頁。
② 『外務省警察史』第44卷、不二出版、2000、323頁。
③ 「昭和十一年八月十五日附在上海北村内務書記官発信萱場警保局長宛報告摘録」『外務省警察史』第46卷、不二出版、2000、121-125頁。

此重大的反日运动是丢日本面子的事情。因此，一到这样的纪念日，日本驻上海总领事馆就立即采取非常严厉的取缔措施。例如，1922 年 3 月 1 日，众多韩国侨民聚集在上海静安寺路的奥林匹克剧场和宁波会馆，以唱爱国歌、高喊独立万岁等形式庆祝"三一运动"，日本驻上海总领事馆派遣其警察进行严密警戒的同时，还向公共租界工部局要求取缔该运动。结果，工部局巡捕房派遣警察没收了在场内发放的《共产党宣言书》约 500 份文件。①

另一种形式是日本驻上海总领事馆经常对重要的韩国反日独立志士采取逮捕行动。关键是在逮捕之前必须有充分的证据。领事馆如果一旦发现充分的证据，就动用其警察立即采取逮捕措施。例如，1924 年 1 月 13 日，日本驻上海总领事矢田称："居住于上海法租界的鲜人玉成彬在当地不逞鲜人中具有相当的地位，曾被选为临时政府议政院、民团议事会等的重要干部"，总领事馆有一次得到他"曾向警务局长金九及铁血团炸弹制造人金声根等提供过炸弹或火药、其他材料，还对其他鲜人阴谋团体提供过枪械、炸弹等"有力"证据"，就立即派遣警察逮捕了他。②

但是，如果没有充分的证据，就无法立即逮捕，只能等待有充分的证据。对朝鲜共产党吕运亨逮捕就是如此。从历届上海总领事的报告来看，上海总领事馆经 6 年（1919~1925 年）的跟踪、监视，掌握了充分的证据之后才逮捕了他。③

即使抓住充分的证据，如果"犯人"在法租界，就很难逮捕。因为如上所述原因，法租界警察"往往庇护犯人"④。日本警察因不注意这一点曾发生过被法租界警察拘留的事件。⑤ 这对日本领事馆来说是一个"极大阻碍"。⑥ 因此，日本驻上海总领事馆为了排除法租界当局的"阻碍"，使出了各种方法和手段。

---

① 「大正十一年三月一日附在上海船津総領事発信内田外務大臣宛報告要旨」『外務省警察史』第 44 卷、不二出版、2000、277－278 頁。
② 「爆弾供給犯人玉成彬ノ逮捕」（大正十三年一月十三日附在上海矢田総領事発信松井外務大臣宛報告要旨）、『外務省警察史』第 45 卷、不二出版、2000、51 頁。
③ 『外務省警察史』第 44 卷、不二出版、2000、25 頁；『外務省警察史』第 47 卷、不二出版、2000、7、26、56、59、61、108、131 頁。
④ 「昭和五年在上海総領事館警察事務状況」『外務省警察史』第 42 卷，第 215 頁。
⑤ 「在支、満本邦警察統計及管内状況報告雑纂」（D—2—3—0—28），外务省外交史料馆藏。
⑥ 『外務省警察史』第 42 卷、不二出版、2000、272－274 頁。

一是日本驻上海总领事在同法租界当局交涉过程中采取了欺骗法租界当局的手段。例如，1919年5月13日，日本驻上海总领事为了逮捕躲在法租界的11名韩国独立志士，访问法国总领事进行交涉。当时，法国总领事以中国人的反感等为由拒绝逮捕这些"政治犯"。但是，日本总领事欺骗称其中有欺诈钱财、强盗胁迫等"非政治犯"，要求迅速逮捕他们。法国总领事信以为真，同意日本警察进入法租界逮捕他们。① 二是日本驻上海总领事采取通过交涉由法租界当局来取缔的方法。例如，1919年9月，日本驻上海总领事同法租界当局交涉，强烈要求取缔《独立新闻》的发行。结果，法租界官宪命令对上海韩国临时政府的事务所和《独立新闻》发行所进行封闭，同时宣布禁止发行《独立新闻》。② 三是日本驻上海总领事馆警察以各种手段"引诱犯人"离开法租界③，或在获得法租界当局的谅解后逮捕。例如，1932年11月30日下午，日本驻上海领事馆警察署长为了逮捕韩国独立志士金彻及金哲，决定"引诱"他们离开法租界到"支那街"某饭店喝酒之后进行逮捕。但是，在日本驻上海总领事馆的两名警察快要逮捕二人时，恰巧被法国警察发现而被阻止。④ 到了翌年11月26日，日本驻上海领事馆警察还是通过法租界当局的谅解逮捕了他们。⑤ 四是日本驻上海总领事馆通过交涉由日法两国警察共同逮捕。例如，1932年9月28日，日本驻上海总领事馆得到当天下午中国共产党朝鲜人责任秘书与上海韩人反帝同盟中国革命干部朴铁丸（即曹奉岩）等在法租界法兰西公园进行秘密会晤的情报后，马上向法租界当局建议两国警察采取联合行动共同逮捕，最终得到法租界当局的同意而逮捕了曹奉岩等3名。⑥ 五是日本驻上海总领事馆在实在无法逮

---

① 「不逞鮮人申錫雨及尹愿三逮捕ノ件」（大正八年五月十六日附在上海有吉総領事発信内田外務大臣宛報告要旨）、『外務省警察史』第43卷、不二出版、2000、295-296頁。
② 『外務省警察史』第44卷、不二出版、2000、15頁。
③ 「在上海朝鮮人状況」（昭和五年十一月調）、『外務省警察史』第42卷、不二出版、2000、215頁。
④ 「不逞鮮人金徹及金哲逮捕計畫ノ件」（昭和七年十二月一日附在上海石射総領事発信内田外務大臣宛電報報告要旨）、『外務省警察史』第45卷、不二出版、2000、350-352頁。
⑤ 「凶暴鮮人金哲ノ逮捕」（昭和三年十一月二十三日附在上海石射総領事発信内田外務大臣宛電報報告要旨）、『外務省警察史』第46卷、不二出版、2000、25頁。
⑥ 「中国共産党韓人支那責任秘書ノ逮捕」（昭和七年九月二十八日在上海石射総領事発信内田外務大臣宛電報要旨）、『外務省警察史』第47卷、不二出版、2000、190-191頁；『外務省警察史』第47卷、不二出版、2000、192-193頁。

捕时就等待"犯人"离开法租界的机会，再进行逮捕。比如，朝鲜共产党第二次组织者之一洪南杓曾几次巧妙地避免日本领事馆警察的逮捕。但是，1933年1月，日本驻上海总领事馆探知他离开法租界赴公共租界成都路益安里38号的消息后，就立即派遣2名警察，在公共租界工部局警察的支援下，于15日下午在该处没收57种证据的同时逮捕了他。①

日本驻上海总领事馆警察采取了如上所述的各种方法和手段，逮捕了不少韩国反日独立志士。从其逮捕结果来看，"三一运动"以前尚未发现逮捕事件及被捕者，而"三一运动"至1926年则偶尔发生逮捕事件。其中，除了上述例子外，1926年2月至8月发生了两次逮捕事件，共逮捕6名。②但是，1927~1937年的11年间逮捕事件共有68次，被捕人数达99名（见表1）。③

表1　1927~1937年被日本驻上海总领事馆逮捕的韩国反日独立志士

年份	被捕人数	年份	被捕人数	年份	被捕人数
1927	5	1931	2	1935	14
1928	4	1932	14	1936	18
1929	1	1933	11	1937	15
1930	6	1934	9		

其中，一个重要特点是被捕者的大部分都是在九一八事变以后被捕的。其中1936年被捕者就达18名（约占18.18%），相当于1927~1931年被捕者的总数，而1931年以后则逮捕了81名（约占81.8%）。这是与九一八事变后日本大力强化"鲜人系"的特高警察力量有关。在这些事件中，大部分是对民族主义者的逮捕事件（51次），一部分则是对共产主义者的逮捕事件（10次）和无政府主义者的逮捕事件（5次）。

值得一提的是，在被捕者中有不少是各反日团体的骨干，如安昌浩、李裕弼是大韩民国临时政府的主要干部，吕运亨、曹奉岩是共产主义团体的主

---

① 「在滬鮮人共産党幹部洪南杓取調並二令状執行」（昭和八年一月十日附在上海石射総領事內田外務大臣宛報告要旨）、『外務省警察史』第47卷、不二出版、2000、204-205頁。
② 「諜報事務専任警察官増援ノ件」（大正十五年八月十八日附在上海矢田総領事発信幣原外務大臣宛稟請要旨）、『外務省警察史』第42卷、不二出版、2000、162-163頁。
③ 『外務省警察史』第46卷、不二出版、2000、308-313頁。

要干部。日本对被捕者的制裁办法基本上是押送至朝鲜总督府后判刑。例如，1936年6月，猛虎团的吴冕植、金昌根、韩道源及金胜恩被押送至朝鲜总督府后，吴冕植及金昌根被判处死刑，韩道源被判处有期徒刑5年，金胜恩被判处有期徒刑3年。①

被捕者都是韩国反日独立运动的骨干，在一定程度上削弱了韩国独立运动的气势。尤其是在日方的强大攻势之下，法租界无法继续庇护韩国独立志士们，造成很大的影响。1934年，日本外务省编纂的《关于特高警察的事项——以昭和九年管辖内状况为中心》称："在有关朝鲜人方面，由于没有逮捕金九、金元凤一伙……而不能没有遗憾。但是，几乎肃清了十几年以来的不逞鲜人巢穴，不给他们留下策动的余地。"② 此后不少韩国反日独立团体不得不宣布解散，韩国临时政府也经常转移住处，最初去杭州，中间经过南京、长沙、广州、柳州等地，最后定居于重庆。

结　语

近代，随着日帝吞并韩国，很多韩国反日独立志士因不满日帝殖民统治而来到中国上海坚持反日独立运动。日帝担心上海的韩国反日独立志士会对日本对朝鲜的殖民统治构成威胁，便采取了各种镇压措施。首先，为了严密跟踪监视韩国反日独立运动，日本外务省最初从朝鲜总督府、中国东北各地领事馆向日本驻上海总领事馆调派翻译官。后来，先后在上海总领事馆设置"高等系鲜人系""特高课鲜人系"，不断从朝鲜总督府调派包括朝鲜人警察在内的特高警察，加强其情报力量。这是因为，朝鲜总督府的警察相比于日本国内警察而言，在跟踪监视韩国反日志士方面具有非常丰富的经验和能力。其次，日本驻上海总领事馆在得到足够的"取缔费""谍报费"的前提下，对韩国独立运动进行监视。该监视活动具有平时的调查内容非常广泛而全面、每次发生重大事件时进行的监视更加严厉、跟踪监视非常阴险而执着、监视主要以韩国临时政府的活动为中心、上海总领事馆经常及时整理相

---

① 「在上海総領事館二於ケル特高警察事務状況」（昭和十二年在上海総領事館警察部第二課報告二依ル）、『外務省警察史』第43卷、不二出版、2000、102、109頁。
② 「在支、満本邦警察統計及管内状況報告雑纂」（D—2—3—0—28），外务省外交史料馆藏。

关情报资料并及时反馈给警察等特点。最后,根据相关情报资料,领事馆警察对韩国反日独立运动严厉取缔的同时逮捕了不少反日独立志士。为了逮捕在法租界内的韩国反日独立志士,总领事馆采取了欺骗法租界当局、把取缔任务委托法租界当局、引诱"犯人"离开法租界、同法租界警察共同进行逮捕行动、等"犯人"离开法租界之际逮捕等多种方法和手段。由于被捕者都是韩国独立运动的骨干,很多反日独立团体无法坚持独立活动,不得不宣布解散。另外,由于日方的强压,法租界当局不能继续庇护韩国反日志士。上海临时政府不得不离开法租界,不断转移。

Suppression of Korean Counter-Japanese Independence Movement by Consulate General of Japan in Shanghai

Li Hongxi

Abstract Since the annexation of ROK by Japan, many ROK's independence campaigners carried out Counter-Japan independence movement in Shanghai. In order to suppress the movement, some special political police were sent from DPRK to Consulate General of Japan in Shanghai to establish a special intelligence agency called "ROK system" to monitor and arrest the independence campaigners.

Keywords Shanghai; Consulate General of Japan; ROK System; ROK's Independence Movement

韩国民族独立运动中的女性参与研究

吴　钵　马晓阳

【内容提要】 19世纪末20世纪初，基督教思想和开化思想鼓吹男女平等，主张人权，呼吁女性受教育权利，这些思想对处于"七去之恶""三从之道""女必从夫""夫唱妇随"等儒教传统观念束缚下的韩国女性产生了广泛而深远的影响。它促进了韩国女性自我意识的觉醒，打破了封建儒教的传统枷锁，广大女性同胞逐渐从封闭和禁锢中走了出来，开始从蒙昧走向自觉。在民族危机空前严重之际，韩国女性同胞开始走向社会与男性同胞并肩携手，为女性自身的解放和权利抗争，为民族的改良和独立谱写了新篇章。本文主要基于已有的参考文献，旨在梳理19世纪末期即开化期至日帝占领期韩国女性在韩国民族独立运动中的作用，希冀通过本文研究对该时期韩国民族独立运动史中女性参与部分进行脉络梳理。

【关键词】 民族独立运动　韩国女性　女性运动　民族解放

【作者简介】 吴钵，文学博士，济南大学外国语学院朝鲜语系副教授；马晓阳，延边大学人文社会科学学院世界历史专业博士在读，济南大学外国语学院朝鲜语系副教授。

---

* 本文为2013年度国家社会科学一般基金项目"儒家思想对韩国历史文化发展进程的影响研究"（项目编号：13XZX012）、2017年度山东省社会科学规划重点项目（项目编号：17BCXJ03）的阶段性研究成果。

韩国女性在韩国民族独立运动中是一支伟大的力量,[1] 中国学界却鲜有学者论及。本文主要基于已有的参考文献,旨在梳理19世纪末期即开化期至日帝占领期韩国女性在韩国民族独立运动中的作用,希冀通过本文研究对该时期韩国民族独立运动史中女性参与部分进行脉络梳理。

一 韩国女性自我意识的觉醒

19世纪,随着基督教的传播和影响以及韩国实学思想的发展,韩国社会发生了翻天覆地的变化。

基督新教思想[2]在美国传教士来韩国之前就已经通过中国传到了朝鲜半岛,19世纪末期美国传教士进入韩国传教,当美国传教士踏入尚未摆脱五百多年传统礼教羁绊的韩国,他们看到的是"麻木呆板、千疮百孔……眼神中流露出悲哀、绝望、疲惫、无知、害羞,距离文明有着遥远距离的韩国女性"。[3] 美国监理教传教士们希望通过引进西方先进的教育制度和医疗技术改变儒家传统思想根深蒂固的韩国女性,[4] 传教士们在民众中不断地传播福音、批判男女不平等的社会现象、灌输"人权平等"思想,意图唤醒韩国女性的自我意识。1905年和1907年日本强迫韩国政府分别缔结了"乙巳条约"和"丁未七条约",韩国沦落为日本的殖民地国家。此时,基督教开始鼓吹打破封建意识、忠君爱国的自主独立思想,从而将宗教信仰与民族主义紧密结合起来,这对以后基督新教会成为爱国启蒙运动的据点以及韩民族抗日运动的温床打下了坚实的基础。[5] 这些基督教思想对韩国女性产生了极

---

[1] 1948年9月2日,以北纬38°线为界,朝鲜半岛南北地区先后成立大韩民国与朝鲜民主主义人民共和国,两个地区的分立使整个朝鲜半岛历史名称问题备受争议。就民族独立运动而言,北方称之为"朝鲜独立运动",南方称之为"韩国独立运动",诸如此类问题还有很多,至今仍存在很大程度的混同使用。在本文的名称使用上,笔者遵循大部分著作及论文中对朝鲜半岛历史称谓中"韩国"的提法,统称以"韩国""韩国女性""韩民族"等。

[2] 天主教、东正教以及基督新教统称基督教,19世纪末期基督教经由中国传入韩半岛,而此时传入的基督教正是基督新教思想。

[3] 〔韩〕申福龙(译):《转折期的朝鲜》,首尔:集文堂,1999,第47页。

[4] 基督新教传入之初,以监理教为首的美国基督新教教会为了获得女性民众认同,吸引更多信徒,采取了派遣女传教士向女性宣教的方式,这符合了当时"男女授受不亲"的封建儒家思想禁锢下的韩国国情,对基督新教适应本土文化以及快速传播起到了积极的推动作用。

[5] 王青:《基督教与朝鲜近代民族主义的形成》,《韩国研究论丛》2007年第一辑,第218页。

大的影响，它是摆脱愚昧落后、民族危机的启蒙思想，起到了学习西方文明、走向现代化的精神催化剂作用。

在欧美列强的挑衅和日本的殖民统治下，接受了爱国启蒙教育和近代教育的韩国青年和先觉者们也开始倡导民族开化思想，伸张民权自主独立。甲申政变后逃亡至日本的朴泳孝通过国外见闻和学习，初步形成了为捍卫国家尊严而救国救民的近代女性教育论思想，他从男女平等的角度提出了对女性实施义务教育的必要性和重要性，主张将女性教育纳入"学校"理念的近代教育制度框架中。1885 年 1 月，朴泳孝在《开化上疏》中陈书男女平等思想以及男女平等主义女子教育论思想。俞吉浚也在《西游见闻》中与西方女性教育相比较，提出了早期教育、家庭教育等女性教育问题。[1] 1895 年 7 月，高宗颁布"小学校令"，规定在小学教育阶段，对男女实施义务教育，男女都要到小学进行学习，通过法律条文确立了男女接受教育的平等权利。[2]

19 世纪末 20 世纪初，基督教思想和开化思想鼓吹男女平等，主张人权，呼吁女性受教育权利，这些思想对处于"七去之恶""三从之道""女必从夫""夫唱妇随"等儒教传统观念束缚下的韩国女性产生了广泛而深远的影响，极大地推动了韩国女性自我意识的觉醒，打破了封建儒教的传统枷锁，广大女性同胞逐渐从封闭和禁锢中走出来，开始从蒙昧走向自觉。在民族危机空前严重之际，韩国女性同胞开始走向社会与男性同胞并肩携手，为女性自身的解放和权利而抗争，为民族的改良和复兴谱写了新篇章。

二 韩国女性进步团体的创建

（一）松竹决死队

1911 年 1 月，日本当局大肆逮捕领导民族爱国运动的进步人士，制造

---

[1] 〔韩〕俞吉浚：《西游见闻》第 15 编，"女子待接"条。
[2] 〔韩〕金在仁、郭三根等：《女性教育概论》，坡州：教育科学社，2010，第 42 页。

了骇人听闻的"105人事件",① 大部分爱国进步人士流亡至上海、满洲等地。为了继续推进国内民族独立运动,1913年,在平壤崇义女校教师黄爱德女士的倡议下,以金敬熙、安贞锡、李孝德为首的成员组建了一支妇女秘密团体组织——"松竹决死队"(以下简称"松竹会")。1905年,美国长老会和监理教协同创建了这所基督教女校——平壤崇义女校,该校师生分别隶属于长老会和监理教两个不同的教派,会员有着超越教派纷争普世教会合一的特点。② "松竹会"作为韩国早期成立的女性基督教徒秘密团体组织,在招募新会员时有着严格的考察机制,它需要一名推荐人引荐,并经全体会员赞成方可加入。会员每周以生日庆祝的名义举行集会,集会中通过宣教、救国祈祷、歌唱爱国歌曲、讨论如何争取民族独立等方式试图唤醒广大民众的民族爱国意识。该秘密团体组织规定会员每月上交会费,并且还从社会各界积极筹集经费,所得善款主要用于援助海内外民族独立运动组织,以期建立国内抗日组织与海外抗日组织联动抗日的合作机制。

"松竹会"的成立标志着韩国女性从最初的争取"男女平等""受教育的权利"等逐渐向争取"民族独立"发展,意味着以民族抗日斗争为目的的女性地下运动集团的崛起,从而揭开了韩国女性全面抗日运动的序幕。

(二)大韩民国爱国妇女会

"三一独立运动"之后,以抗日为宗旨的"血诚团爱国妇女会"和"韩国独立爱国妇女会"等女性地下秘密团体组织逐渐成立并发展壮大。③ 成立初期这些团体组织展开了一系列营救狱中爱国志士、为其家人提供物质援助的小规模运动。随着全民族抗日救亡运动的不断高涨,地区间的各个团体组

---

① 1910年年初,尹致昊前往美国进行基督教会考察。同年8月22日,在日本的强迫下,韩国被迫签署《日韩合并条约》,自此韩国完全沦落为日本的殖民地国家。归国后,他拒绝了日本提出的合作要求以及朝鲜总督府的邀请。1911年年初,日本总督寺内正毅被暗杀,尹致昊被指控为幕后凶手而被逮捕,与此同时被捕的有105人,史称"105人事件"。在这次事件中,不仅尹致昊被卷入,韩国基督教会也被牵连,遭到了日本的残酷镇压。
② 〔韩〕金正顺:《韩国长老会女性运动史》,首尔:韩国基督研究院,1990,第235页。
③ 这些女性秘密团体组织主要分布在首尔和西北地区的平壤、釜山、镇南浦、元山、载宁、永川、晋州、清州、群山等地区,秘密团体组织有首尔的"血诚妇女会"和"大朝鲜独立爱国妇女会"、平壤的"爱国妇女会"、顺天的"大韩民国妇女乡村会"、关西的"大韩独立青年妇女团"、平壤的"洁白团"、大同的"大韩独立青年妇女团"、开川的"妇女福音会"、首尔的"独立团妇女部"等。

织逐渐由分散走向联合，最终这些团体组织归并为以首尔为中心的全国性抗日救亡团体组织——"大韩民国爱国妇女会"，该组织直接隶属于大韩民国上海临时政府。金玛丽亚任"大韩民国爱国妇女会"会长后，重视武装力量的建设，开始组建"决死部""红十字部"等机构深入推进韩国民族独立运动，这也标志着该组织由最初仅限于物质援助的机构逐渐转变成具有独立作战能力的团体组织。组织的成立体现了鲜明的国权主义色彩和男女平等主义思想，成立之初"大韩民国爱国妇女会"发布"告全国民书"：

> 古人有云，爱国如同爱家。家人若连家都不爱则不成家，国人若连国都不爱则国不保，这些道理连愚人都知晓。啊！我们妇女也是国民中的一分子，向着争取人权自由和国家主权的目标，我们唯有前进，不允许丝毫的后退。恳切希望拥有同样国民血性的妇女鼓起勇气，树立理想，志气相通，以此共谋团结之果实。

1920 年年初，在日本和韩国封建势力的疯狂镇压下，"大韩民国爱国妇女会"遭到失败，最终消失殆尽。"大韩民国爱国妇女会"的成立具有划时代的意义，它倡导女性自主独立，体现了女性救国的爱国主义情操，它的出现是开化期女性教育运动和爱国启蒙运动的成果结晶。作为首支韩国女性武装团体组织，它有力地开展了武装打击日帝的斗争，开辟了女性武装抗争的历史先河，为实现韩民族的独立和自由建立了不可磨灭的功勋。

（三）韩国基督教女青年会

1908 年，金弼礼在日本留学期间寄宿在东京分部基督教女青年会（以下简称"YWCA"）运营的宿舍，从而了解到 YWCA 具备的社会功能并产生了创建韩国分部基督教女青年会的设想，这和作为北京华北协和女子大学 YWCA 会员的俞珏卿不谋而合。经过多年的酝酿和筹备，在美国传教士阿彭策勒的倡议下，金活兰制定了初步的创建方案。1920 年美国派遣专门委员谋划成立韩国地区分部基督教女青年会，日本万般阻挠，提出了"韩国只能加入日本基督教女青年会所属的地方组织"的议案，金弼礼等人拒绝了该提案。在此背景下，不同于由发达国家派遣干事而创建的基督教女青年会，韩国在没有外来干事的参与下成立了本土的韩国基督教女青年会。① 韩国基督教女青年会成立后，开展了各种实质性的祝捷、禁酒、戒烟、公娼废止等方面的社会实践活动。活动内容主要进行祈祷、圣经研究、举办教育类讲座以及发行包括精神启示在内的联合会报；组织各地区女性团体组织通过禁酒教育启蒙进行禁酒；倡导废止公娼制度；为了拯救因日本殖民统治而土崩瓦解的韩国经济，积极倡导使用本土产品；为韩国女性开设如料理培训、育儿、英语会话等教育课程；开设夜间学习班以消除文盲；关注工厂劳动女性的薪资报酬、劳动时间以及工作环境。除此之外，它还关注农村问题。成立翌年，设立农村部和"农村妇女教养所"，寻求农村卫生事业、农业合作、农民教育、农村改良等具体问题的解决方案。

自朝鲜王朝末期，基督教就与民族主义紧密地联系在一起，一直到日本殖民时期，基督教与民族主义的结合达到了高潮。② 韩国基督教女青年会作为早期接触西方社会和思想的女性社团组织，它对韩国女性劳工思想意识启蒙和社会责任感的觉悟，引导韩国女性同胞投入妇女自身解放和民族解放运动中，起到了重要的作用。韩国基督教女青年会的一系列举动不仅大大提高了韩国女性的自我觉悟，培养了韩国女性协同合作创新精神，而且为民族改良指明了方向。同时指引韩国女性将女性自觉意识和民族独立紧密联系起来，使她们意识到如果没有民族解放和民族独立，女性解放和女性独立便是空中楼阁。

（四）槿友会

1924~1927年，中国国共两党实现第一次合作，它推动了国民大革命的迅速发展，给了帝国主义和封建残余势力沉重的打击。1927年2月，韩国国内的部分作家、教育家、民族主义者、社会主义者等先觉者们也成立了本民族的统一战线——"新干会"。受国共两党合作以及"新干会"的影响，韩国女性运动开始摒弃"分裂主义思想"，希望建立合作机制，原本相互对立的"妇女同友会"和基督教派人士开始联手合作，最终两者合并成当时有着相当规模的统一社团组织——"槿友会"。

---

① 〔韩〕韩国近现代史学会：《韩国独立运动史讲义》，坡州：Hanwool Academy，2016，第79页。
② 艾菊红：《基督教在韩国的本土化》，《世界民族》2014年第5期，第73页。

1927年4月26日,"槿友会"倡议会在首尔仁寺洞召开,大会确立了涤清封建渣滓和传统陋习、保障女性享有平等法律权利、提高女性社会地位等方面的行动纲领:

1. 消除对女性在社会上、法律上的一切不平等待遇。
2. 打破一切封建陋习和封建迷信。
3. 废除早婚,倡导婚姻自由。
4. 废止人身买卖和公娼制度。
5. 保障农村妇女的经济利益。
6. 消除妇女劳动中一切不公平待遇,支付妇女产前和产后工资。
7. 废止妇女与童工的危险作业并停止夜间作业。

5月27日,"槿友会"创立大会在基督教青年会馆举行,会议选举出会长金活兰、副会长俞珏卿及书记若干人,同时吸收会员200余名。"槿友会"积极吸纳分布在全国各地的女性团体组织,从而成为当时韩国最具规模的女性社团。

"槿友会"还通过开展女性启蒙运动提高女性知识水平,以此唤醒广大妇女同胞的爱国意识。1927年6月6日,"槿友会"成员郑钟鸣、朴新友、丁七星等人参加平壤女性同盟主办的演讲会并发表《女性的悲哀》《妇女运动的过去、现在及未来》等演讲,作为具有社会主义性质色彩的社团组织它积极宣扬共产主义和社会主义。1927年10月15日,"槿友会"宣传组织部和教养部联合举办秋季女性问题研讨会,围绕"韩国女性解放的捷径是经济独立还是提高知识水平"议题讨论,该篇指出当今社会制度为上层资本主义生产关系,比起解决妇女地位问题当务之急是解决现存的私有财产制度。①

作为韩国早期组建成立的统一女性团体组织——槿友会,它鼓吹民族独立思想,开展女性启蒙运动,积极参与女性解放运动和民族独立运动。"槿友会"鼎盛时期在全国各地设立了61个分会组织,它团结了社会各阶层的女性同胞,对推动韩国女性运动以及抗日统一战线的形成做

---

① 〔韩〕赵芝薰:《韩国民族运动史》,首尔:高丽大学文化研究所,1964,第728页。

出了不可磨灭的贡献,在韩国女性独立运动史中也竖立了一座辉煌璀璨的丰碑。

三 韩国民族独立运动中的女性参与

(一) 国债赔偿运动

日据时期,日本为了掌握韩国的经济命脉以攫取更多的经济利益,通过统监会向当时韩国政府发放贷款,又以"不能按期偿还贷款"为由向政府施加压力。韩民族在列强的欺凌下,男性同胞通过戒烟、戒酒等方式,发起偿还贷款的民族独立运动,历史上称为"国债赔偿运动"。"国债赔偿运动"最初发端于1907年2月16日,倡始于大邱的徐相敦等民族独立运动家,该运动一经《皇城新闻》《大韩每日申报》《帝国新闻》《万岁报》等民族媒介报道迅速扩展到全国各地。2月21日国民大会在大邱北后亭召开,签署《国债赔偿发起书》,明确赔付方案,并规定该运动只限男性参加。两日后,女性同胞在大邱南一洞成立"佩物废止妇女会",通过变卖金银首饰踊跃捐款,同时发《告全国民书》痛斥"国债赔偿运动仅限男性参加"这一"男女不平等的行径"。

> 为国之心男女有别乎?听闻为偿还国债两千万男性同胞戒烟三月……然不予妇女参加,妇女非本国百姓否?①

全国各地的女性同胞为响应"国债赔偿运动"纷纷成立各种机构筹备国债赔偿金,在当时活跃着30多个由女性同胞组织的社团组织,如首尔的"大安洞国债报偿妇女会"、仁川的"积诚会"、南阳的"义成会"、海州的"花海教会"、首尔的"梨花学堂"等。这些团体机构虽然在不到一年的时间之内全部消失殆尽,但是它的出现重重地打击了日本帝国主义在韩国的嚣张气焰,鼓舞了韩国民众争取民族独立的决心,也成为女性参与

---

① 〔韩〕梨花女子大学:《韩国女性资料集》(近代篇,下),首尔:梨花女子大学出版部,1993,第35页。

民族独立运动高涨的契机。在民族危机、国难当头之际，女性同胞的参与昭示着争取男女平等的思想意识开始萌芽，体现了韩民族为恢复国家主权万众一心、精诚团结的民族精神。但是，此时的女性意识非近代殖民社会的女权意识，它还仅仅停留在"自己是皇帝的赤子"这样守旧的思想意识形态阶段。①

（二）三一独立运动

1910年，日韩签署《日韩合并条约》，条约的签订意味着日本完全兼并韩国，韩国最终沦为日本的殖民地。日本殖民当局的高压政策使得韩国社会内部矛盾重重和极度贫困化，国内反日情绪日益高涨。1919年1月2日，高宗皇帝去世，举国上下异常愤怒。② 运动最初发轫于日本，1月6日，在日韩国留学生集会于基督教青年会馆并发表演讲，他们决议根据威尔逊的"民族自决原则"向他国驻日使节以及日本政府请愿。③ 韩国女子联谊会会长金玛丽亚与会员黄爱施德、崔清淑、刘英俊、卢德信和朴贞子参加了会议。会议上，男学生难以接受女学生参加此次运动的爱国意愿，黄爱施德表示了极度的愤慨，并展开激烈的争论："难道只有男人可以参与国家要事吗？车轮是绝对不可单独前行的！"④ 此后，男女学生开始密切合作，并决定于2月8日举行示威游行，同时起草《二八独立宣言》，共同推进了"二八独立运动"的发展。

此后，留学生宋继白将《二八独立宣言》秘密携至朝鲜并在各界人士中积极传阅。海外女留学生金玛丽亚、黄爱施德、罗蕙锡等也悄悄潜回韩国，其中，金玛丽亚、宋福信等人分别带回《二八独立宣言》《民族自决运动》等秘密文件。回到韩国之后，她们从釜山到大邱一路集结爱国志士，

---

① 〔韩〕朴容玉：《国债报偿运动的发端背景和女性参与》，《韩国民族运动史研究》第8号，1993，第167页。
② 1918年年末，日本殖民当局在韩国发起"请愿书运动"，声明韩国民众自愿成为日本帝国的一部分，否认要求独立的意愿，以此作为日本向未来的"巴黎和会"夸示韩国民众甘心臣服的佐证。最后日本将"请愿书"送交韩国高宗加盖玉玺，却遭到高宗严词拒绝。1919年1月23日，首尔宫中便传出高宗暴毙的消息。高宗李熙虽然被废黜，但是在当时儒家思想根深蒂固的韩国人心目中，他仍然是韩民族的象征，是他们的君王。事情的巧合，使得流言四起，一时韩半岛人心激昂，全民沸腾，反日情绪达到高峰。
③ 〔韩〕国史编纂委员会：《韩国独立运动史》（第2卷），1966，第124~128页。
④ 〔韩〕朴容玉：《韩国女性近代化的历史脉络》，首尔：知识产业社，2001，第468页。

把宣言文及上海指令发给地方教会，同时组织李贞淑、张善禧等人开展关西地区的爱国救亡运动。

1919年1月25日，首尔的学生举行大规模集会，此次集会标志着由学生组织的独立运动正式启动。与此同时，宗教界人士也四处奔走呼号。天道教积极寻求与当时颇有影响力的基督教徒合作，经过多次协商，终于在2月24日实现合作，同时吸收了众多佛教徒，从而达成了三教联合的局势。2月25日至28日，孙秉熙、崔麟联合基督教徒16人、天道教徒15人、佛教徒2人共计33人，以"民族代表"的名义在崔南善起草的独立宣言上签名。1919年3月1日，数十万韩国民众以"奉悼民"的身份会集于首尔街头举行集会，高呼"朝鲜独立"等口号。日本集结军队疯狂镇压游行示威民众，数万名示威民众被打死、打伤，这就是韩国现代史上著名的"三一独立运动"。

"三一独立运动"从酝酿、发轫、发展到尾声，女教师和女学生发挥了不可替代的先锋作用，她们以学校和教会为运动中心，通过校内外示威游行等活动积极声援"三一独立运动"。

表1 首尔女校参与"三一独立运动"一览

学校	学生总数	参与学生情况
淑明女高普通学校	406	以金淑培、朴小娣、安仁子、李恩惠等为首的全体师生
梨花女高普通学校	310	以申麻实罗、朴仁德、金活兰、黄爱施德等为首的全体师生
京城女高商业普通学校	282	以崔贞淑、崔恩喜、金淑子、金日柞为首的全体师生
培花女高普通学校	200	全体师生
同德女高普通学校	190	全体师生
泰和女子学校	103	部分师生
贞信女校	不详	李娥珠、林忠实、朴南仁和金庆淳等70余名师生
京城女子艺术学校	48	28名学生参加

资料来源：〔韩〕李仑禧：《韩国民族主义和女性运动》，首尔：新书苑，1995，第74页。

"三一独立运动"是体现韩民族近代民族主义理想、独立自主精神和非暴力和平示威典范的一次民族抗争，在世界民族独立运动史上书写了浓墨重彩的一笔。在这场运动中，各阶层女性同胞①的积极参与对韩民族和整个社会产生了深刻的影响，它标志着封建保守的韩国女性开始走向社会，打破了蛰居深闺的传统女性形象；展示了韩国女性反抗压迫，追求民族独立进步的风采，推动了韩民族全面抗日事业的发展。

（三）妇女教育运动（韩国妇女教育协会）

基督教传到韩国后，传教士就开始对韩国女性进行启蒙性教育，陆续向她们灌输教育、慈善、服务、基督教伦理、启蒙和民族解放等理念。1890年前后是韩国进入近代社会的转折期和动荡期，这个时期的韩国女性仍没有摆脱儒教传统社会的枷锁，但开化思想开始在整个社会中传播，提高女性地位的主张有所抬头，宣扬"民权思想"和"女性开化思想"的女性教育论呼声开始高涨，提倡妇女教育和兴办女校的思潮开始合流。随着时代、社会的变革以及社会内部矛盾向民族矛盾的转移，韩国妇女教育运动也逐渐由启蒙性的生活改观向爱国启蒙运动和民族独立运动转变。②

1886年，美国传教士创办了韩国第一所女校——梨花学堂。1898年9月10日，首尔北村（两班聚集地）的300多名妇女成立"赞襄会"，该协会主张男女平等，呼吁政府设立女校，伸张女性受教育权利。1899年"赞襄会"创办"顺成女校"，协会最终因政府封建保守势力而解散，女校也因经营困难被迫关闭。作为韩国女性最早的女权运动团体，它大大提高了大众对女性教育的认识，也为1905～1910年韩国各地掀起的第二次建立女校运动奠定了基础。③

"三一独立运动"后妇女启蒙教育运动掀起了韩国女性运动的新高潮，1920～1922年各地区妇女教育团体如雨后春笋般涌现，④而最具有代表性的

---

① "三一独立运动"中，教师、学生、家庭妇女、女工等各行各业的女性同胞积极参与其中，女学生和教师发挥了先锋作用，甚至处在社会最底层的妓女也加入了运动。
② 韩国民族独立家李钟一在遗著《默菴备忘录》中强调对妇女实施教育的重要性时提到"当今妇女教育迫在眉睫，它是提高女性觉悟、摆脱男性束缚、实现身体和精神的解放的关键，妇女教育事业是使国家受益之举措"。
③ 〔韩〕洪仁淑：《近代启蒙期女性谈论》，首尔：慧安出版社，2009，第165页。
④ 除1920年车美理士创建"韩国女子教育协会"之外，1922年，"韩国基督女青年会"成立，地方妇女教育类团体组织达到约30个，其中90%以上是与基督教相关联的团体组织，如"女子同盟会""女子夏同会""女子学生相助会"等，这些女性教育团体组织致力于妇女教育，提倡"妇女地位向上"、"文盲退治"和"社会参与"，促进了妇女同胞受教育的机会。

则是1920年3月车美理士创办的"韩国妇女教育协会"。1905年，车美理士进入教会学校——弗吉尼亚大学学习，毕业后辅助著名民族独立运动家安昌浩创办民族报刊，1913～1917年在堪萨斯大学学习神学，归国后在培花学堂任讲师和舍监。"三一独立运动"期间，车美理士作为基督教系统的联络员活跃在韩国民族独立运动的舞台。该协会成立同年，开办妇女夜间讲习所。1921年，车美理士担任全国巡回演讲团的团长，巡回演讲73次，演讲遍及13个地区，向韩国民众宣讲提高女性地位等启蒙教育活动，其间所得善款用于创办槿花女校，后改名为"德成女校"，即今日德成女子大学。

"韩国妇女教育协会"通过举办演讲、创办刊物、开设夜校等多种活动对韩国女性同胞实施启蒙教育。1920年4月12日举办第一场演讲，1920年5月1日在首尔崇洞礼拜堂举行讨论会，讨论主题为"现代女性的当务之急是在国内求学还是去海外留学"。同年，创办《新女子社》女性刊物，进步人士金善、金元周等人陆续发表《脱去旧壳》《新女性的使命》等连载文章。

"韩国妇女教育协会"强调妇女教育的重要性和紧迫性，冲击了几千年来束缚妇女教育的传统理念，提高了妇女地位；同时它担负着"女性运动"和"救国运动"的双重任务，将妇女教育和国家富强以及挽救民族危亡紧密结合起来，进一步推动了韩民族独立运动的发展。

结　语

开化期至日帝占领时期韩国女性组建了大大小小的进步社团近50个，如"韩国妇女教育协会""韩国女性青年会""韩国土产爱用夫人会""韩国基督女青年会""基督教节制会""泰和女子馆""佛教女性青年会""天道教内修团"以及社会主义妇女运动团体"韩国女性同友会"，参与民族独立运动近十起。以上重点考察了韩国女性在民族独立运动中参与的一些主要领域和突出方面，不过也足以让我们有大致认识。

长期以来，严苛的传统儒教伦理观念支配着韩国人的精神生活乃至风俗习惯，守旧的父系家长制和韩国传统"内外法"使得韩国女性和外部社会完全隔离，它扼杀了女性追求自由平等的权利，束缚了女性的人身自由。随着西方传教士来韩宣教和开化思想的传播，新的价值观开始渗透，传统的女性价值观和伦理观开始动摇，蛰居在深闺的韩国女性开始寻求自我社会地位和社会角色，该时期女性人格意识的觉醒是全方位的，也是空前的。在日帝占领期不断受到压迫的民族社会环境下，各阶层的女性同胞积极投身民族爱国运动，掀起了一系列爱国组织的筹建以及积极参与爱国救亡运动，体现了饱满的政治热情和社会责任感以及对国家前途和命运的高度关注。它不仅体现了女性对国家和社会的责任感，而且促进了自身以及整个社会的思想解放，女性爱国主义意识得到了极致的彰显。在韩民族危亡之际，韩国女性同胞已然成为凝聚韩民族对抗外来侵略者、共同对抗不公正、推动社会民主和自由的一支主要力量。

A Study of the Women's Participation in the Korean National Independent Campaign

Wu Bo, Ma Xiaoyang

Abstract When the 19th century closed and the 20th century opened, the thinkers of Christianity orenlightenment advocated equality between male and female, human rights, women's rights for education. These thoughts exerted a tremendous influence on the Korean women who suffered from the bandage of such traditional Confucian ideas as "abandoning wife for seven reasons", "three virtues of falling in with the wishes of father, husband, and son", "wife must yield to husband", "when the husband sings, the wife must follow suit"; thus further pushing forward the self-conscious wakening of Korean women. Consequently, the women gradually walked out of the confinement, namely, walked from ignorance to self-consciousness. At the critical moment of the national crisis, Korean female compatriots began to enter the society, and they, together with men, struggled for women's rights and liberation, adding a new chapter for the reform and rejuvenation of the nation. Through referring to relevant literature, this article tries to clarify the role of women who participated in the Korean national independent campaign from the end of the 19th century, that is, the Enlightenment Period to the occupation period of Japanese Imperialists, in the hope that the research will contribute to the clarification of the modern history of women's participation in the Korean national independent campaign.

Keywords　National Independent Campaign；Korean Women；Women's Campaign；National Liberation

20世纪上半叶在华韩人的抗日演讲活动

——以媒体报道为中心*

徐 丹

【内容提要】 20世纪上半叶，因应中国社会救亡图存、反对日本侵略的现实需要，在华韩人开展了大量的抗日演讲活动，其身影出现在从城市街角至偏远农村，从十万人的市民大会到普通菜市场等各类场合。这些演讲一方面争取、呼应了中国民众对韩国独立运动的情感与实质上的支持；另一方面也使听众对"亡国"产生切肤之感，从而真正感受到民族、国家对普通人的意义。在教育水平相对较低、广播等近代媒体尚不发达的时期，真正"亡国者"的现身说法起到了抗日动员的独特作用，并推动了中韩两国的联合抗日。

【关键词】 韩人　抗日演讲　媒体　独立运动

【作者简介】 徐丹，历史学博士，泉州师范学院讲师、海丝文化传承发展研究院研究员，主要研究方向为近代中韩关系史等。

通过面向大众的舆论宣传，唤醒民众的民族意识与爱国感情，是近代中国反对帝国主义侵略特别是抗日运动[①]的重要一环，而选择合适的思想传播

---

* 本文为泉州师范学院科研项目"近代中国的朝鲜亡国评论的整理与研究"（项目编号：H17020）、福建省高校智库"海丝文化传承发展研究院"系列成果之一。

[①] 本文的考察对象为民国期间韩人以中国普通民众为对象的具有反日性质的演说，因此"抗日运动"一词是广义的，指以反对日本帝国主义侵略为宗旨的一切民众活动，研究时段也不限于抗日战争时期。同时为行文方便，本文除引文外统一使用"韩国"来指称整个朝鲜半岛。

渠道则是决定宣传效果的关键。20世纪上半叶，中国大众的受教育水平尚低，广播、电视等近代媒体也不发达，演讲特别是在一般民众聚集的场合发表演讲，因为能够最直接地接触社会基层，"影响于人心亦大矣"①，所以受到各进步团体的青睐，上至政治、文化领袖，下至一般学生、工人，都纷纷深入街头、田边，以演讲鼓动民众。

在近代中国的抗日演讲活动中，有一类特殊的人群尚未得到学者的关注，那就是侨居中国的韩人。1910年，韩国被日本吞并之后，大批坚持民族独立的韩人流亡中国继续斗争。为了争取中国民众对韩国独立运动的支持，许多韩人积极奔走，到各种民众聚集的场所发表抗日演讲。作为真正的"亡国者"，韩人对殖民统治者的残暴、亡国者的苦痛等的渲染更有感染力，在激励中国民众的民族情感上发挥了重要作用。这样，在华韩人面向普通中国民众开展的抗日演讲（以下简称为"韩人演讲"）既是韩国独立运动也是近代中国抗日斗争中不可忽视的组成部分。

目前学界尚没有针对在华韩人抗日演讲的系统研究，②但这些演讲在当时受到了中国社会各界的广泛关注，因此在报纸、期刊上留下许多报道。本文就以媒体报道为中心，对这一问题做比较系统的探讨，主要梳理了韩人演讲的社会背景、演讲者的身份、演讲的场合与内容，进而从听众感受的角度考察了韩人演讲的效果，从一个侧面考察近代中韩民族意识觉醒和民众反帝尤其是反对日本帝国主义侵略的世界意义。

一 演讲活动的兴起与时空分布

笔者所见在华韩人的抗日演讲的最早事例是在1912年。当年双十节，一位金姓韩人以个人身份参加了上海提灯庆祝会游行，"在行进中大声演说

---

① 《演说动人》，天津《大公报》1907年7月27日，第2版。
② 关于韩人在中国的抗日演讲，参见박현규,「한국 독립지사 金石의 강연원고 고찰-『(天津)益世報』와 후대중심으로」,『한국독립운동사연구』51, 2015, pp.121-125；徐丹,「독립운동가 朴炳疆의 생애와 활동」,『한국독립운동사연구』58, 2017, pp.59-86。两篇文章分别考察了韩人金石（又名金在天）、朴炳疆的生平以及在华演讲情况。此外，有关韩国独立运动团体或组织的研究也会涉及抗日宣传活动，例如，靖鸣：《抗战时期朝鲜义勇队在桂林等地新闻宣传活动初探》，《新闻与传播研究》2009年第2期；郑龙发：《朝鲜义勇队抗日宣传及其形式述论》，《安徽教育学院学报》2007年第5期；等等。

他自己亡国的故事"。① 但是民国初年韩人的演讲活动只见零星记载，这应该与在华韩人数量未具规模有关，同时中国社会也尚未形成公开演讲的氛围。中国历代专制王朝为了维护统治，均严厉禁止民间的集会演讲，直至晚清预备立宪后颁布《结社集会律》，人们才在一定程度上获得了结社集会的自由，但政治性集会依旧受到严格的控制，如"限制人数、禁止教员学生干预政治和开会演说"。②

1919年五四运动之后，韩人演讲活动在中国普遍兴起。一方面，当时中国救亡图存的现实需要，为亡国韩人现身说法讲述灭国之因、亡国之痛提供了社会基础。其实在韩日合并之前，部分中国知识人就感于韩国危亡的命运和唇亡齿寒之道，主动宣讲韩亡情状，呼吁国人以韩为鉴，探求自强之策。随着中日关系日益恶化，尤其是"二十一条"公开后，韩亡殷鉴作为激发民众爱国热情的素材，广泛出现于国耻纪念、抵制日货、筹备救国储金等反日运动中。③ 五四运动爆发后，中国社会各阶层掀起了集会、演讲的热潮，从城市的街头巷尾到偏远农村地区，"向众演讲高丽亡国惨史"④，甚至有人为了增强宣传效果，在市民大会上"化装为朝鲜人登台演说"。⑤ 正是在这样的社会氛围下，越来越多的韩人站上了中国的演讲台。

另一方面，开展演讲活动也是在华韩人努力适应中国环境、追求民族独立的一环。众多的演讲者不仅讲述亡国苦痛，而且积极宣传韩人的独立运动，希望争取中国民众的支持。1919年大韩民国临时政府（以下简称"临政"）在上海设立，更多独立运动人士来到中国，他们持临政护照，有组织地前往各地接洽演讲事宜，⑥ 演说"中韩共同提携"⑦。正是双方的共同需要，推动了韩人演讲活动在1919年以后的持续活跃（见表1）。

① 《二十年前的回忆》，《申报》1932年10月12日，第5张第17版。
② 侯宜杰：《清末的言论结社集会自由》，《史学集刊》2009年第5期，第54页。
③ 参见《救国储金之热度》，《申报》1915年4月17日，第3张第10版；《广东学界开国耻纪念大会》，《申报》1915年5月30日，第2张第6版；等等。
④ 《上海学生罢课后之近状》，《申报》1919年6月7日，第3张第10版。
⑤ 《国民大会详纪》，《申报》1919年5月22日，第2张第8版。
⑥ 《韩人演说亡国惨史》，上海《民国日报》1921年12月3日，第2张第8版；《高丽人求助之可怜》，天津《益世报》1920年6月22日，第2张第7版。
⑦ 《韩人金钟声演说亡国史》，天津《益世报》1920年12月4日，第2张第7版。

表1 1910～1940年在华韩人的抗日演讲*

姓名	时间、场合	姓名	时间、场合
金	1912年,双十节提灯庆祝会	金键声	1921年,福建建瓯耶稣教青年会,浙江
无	1919年,上海沪西某公学	赵重九、金淇洙、金淑媛	1922年,河南开封财政厅大会堂
无	1919年,吉林		
王觉民	1919年,上海西门公共体育场		
无	1919年,上海某处	王	1922年,浙江余杭阅报社
无	1920年,滁州、杭州、崇明、镇江、扬州等地学校	田、白	1922年,河南开封财政厅
无	1920年,浙江嘉兴南门内耶稣堂	朴炳疆	1922年,福建武夷山;1925年,江苏镇江穆源小学;1928年,安徽芜湖五九国耻纪念会暨蔡公悼念会(千人),安徽芜湖五一劳动节纪念会(五百)、江苏徐州对俄大会(万人),湖南长沙庆祝北伐胜利大会(十万),湖南长沙追悼国民革命军阵亡将士大会(三万);1929年,江苏徐州东站菜市场、山东济南民众反俄大会(万人)、济南国庆节庆祝大会(十万);1930年,河北省党部,北京五一劳动节纪念仪式、山东某地五三十纪念
无	1920年,江苏苏州皇宫		
金在天	1920年,江苏扬州美汉中学、无锡省立第三师范学院附属小学、江西南昌江西教育会(20人);1921年,江苏淮阴六师学校、徐州;1922年,浙江宁波各学校、教会;1924年,山西铭贤学校、武汉武昌师大、高等商业、旅鄂中学、中华大学、国民外交委员会、宜昌商业中学、女子小学;1925年,南京第二农校、省立第五中学;1930年,安徽蚌埠五九纪念暨代表大会(五百);1931年,河北保定志存、民生、培德、二职、第二附小等学校,山西太原各校学生反日扩大宣传大会,天津反日援侨运动、江苏徐州五九国耻纪念会(万人)、河南开封各校、河北新河师范;1932年,浙江杭州省立第一中学、河北保定志存中学、赵县党部与赵县市民大会(与金东悟)、山西省立临汾第六师范学校、四川东光乡村师范;1933年,江西南昌易中;20世纪30年代,河南南阳民众教育馆、河北省立第七中学等		
		张政一	1923年,北京大学
		无	1923年,上海国民对日外交大会举行国耻纪念大会(二千)
		郑大星	1923年,北京各界对日经济绝交示威大会(三万)
刘、鲜于	1920年,江苏常州教育馆、常州新舞台等游历之处	无	1924年,上海友谊夜校同学会国耻纪念会(千人)
无	1920年,江苏镇江埠西城外、镇江新街口、镇江崇德学校	朴炳疆、安东晚	1925年,浙江黄岩;1926年,南京、苏州、镇江等学校
金文淑	1920年,上海全国教育会联合会陈嘉庚欢迎会、勤业女子师范学校、中华职业学校;1923年,上海商科大学国耻纪念大会(千人)	柳絮	1925年,北京各界对英日帝国主义雪耻大会(五万)
金	1920年,江苏镇江	闵某	1925年,江苏涟水五卅惨案后援会开市民大会
李若松、李兮春、黄松友	1921年,湖南长沙通俗书所、湘潭	朴殷植	1925年,上海对日外交大会二周纪念会(五十)

— 142 —

续表

姓名	时间、场合	姓名	时间、场合
无	1925年,北京国民大会(四万)	无	1931年,福建福州反日救国运动大会(十万)
尹苏野	1925年,上海反对沪案市民大会(五万)		
无	1925年,广东惠州旅粤各弱小民族代表大会	李华民	1933年,河南内乡县杨集小学
金钟学	1925年,江苏无锡沪案大游行(五千)	赵	1933年,江苏青浦县立初级中学
闵炳伟	1925年,江苏淮阴五卅惨案市民大会(五万)		
无	1925年,上海全国学生第七届代表大会(百人)	金九	1936年,江苏镇江穆源小学
安东晚、申慈貉	1926年,浙江宁波	无	1937年,上海抗敌后援会外国语播音演讲
谷、李	1928年,江西南昌反日救国运动暨追悼蔡公(五百)	林哲爱	1938年,湖北武汉三八妇女节廿八周年纪念日大会(千人)
无	1929年,上海全国反日大会(百人)	无	1938年,广东广州市播音台
金桂山	1929年,吉林敦化反对满洲守备队增置计划演讲会	无	1938年,湖北武汉九一八纪念会
无	1929年,上海侨沪台湾人六一七纪念会(五百)		
华北雄	1931年,江苏南京各学校、浙江宁波青年会、宁波四中、东北、北京、天津、太原、福州各学校	王君实	1938年,湖北武汉响应国际反侵略运动大会
无	1931年,上海追悼旅鲜死难侨胞大会(两千)	张秀延	1939年,重庆三八国际妇女节群众纪念大会(千人)
金汉	1931年,上海反日救国联合会市民大会(五百)		
李熙春	1931年,四川简阳抗日救国大会、县立初中、公园	金若山	1940年,湖北汉口国际反侵略大会分会址(五十)
朴昌世、金弘叙	1931年,上海蒋渭水追悼会(五百)		
无	1931年,上海抗日救国会宣传部化装宣传大会	韩志成	1941年,地点不详

注: 对同一演讲的不同记载,仅做一次统计。一人多名的,如安东晚(安松成),华北雄(华一山、华指雄),金在天(金钟声、金化民、金浩然、金石、金再天、金子真、金则天),金文淑(金淳爱),表中已改作统一姓名。

资料来源: 本表根据笔者不完全统计所得102条记录整理而成,其中媒体报道86条(总计108条,但22条是对相同演讲事件的重复报道或转载),来自〔韩国〕韩国史数据库、〔日本〕亚洲历史资料中心电子资源、中国全国报刊索引、爱如生《申报》与近代报刊系列数据库、瀚堂近代报刊数据库、CADAL数字图书馆、读秀学术搜索、大成故纸堆、台湾地区的中国近代报刊数据库等;另外16条来自相关资料汇编、日本外务省档案、地方志、个人文集、回忆录等。

首先,从韩人演讲活动的年代分布(见图1)来看,进一步体现出中国社会环境对韩人抗日演讲的深刻影响。记载相对集中的1919～1920年、1925年、1928年、1931年与1938年均是中国社会局势动荡或救亡危机感高涨的时期。五四运动、五卅惨案、济南惨案等事件均引发了大规模的示威游行与爱国运动，九一八事变和抗日战争的全面爆发更是将救国的热忱推向了顶点。这也从一个侧面体现出，在华韩人广泛开展的演讲活动也为中国的抗日救亡贡献了重要力量。

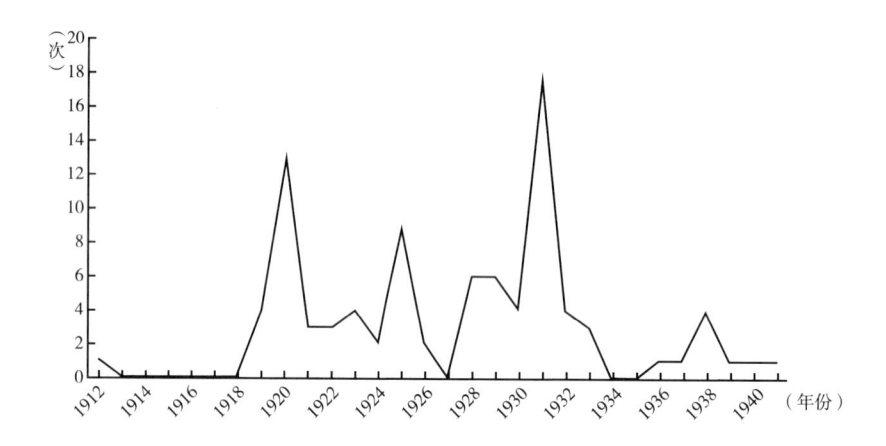

图1 演讲活动的时间分布

其次，从地域分布来看，韩人演讲的记录多集中于上海、北京以及华北、华东的沿海省份，其中上海、江苏、浙江、北京四个地区的记录占据一半以上（见图2）。这一现象可能来自两个原因，一是上海、北京作为当时的经济、文化中心，是各种运动势力的汇集地，也是韩人移居以及开展独立运动的首选地；二是上海与北京的出版业、新闻业也较其他城市发达，韩人在相应地区的演讲活动更容易被媒体记录下来。类似的，江苏、浙江毗邻上海，经济比其他省份发达，南京也一度为政治中心，同样具备上述两方面的社会环境。

但需要指出的是，上述考察只能大致勾勒出韩人抗日演讲的时空分布。其实，当时相当多的韩人演讲都没能留下确切的记载，因而难于统计。例如，1920年，"韩人刘、鲜于两氏近到吾国内地游历，所至之处辄对众讲演亡国惨史，其语极为沉痛，颇足警醒一般国民"①，虽明知有演讲活动，却无法统计地点等具体信息。又如，1925年，"沪汉两案发生后，举国人士攘臂奋斗，近闻京中市民大会，有一韩人在天安门外拔刀堕指，血书七十余

---

① 《韩人演讲亡国痛史》，上海《民国日报》1920年7月17日，第2张第8版。

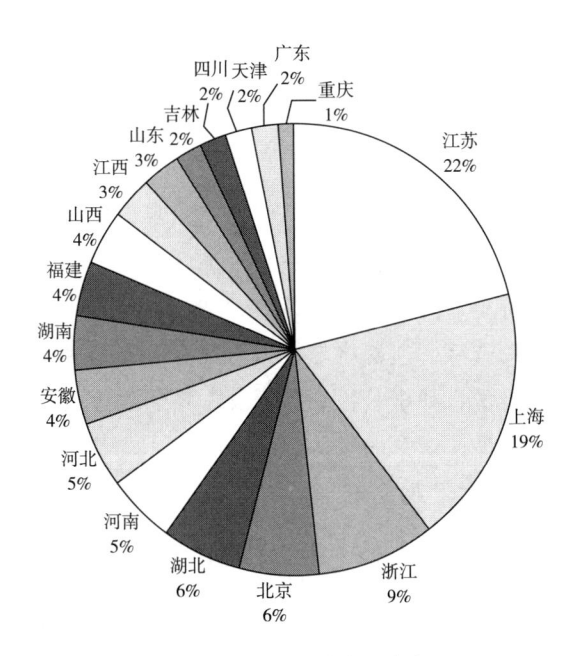

图 2　演讲活动的地区分布

字，皆悲壮之词，众将此血书悬诸国门之上以励民气"①。在市民大会上切断手指写血书的韩人，现场肯定也发表了抗日演讲，但亦未能列于表1。总之，全部在华韩人的抗日演讲活动中，能够被媒体报道且保留至今的只能是一小部分，实际上，韩人演讲必然会延伸至更广的时空。

二　演讲者的身份与演讲场合

史料所及，有明确姓名记载的演讲者共33名（见表1），基本上都是在中国开展独立运动的人物，其中详细生平可查的有16人，比较重要的人物如金九等都已有学者做过较多研究②，另外韩国的国家报勋处提供了安东晚（安载焕）、李若松（李愚珉）、郑大星（郑均镐）、赵重九等"独立有功者"的事迹，韩国学中央研究院的韩国历代人物综合信息系统可见

---

① 《时事感怀》，天津《大公报》1925年6月27日，第4版。
② 笔者初步检索，已有专门论文研究的还有朴殷植、金若山、金文淑（金淳爱）、金弘叙、尹苏野、韩志成、林哲爱（朴次贞）、金在天、朴炳疆等人。论著较多，不再一一引注。

张秀延、朴昌世的介绍。① 这 16 人中，既有民族独立运动的领导级人物金九、朴殷植、金若山，也有社会主义者尹苏野，还有"高髻戴缁撮"②、崇尚朱子学的朴炳疆。可见，从事抗日演讲活动的韩人来自各个派别和阶层。

但是，更多的演讲者没有留下姓名，常常只是简称为韩人、高丽人、朝鲜人、韩侨代表、朝鲜国民等，有些会加上地区范围如朝鲜旅沪代表、吉边难民，或尊称为朝鲜革命青年、朝鲜革命领袖、韩国志士等。除了演讲者身份普通或信息记载的省略、遗漏之外，当时也有可能是演讲者出于安全考虑而刻意隐藏自己的身份，如李若松、黄松友、朴炳疆等人就都有日本领事馆要求中国政府予以干涉、缉拿的经历。③

仅就演讲者公开的职业身份来看，也能大概看出独立运动人士的活跃。全部演讲者中，以组织或团体代表身份发表演讲的约占 1/4，这些组织基本上都属于韩人的政治或革命团体。例如，金在天在不同时期或场合披露的各种身份，有临政独立运动宣传特派员、东方被压迫民族联合会宣传部长、东方被压迫民族联合抗日救国协进会特派宣传大队长、朝鲜民党驻华宣传部长、铁血锄奸团宣传委员、朝鲜维新社考察员、前进社宣传部长、驻南阳张钫部随从副官；朴炳疆也曾分别以临政成员、韩国独立党、高丽独立党等身份发表过演说；金若山、韩志成都是朝鲜义勇队队长与成员；李若松、李兮春、黄松友为临政特派员；朴昌世、金弘叙为韩国各团体联合会代表；郑大星为旅京朝鲜同志会代表；金文淑为朝鲜独立团成员；王君实为朝鲜民族战线联盟代表；张秀延为旅渝朝鲜妇女会代表。除此之外，还有各种不知名的韩国青年团、韩国革命党、高丽青年独立团成员。

除了这些政治色彩浓厚的有身份记录者外，也有一些从事普通职业的韩人如教师、大学生，乃至一般体力劳动者如厨师、出家僧人等投身于演讲活动。表 1 列出的演讲者中，李华民当时为河南内乡宛西乡村师范的历史教

---

① 韩国国家报勋处独立有功者名录，http：//www.mpva.go.kr/narasarang/gonghun_list.asp；韩国历代人综合信息系统，http：//people.aks.ac.kr/index.aks。
② 金昌淑，「心山遺稿」，『한국사료총서』18, 한국사편찬위원회, 1973, p.319.
③ 《芜湖快信》，《申报》1928 年 5 月 20 日，第 3 张第 10 版；《湘日领干涉韩人演说》，上海《民国日报》1921 年 3 月 25 日，第 2 张第 6 版。

员，张政一、闵炳伟分别是北京大学、上海商专的学生。王觉民是常州大宁寺的和尚，因"既承盛意，却之不恭，且朝鲜惨状、日本阴谋，非身受者莫能详知也"，① 所以他能站出来发表演讲，希望自己的演说能为中国人提供殷鉴。

韩人抗日演说的场所多种多样，有教会、菜市场、公园、体育场、火车站、街道等公共场地，学校、报社、教育馆等文教机构，党部、财政厅等政府机关，以及名人追悼会、国耻纪念会、反日集会、市民大会、游行示威等各类集会，其中出现最多的场合是学校与集会。

学校作为教育机关，吸引了很多演讲者前往。表1中，校名可考的共计30余所，但实际数量显然远不止这些，因为很多资料都只是简单提及韩人至各地学校演讲，没有详细记录校名。例如，"朴炳疆、安东晚在南京、苏州、镇江的学校及其他场所开展反日演讲"②，华北雄"由东北换津平至太原，继经京沪赴闽，在太原及福州二处留月余，所经各地，承各该地学校当局招约，演讲韩国亡国后之压迫情形"③。

各类反日集会最受韩人的重视，也是他们开展抗日演讲最多的场合。因为相比学校等固定场所，韩人参与集会并获得演讲的机会更加方便。例如，1928年5月，在芜湖五九国耻纪念会暨蔡公悼念会上，朴炳疆并不是预定演讲嘉宾，而是现场"临时加入，讲演亡国后之惨状"。④ 同时相比菜市场、公园等普通公共场所，集会往往更具影响力，尤其是数万人的大会，可以吸引更多媒体与大众的关注，利于演讲内容有效而广泛地传播。因此，表1中从少至数十人的小会到多至十万人以上的市民大会，都可以发现韩人的身影。这些集会都带有明确的政治目的，仅国耻纪念会就有6次，而万人以上集会达12次，且基本集中于1925年、1928年、1931年，说明中国社会反对日本侵略的高涨情绪，为韩人的抗日演讲提供了广阔的舞台和空间。

20世纪30年代广播在中国有了很大发展，韩人也积极利用这一高效的

---

① 《补志韩人王觉民演词》，《新闻报》1919年10月13日，第9版。
② 「朝鮮人의 排日煽動에 관한 件」，『不逞團關係雜件 - 朝鮮人의 部 - 在支那各地』4, 1926, 국사편찬위원회，http://www.history.go.kr。
③ 《血痕》，不详，1931，第18页。
④ 《芜湖五九国耻纪念大会》，《申报》1928年5月12日，第3张第10版。

传播渠道，通过电波向中国民众发表演讲。例如，1937年多位韩人受上海各界抗敌后援会宣传会邀请，于每周三下午5时45分至6时发表广播演说；① 再如，1938年，朝鲜民族革命党为响应全面抗战，于4月1日至3日7点10分至30分在广州市播音台发表演说，"暴露日帝国主义者之罪恶，借以激励中韩台湾民众，抗敌到底"。② 值得补充的是，因为受众多为中国人，大多数韩人都直接用汉语发表演讲，即使用韩语演讲的也会附带汉语翻译③。此外，韩人在学校等场合还会运用幻灯片这样的新技术提升演讲效果。④

三　韩人演讲的内容与反响

鼓动中国民众的反日情感并为韩国独立运动争取支持，是在华韩人积极开展抗日演讲活动的最重要原因，因此演讲的内容主要集中在以下三个方面。首先，控诉日本侵略者的"罪行"，极力渲染韩亡后的惨状和日本殖民统治者对韩人反抗的残酷镇压，尤其是为彻底灭亡韩民族而推行的各种"灭种"政策。例如，为抑制韩人数量的增长，规定"男女不到四十五岁不准结婚"，韩人的出生与死亡均须缴重税。⑤ 又如，为防止韩人反抗，在推行同化政策、摧残韩人精神的同时，将"有力有智的韩人都捉起来下毒致死"，甚至蓄意残害学生的身体，"星期日医生检查学生身体，用药水注射，受害成废人者，有十六万人之多"。⑥ 殖民统治下的韩人"似刀俎上之鱼肉任人宰割"，连最基本的生命权都无法得到保证，"原有三千多万，到现在只有一千五百万了，十多年来，减了过半"。⑦

其次，演讲者着力叙说韩民族的爱国精神、救国信念和反抗日本侵略的决心，强调韩人面对殖民者的残暴，始终不折不挠地坚持反抗。特别是1919年的三一运动，被韩人视为民族精神的集中体现而大力宣扬，例如，

---

① 《外国语播音时间更改》，《申报》1937年11月3日，第2张第6版。
② 《韩国革命党在粤播音讲演》，《申报》（汉口版）1938年4月2日，第2页。
③ 朴白岩、赵东社、尹苏野、林哲爱是以韩语进行的演讲，由中国人翻译。
④ 龙翔：《韩人来校演讲》，《知新》1920年第4期，"记载"第1张。
⑤ 《朝鲜人的哀痛语》，《省立二中校刊》1933年第9期，第10页。
⑥ 《韩人金钟声演说亡国史》，天津《益世报》1920年12月4日，第2张第7版。
⑦ 李熙春：《朝鲜亡国惨痛的实况》，《简阳旬刊》1932年第2期，第15~16页。

"日军遂大怒，用刀乱砍乱杀，把（示威队伍）前面的杀了几百人，后面的都还没有散乱，惟俯着身体前进，一直到晚，独立万岁的呼号声音都连续不绝"。①

最后，演讲者会从人种、地缘政治、历史文化等多个方面鼓吹中韩两国的唇齿相依，追溯两国的友好交往，倡导中韩联合、相互支持。例如，有人称中韩原是"同母之国"②；"三千年以来，朝鲜历年为中国保护，实如父母之于儿女，无异同胞的兄弟"③；韩国"视中国几如长兄"④，"誓以死力"援助中国同胞⑤。也有人强调两国面临共同的敌人，"压迫韩国民众者，亦即压迫中国民众者"⑥，呼吁中韩联合一致反抗日本侵略。⑦当中韩之间出现矛盾冲突时，韩人也试图通过演讲进行解释和澄清。1931年，万宝山事件发生后，许多韩人在演说时向中国人致歉，同时强调惨案是日本人所策划，是其利用了韩人中的败类分子、流氓等屠杀华侨，"施其挑拨惯技，煽动中鲜人民感情破裂。是以鲜案之成，鲜人固有应得之咎，而罪恶在日人，希望华人对鲜人谅解"。⑧

很多韩人表现出了高超的演讲技巧，演说时"声泪俱下"⑨，"一句一泪"⑩，"极悲愤"⑪，"极壮烈"⑫，"极激昂"⑬，与其他演讲者相比，"尤以

---

① 李熙春：《朝鲜亡国惨痛的实况》，《简阳旬刊》1932年第2期，第14页。
② 《韩人金钟声演说亡国史》，天津《益世报》1920年12月4日，第2张第7版。
③ 《朝鲜人的哀痛语》，《省立二中校刊》1933年第8期，第8页。
④ 吴振英：《韩人李君演讲》，《江苏省立第二女子师范学校校友会汇刊》1920年第11期，第41页。
⑤ 《北京天安门之国民大会》，《申报》1925年7月3日，第3张第10版。
⑥ 《全国学生大会昨日开会》，《热血日报》1925年6月27日，第2版。
⑦ 《昨日闸北之市民大会》，《申报》1925年10月19日，第11、12版。
⑧ 《反日援侨运动》，《申报》1931年7月17日，第1张第3版。另可参见《悲壮热烈之侨胞追悼会》，《申报》1931年7月25日，第5张第17版；《昨日凄风苦雨中全市哀悼侨胞》，《申报》1931年7月24日，第4张第14版。
⑨ 杜棣生：《朝鲜旅豫爱国者》，载《河南文史资料》（第34辑），中国人民政治协商会议河南省委员会文史资料委员会出版，1990年，第57页；《韩国来汴亡国独立的讲演》，天津《益世报》1922年7月29日，第2张第6版；《韩人讲演亡国惨史》，《申报》1920年1月14日，第2张第7版等。
⑩ 《韩人演说亡国惨史》，上海《民国日报》1921年12月3日，第2张第8版。
⑪ 《反日救国运动》，《申报》1928年5月24日，第2张第7版。
⑫ 《各地民众举行国耻纪念》，《申报》1931年5月10日，第3张第9版。
⑬ 《武汉各界开会响应国际反侵略运动》，《申报》（汉口版）1938年2月12日，第2页。

韩人所讲者为痛切"①，"尤为激昂慷慨"②。从朴炳疆在济南反俄万人大会上的表现，可以感受到演讲现场的气氛：

> （朴炳疆演说）希望中国四万万同胞赶快醒悟，一致打倒帝国主义，勿踏韩国覆辙云云。演说时拍胸顿足，声泪俱下，全场为之动容，鼓掌之声不绝于耳。高丽人最后又呼各种口号，计为"打倒俄国赤色帝国主义""打倒白色帝国主义……力竭声嘶，全场皆随声附和。③

此外，演说者还会根据不同的场合调整演说内容，使之契合会议主旨，并易为听众所接受。就以朴炳疆为例，他在反俄大会上高呼"打倒俄国赤色帝国主义"等口号，而在国民党相关会场则重点赞扬三民主义与孙中山的世界革命精神，并借机呼吁继承孙中山的对韩政策，援助韩人独立运动等。④

演讲者的独特身份、紧扣近代中国社会脉搏的演讲内容、辅以富有感染力的演讲技巧，使韩人的抗日演讲在听众中产生了强烈反响。媒体报道常常提及，现场听众面对韩人"字字血泪"⑤的控诉，"全场痛哭"⑥，"痛哭流涕"⑦，"陪着流泪"⑧；对于日本的残暴"闻者惊心"⑨，"均为发指"⑩，"无不愤激"⑪，使得演讲现场"对日空气，亦极紧张"⑫。对于演讲者所说的亡国"惨状"，听众和媒体并无意考察其中真伪，而更愿意同情韩人的遭遇并痛恨日本的残暴，这种情感会积累为中韩两国人民共同抗日的思想基础。

---

① 《国耻声中之剧讯》，《申报》1924年5月11日，第5张第20版。
② 《国庆节山东各界空前之庆祝》，《申报》1929年10月13日，第3张第9版。
③ 《气壮山河之鲁民众反俄大会》，天津《益世报》1929年8月21日，第2张第6版。
④ 《长沙民众庆祝北伐胜利》，《申报》1928年7月13日，第3张第10版。
⑤ 《韩人讲演亡国之哀音》，上海《民国日报》1922年3月10日，第2张第8版。
⑥ 《五九国耻纪念》，《申报》1928年5月10日，第2张第6版。
⑦ 《芜湖五九国耻纪念大会》，《申报》1928年5月12日，第3张第10版。
⑧ 《二十年前的回忆》，《申报》1932年10月12日，第5张第17版。
⑨ 《韩人演说亡国惨史》，上海《民国日报》1921年12月3日，第2张第8版。
⑩ 《韩人讲演亡国》，天津《益世报》1929年8月7日，第2张第6版。
⑪ 《江浙各界对于沪案之援助》，《申报》1925年7月6日，第3张第10版。
⑫ 《徐州市民召开对俄大会》，《申报》1929年8月6日，第2张第8版。

许多普通民众热情捐款，资助韩人到各地演讲的旅费。媒体报道，听众会后"自动捐得五十余元"①，"捐廉十元，助金旅费"②；也有的"招待住宿"③，并主动为韩人创造到其他地区进行演讲的机会，希望更多的韩人能"警觉同胞迷梦者"④。有一位韩人在镇江演说时当场兜售亡国惨史书籍，借以乞求补助。原书每册成本仅须十余文，卖价为洋三角，但是民众"一时购者纷纷，除书价外，更有给予大洋一元或数元不等者，亦由义愤所致耳"。⑤

在韩人演讲的带动下，中国各界人士也积极援助在华韩人及韩国独立运动，如给予资金支持⑥、建校舍⑦、解决教育困难⑧等。在1920年11月的全国教育会联合会陈嘉庚欢迎会上，韩人金文淑演说韩亡惨状，并请求各高等、中等学校接纳在华韩国青年。以黄炎培为代表的中国教育界人士当即提出三点解决方案：一是"介绍高丽人民至各地演讲日人对于高丽之情形"；二是"介绍高丽书籍报纸，使国人亦可洞悉其苦衷"；三是"各地学校收受高丽青年，使受相当之教育"。陈嘉庚当即应允"于厦门大学高等师范中收纳高丽学生"。⑨ 可见，韩人演讲活动还在中韩互助交流中发挥了珍贵的平台作用。

但对近代中国来说，韩人演讲最重要的意义是使听众对"亡国"二字产生了切肤之感。一位名为乐亭的中国记者，在听了金在天的演讲后"精神上大受刺激"⑩，并写下了这样一段话：

> 在最近十余年生活史中，常常听到"亡国奴"三个字，但是因为缺乏阅历，没有当过亡国奴的滋味，所以总不把这件事放在心上，并且还

---

① 《韩民亡国恨，实予国民以重大刺激，保定学生陨涕听讲演》，天津《益世报》1931年11月24日，第2张第7版。
② 《韩人金钟声演说亡国史》，天津《益世报》1920年12月4日，第2张第7版。
③ 《韩人演讲亡国痛史》，上海《民国日报》1920年7月17日，第2张第8版。
④ 《韩国来汴亡国独立的讲演》，天津《益世报》1922年7月29日，第2张第6版。
⑤ 《高丽人演说惨史》，《新闻报》1920年5月9日，第6版。
⑥ 《韩人金钟声演说亡国史》，天津《益世报》1920年12月4日，第2张第7版。
⑦ 吴振英：《韩人李君演讲》，《江苏省立第二女子师范学校校友会汇刊》1920年第11期，第44页。
⑧ 《高丽学生生活》，上海《民国日报》1923年11月20日，第4张第3版。
⑨ 《教育会联合会欢迎陈嘉庚记》，《申报》1920年11月4日，第3张第10版。
⑩ 乐亭：《亡国的悲哀》，北京书局，1933，自序。

每每的自己想道："做亡国奴也不过是没有选举权和言论自由就是了，此外有什么更使人难过的呢？这样说来，比起受中国贪官污吏的剥削和军阀压迫，也只是程度上的差别罢了。"所以我对于亡国奴这件事，向来是抱两可的态度——也可也不可。谁想昨天，听到一位真亡国奴的讲演，才知道日本蹄下的亡国奴，比以前所想象的要痛苦到万分。①

这种感受、心态等的转变无形中影响了听众对民族、国家、中日关系等问题的看法，亡国不再是"两可"的事，国家、民族对于一个普通人的意义也由此清晰起来。1935年，金在天去世，学生时代听过他演讲的朱芳春特地写文章悼念，并且回忆了当时的感受：

> 自从那天以后，心里着实的不安了起来：几顿饭都没好好的吃，睡觉也不安生。那些亡国的印象，受人欺侮的情况，总在脑子里萦绕着；担心着中国也要亡了，大家也都是奴隶，亡国奴了，真可怕极了！从此留下了个很深的印象——要爱我们的国家，我们不要作亡国奴！……他给予我的刺激的确太厉害了。……有机会我和别人谈起话来的时候，也常常拿来向别人讲说，让他们也知道亡国的滋味，好去爱国家，爱民族。②

当时，许多中国的有识之士都热心整理韩人的演讲词，作为重要材料在报纸杂志上转载发表，甚至刊印成单行本传阅。例如，金在天的演讲词不仅被多种期刊以全文或节录方式刊载，③ 而且被印成了至少两种单行本。一种是前述中国记者乐亭在1932年11月9日听取演讲后整理成书。另一种是1931年11月金在天在河北保定志存中学发表的演讲，先以《安重根同志七志士之一金石君演讲》为题刊登于同年12月1日的天津《益世报》上，后转为单行本。④

---

① 《亡国痛》，《精诚》1933年第3期，第13页。
② 朱芳春：《悼韩国革命志士金在天先生》，《存诚月刊》1935年第1卷第6期，第125~128页。
③ 例如，《国民猛省：节录朝鲜革命党人金在天君演词》，广州《军声》1932年第9期；《朝鲜怎样亡国的》，《大侠魂》1933年第910期；胡焕南：《节录朝鲜革命巨子金在天君"亡国惨"演词并致慨望》，《中大附中周刊》1933年第42期；《朝鲜革命巨子金在天君演词》，《新会沙堆侨安月报》1933年第78期；等等。
④ 现存天津《益世报》版金在天演讲词单行本又有至少八种。参见박현규,「한국 독립지사 김석의 강연원고 고찰-「(天津)益世報」와 후대중심으로」,「한국독립운동사연구」51, 2015。

这两种版本均被印刷成册广泛传阅，印赠者既有团体也有个人，覆盖范围广泛。据乐亭回忆，他"节减衣食之资，排印千册，分赠国人"，时值日本进犯热河，爱国人士争相翻印"不下数十万册"。① 重庆图书馆所藏《金石君最近讲演亡国后之惨酷情形》为《益世报》版的一种，该书后附有77名捐款者名单，标记印数多达5000多册。这些印赠的书籍一般都注有"欢迎翻印，辗转宣传，唤醒国人，共御外侮"，"阅后请转送他人"等标识，鼓励人们广泛印制传阅，发挥了独特的社会作用。

结　语

20世纪上半叶，争取民族独立的韩人志士辗转中国各省广泛开展抗日演讲活动，以自身的亡国苦痛为鉴，宣扬反抗侵略与殖民的民族精神，并呼吁中韩互助联合抗日。为寻找演讲机会，在华韩人四处奔走，大到十万人的集会，小到街头菜市场均有他们的身影。《申报》1928年3月31日的一则报道称："韩国人朴炳疆，断右指血书'求死不求生、饮刃当饮食'及种种悲愤字样，下署唯血独立军，三十日下午携赴中央党部，沥陈被压迫之痛苦，请愿随北伐军赴前方宣传。"② 可见韩人抗日宣传方面的不懈努力。

中国日益紧迫的救亡图存、反抗日本侵略的现实需要，则为韩人的抗日演讲提供了最好的舞台和听众。早在20世纪初的世界亡国史编译热中，朝鲜半岛就因为"和我国最切近"③ 而受到包括梁启超在内的中国知识分子的广泛关注，近邻的"亡国"作为最有冲击力的反面事例反复出现在各种反帝尤其是反日宣传中。以五四运动中兴起的全国性集会、演讲风潮为契机，越来越多的韩人加入抗日演讲的行列，"亡国奴"亲自控诉侵略者的罪行，受到中国各界爱国团体与人士的欢迎。被邀请至各处演说的韩人也得到了许多民众的支持与援助，包括为演讲者捐助旅费、招待住宿，以及积极解决演说者提出的援助请求等。

在受教育水平相对较低、广播电视等近代媒体尚不发达的时代，演讲是

---

① 乐亭：《亡国的悲哀》，北京书局，1933，自序。
② 《本馆要电首都纪闻》，《申报》1928年3月31日，第1张第4版。
③ 卢天牧：《三韩亡国史演义》，上海杞忧社，1919，序言，第5页。

最直接、有效的对众宣传形式,而真正"亡国者"的现身说法更是能够极大地改变听众对国家与"亡国"的认知,激发民众的民族意识与爱国情感。侵略者的恶行和亡国者的惨痛,使听众真正地感受到亡国绝不是"两可"的事。许多韩人的演讲词还被各地期刊反复转载,乃至由爱国人士整理成书、翻印赠阅。相比普通的亡国史书,这些演讲词明显具有更加强烈的精神感染力,它们的出版发行和广泛流通无疑推动了民族观念的深化和抗日思想的广泛传播,成为近代中国民族革命宣传和民众精神动员的组成部分。这也体现了近代中国反帝运动尤其是反对日本侵略运动的世界意义,它既是中国革命的一部分,也是祖国处于殖民统治下的韩人主张民族意识、宣传弱小民族联合的舞台与阵地。

Koreans' Counter–Japanese Speeches in China during the Early 20th Century
—Based on Media Materials

Xu Dan

Abstract In the first half of the 20th century, in response to the practical demands of Chinese people for national salvation and resistance to Japanese aggression, Koreans in China made counter–Japanese speeches all over the country, from corners of cities to remote villages, from citizen gatherings to food markets. These speeches won the support from Chinese people for the Korea Independence Movement. Meanwhile they conveyed to the audiences personal feelings for national subjugation thus the significance of an independent nation state to ordinary people. During the period when education level was low and mass media such as broadcasting was not popular yet, personal speeches from "the real subjugated" played a particular role for counter–Japanese mobilization and promoted joint operations of China and Korea.

Keywords Koreans; Counter–Japanese Speeches; Mass Media; Independence Movement

韩国基督教对外传教兴起的政治因素分析*

千 勇　赵银姬

【内容提要】 在全球宗教复兴和世界性非世俗化趋势的大背景下，20世纪90年代，韩国在众多基督教新兴国家中脱颖而出，成为仅次于美国的第二大传教国，对亚洲乃至整个世界的基督教传播产生了深远影响。韩国基督教在对外传教上所取得的成功绝不是偶然的，它是诸方面要素共同作用的结果。其中，政治因素在韩国对外传教从量变到质变的过程中起了不可代替的作用。政治因素的这种作用，主要基于韩国基督教长期在韩国独立运动、民主运动中形成的特有的政治地位和影响力。随着全球化时代韩国对外传教在非传统外交上的价值愈来愈突出，在对外传教问题上韩国政府和韩国教会的需求趋同，两者共同努力，造就了韩国世界传教大国的地位。

【关键词】 基督教　韩国　对外传教　政治因素

【作者简介】 千勇，政治学博士，浙江大学人文学院讲师，主要从事中韩关系史研究；赵银姬，文学博士，浙江大学国际教育学院讲师，主要从事韩国学研究。

韩国是个具有悠久儒教文化传统的汉字文化圈国家，但西方文明的重要组成部分——基督教却在韩国取得了巨大的成功。19世纪80年代基督教传入朝鲜半岛，在这短短一百多年时间里，韩国从一个对基督教一无所

---

* 本文研究得到浙江大学中央基本科研业务费专项资金以及浙江大学文科教师教学科研发展专项项目的资助。

知的国家，一跃成为令世界瞩目的传教大国。从20世纪90年代开始韩国对外传教迅速兴起，成为仅次于美国的世界第二大传教国[①]，其传教热情、传教理念、传教方式等对亚洲乃至整个世界的基督教发展产生了深远影响。韩国在对外传教中取得的巨大成功，可以称得上创造了又一个"汉江奇迹"。

韩国如此热衷于基督教境外传播，其原因是多方面的。但就韩国对外传教活动从量变到质变，以致最后盛行这一阶段而言，政治因素发挥了重要作用。如果说20世纪90年代之前的韩国对外传教动机更多的是出于肩负着福音传播的单纯使命的话，之后的海外传教已经与韩国国内政治及国家战略产生了密切的关系，其传教动机也增加了更多的政治色彩。因此，本文拟通过政治学视角，从国际政治和国内政治两个方面对韩国对外传教盛行的政治因素略做探讨。

一 世界基督教传教运动复兴与韩国对外传教的兴起

如果说世界基督教传教运动在19世纪是以英国人代表的欧洲为重心的传教、20世纪是以北美为重心的传教的话，21世纪以后的基督教传教，其重心可以说已转移到亚洲、非洲等"南半球"国家。从全球范围来看，20世纪下半叶以来的宗教复兴使基督教传教运动在全球的处境、运动方向、传教战略等方面都发生了颠覆性的变化。现在一位典型的基督教传教士已不再只是白人男性，而更有可能是女性或其他种族。"第三教会崛起""传教士肤色改变""反（逆）向传教""移民传教""下一个基督教王国"等，也正在成为"基督教的新面孔"和"世界宣教大变脸"的基本内容，而作为传教中心的波士顿和纳什维尔也正在让位于首尔和内罗毕。[②]在此背景下，韩国基督教异军突起，不仅在韩国国内得到

[①] 2013年美国Christianity Today公布的戈登康威尔神学院基督研究所调查报告——"国别传教士派送现状"中，韩国派往海外的传教士总数，从原先世界第二位下降为第六位。因此，不管这个统计数据准确与否，本文中所说韩国是第二大传教大国是以2013年之前的统计为参考的。参见〔韩〕《Christianity Today调查，韩国传教士派送2位→6位下落4个台阶》，《国民日报》2013年10月15日，http://news.kmib.co.kr/article/view.asp?arcid=0007655171。

[②] 徐以骅主编《宗教与美国社会：当代传教运动》（第六辑），时事出版社，2008，第3页。

空前发展，在国内政治生活中掌握话语权，发挥着举足轻重的影响力，而且将目光投向海外，海外的传教亦蓬勃兴起，海外传教人数长期高居世界第二位，传教范围从亚洲向全球蔓延，将福音传向世界各地。近数十年来，韩国基督教迅速发展，已经成为世界基督教福音传播中一支举足轻重的力量。

韩国对外传教分为萌芽期（1912～1955年向中国山东地区传教时期）、开拓期（1955～1970年向少数亚洲国家传教时期）、飞速发展期（1971～1989年传教士、传教国家、传教团体的数量急剧增加时期），20世纪90年代开始迅速发展。[①] 韩国传教士的海外传教人数，从1979年最初统计的93名，到1990年年末剧增为1645名。[②] 2007年韩国对外传教达到高峰，派往海外的传教士数量同比增长18.8%，达到17697名，按照海外传教士（Foreign Missionaries）标准，韩国海外传教士数量当时占全世界海外传教士的15%，韩国成为名副其实的世界第二大传教士输出国。[③] 根据韩国传教研究机构KWMA的统计，截至2015年12月，195个传教机构多达27205名韩国传教士活跃在世界171国家和地区。[④] 韩国海外传教士不仅数量可观，而且其传教热情高、极有牺牲精神。这些从韩国传教士在2004年被伊拉克恐怖分子杀害、2007年23名韩国传教士被阿富汗塔利班组织劫持、2010年被利比亚政府以违反《宗教法》扣押等事件中可见一斑。[⑤] 迄今，韩国基督教一直为成为亚洲福音传播基地而不懈努力，表现出一股势不可当的传教热情。

[①] 〔韩〕金汉城：《关于区分韩国教会在它文化圈传教的历史时期的研究》，《圣经和神学》2011年第60卷，第110页。

[②] 〔韩〕文尚哲：《灵性化的韩流——韩国传教的动向与课题》，《神学定论》2006年第24卷，第276页。

[③] 《28年间派往海外的传教士增加了160倍》，〔韩〕GODpia新闻，2008年4月3日，http：//news.godpia.com/sub_con.asp？db_idx=26022&division=A003）；韩国世界宣教协商会（KWMA）研究开发室：《2015年末韩国传教士派送现状（统计）》，2016年1月7日，http：//www.kwma.org/bbs/board.php？bo_table=sub7_1&wr_id=1701。

[④] 〔韩〕韩国世界宣教协商会研究开发室：《2015年末韩国传教士派送现状（统计）》，2016年1月7日，http：//www.kwma.org/bbs/board.php？bo_table=sub7_1&wr_id=1701。

[⑤] 参见郭锐《冷战后韩国基督教的保守化倾向及对国家政治的影响》，《世界宗教研究》2014年第4期，第119页。

二 韩国对外传教盛行的国际政治因素

(一) 国际政治环境对韩国海外传教的影响

基督教对外传教主要通过教会派送和民间往来两种方式实现。因此，良好的国际政治环境是对外传教发展的必要条件之一。和谐的国际关系可以扩大国与国的接触范围，提高接触频度，从而增加基督教的传教机会，反之，就会阻碍其发展。从韩国对外传教发展过程来看亦是如此。20世纪五六十年代，在冷战背景下，不同意识形态国家少有接触，民间往来比较困难。即使同一意识形态的国家之间，由于多方面原因，官方及民间往来也存在障碍。这一时期也是朝鲜半岛南北意识形态对立最尖锐的时期，韩国在外交上固守"反共路线"和"哈尔斯坦主义外交原则"①，拒绝与任何社会主义国家以及中立国家建交，直到1960年韩国当时对外建交的国家也仅有16个②。这一时期韩国派往海外的传教士屈指可数。20世纪七八十年代，冷战局势缓和，国际紧张形势有所缓解。韩国政府开始放弃对美一边倒的外交政策，开始实行多方位外交。通过与他国建立外交、经贸关系，特别是在东西阵营对立的背景下，开始与东欧社会主义国家建交，促进了韩国与这些国家的官方和民间往来，韩国建交国家数量也迅速增加为114个③。从这一时期韩国派往海外的传教士数量开始明显增多，到80年代在世界福音动员会（Operation Mobilization）、海外基督使团（Overseas Missionary Fellowship）、国际事工差会（Serving in Mission）、国际圣经翻译会（Global Bible Translators）等国际传教团体中已经可以看到韩国传教士的身影。④ 进入20

---

① "哈尔斯坦主义外交原则"指20世纪50年代中期提出的以联邦德国外交部国务秘书哈尔斯坦名字命名的联邦德国外交政策的基本原则。这一原则在韩国外交上的体现是，韩国是朝鲜半岛唯一合法政府，不承认朝鲜民主主义人民共和国，不同与朝鲜建交的任何国家建立或保持外交关系。
② 〔韩〕北韩资料中心：https：//unibook.unikorea.go.kr/? sub_num=51&state=view&idx=99。
③ 〔韩〕北韩资料中心：https：//unibook.unikorea.go.kr/? sub_num=51&state=view&idx=99。
④ 〔韩〕金汉城：《关于区分韩国教会在它文化圈传教的历史时期的研究》，《圣经和神学》2011年第60卷，第124页。

世纪 90 年代，随着冷战结束，意识形态对立日益淡化，韩国相继与中国、东欧等主要社会主义国家以及其他原先向朝鲜一边倒的美洲、拉美等国家建交，建交国家总数也达到了 145 个①。这一时期韩国对外传教的外部条件完全成熟，韩国基督教传教组织、教会或基督徒通过出国经商、学习、旅游、移民、考察、工作等方式自觉或不自觉地在世界各地进行基督教传教活动。

（二）非传统外交视野下的韩国对外传教

基督教自创立之初即形成对外传教的传统。自 20 世纪下半叶以来，在全球宗教复兴②的背景下，新的基督教传教运动不仅使整个世界的宗教图谱产生巨大变化，也成为影响国际关系的重要因素。特别是冷战结束之后，基督教传教运动对世界产生了深远的影响，集信仰与组织为一体的各类基督教团体在国际、地区和国内政治中的影响不断提高。在全球公民社会深入发展与各类大众媒体勃兴的格局中，基督教传教因其在全球范围内的复兴，其跨国性、草根性、议题包容性、目的和手段超宗教性、泛阶层化、组织化与弥散化相结合，被多国重新纳入对外战略考量，并作为非传统外交的重要组成部分，对国际政治和国际关系发挥着日益明显的作用。③

目前，对外传教活动影响国际关系的路径可以概括为以下几个方面④。第一，通过宗教观念和信仰影响传教国家或被传教国家的决策者、社会舆论和普通民众，这也是对外传教活动影响国际关系和制度的最重要方式。第二，对外传教活动可成为国家对外行为的合法性来源之一，例如，当代"正义战争"观念和"人道主义干预论"，都具有基督教和神学渊源。第三，

---

① 〔韩〕北韩资料中心：https://unibook.unikorea.go.kr/? sub_num = 51&state = view&idx = 99。
② 研究宗教与国际关系的学者斯科特·M. 托马斯（Scott M. Thomas）曾对"全球宗教复兴"（the global resurgence of religion）现象做了以下界定：全球宗教复兴指宗教日益具有显要性和说服力，如在个人和公共生活中日益重要的宗教信念、实践和话语，宗教或与宗教有关的人物、非国家团体、政党、社区和组织在国内政治中日益增长的作用，以及这一复兴正以对国际政治具有重大影响的方式发生。Scott M. Thomas, *The Global Resurgence of Religion and the Transformation of International Relations: Struggle for the Soul of the Twenty - First Century*, New York: Palgrave MacMillan, 2005, pp. 28 - 32。
③ 涂怡超：《宗教与当前非传统外交：理论、战略与机制》，《国际观察》2012 年第 5 期，第 23 页。
④ 徐以骅：《宗教与当代国际关系》，《国际问题研究》2010 年第 2 期，第 47 页。

通过"与国家有关的基督教团体"和"非国家基督教团体"的不同方式，直接或间接地介入国际事务。第四，基督教在国际关系中尤其是在西方国家里，是跨国群体认同或身份构建的最主要方式之一，在国与国的关系中，这种认同往往比宗族、阶级和性别认同更为重要且涵盖面更广。第五，对外传教成为一个国家展现或提高"软实力"的主要途径之一，而运用"软实力"也是基督教团体影响所在国外交政策的重要方式之一。

因此，全球宗教复兴背景下的韩国对外传教的兴起，不仅可以看作"福音传遍世界"口号下的基督教灵性归属行为的结果，也可以看作经济腾飞后，韩国在国际上积极拓展发展空间和展示崛起力量的非传统外交发展的结果。20世纪80年代以后，尤其是进入90年代，韩国的GDP从1962年的世界第101位跃升至世界第11位，人均GNP也突破了1万美金①，并在1996年成功加入OECD，迈入了发达资本主义国家行列。跻身OECD后，韩国不仅在经济上，而且在其他各个方面以OECD的标准要求自己，积极致力于面向21世纪的韩国世界化发展目标，将韩国建设为"统一的世界中心国家"。即对外做其他国家的楷模，成为受人尊敬的国家；对内成为人们生活富裕而舒适的国家。并且韩国将"文化立国"战略作为其实现世界化战略的渠道。在此背景下，韩国基督界教在境外的传教活动正好满足了韩国国家发展战略上的需求。因而，从20世纪90年代开始韩国基督教对外传教活动得到了韩国政府的大力支持和扶持。韩国政府也通过基督教对外传教，扩大了本国的文化输出，提高了本国的"软实力"；增强了与西方国家间的"身份认同"，加强了与传教对象国之间的关系；促进了朝鲜半岛的南北交流，缓解了南北对立局面。

三 韩国对外传教盛行的国内政治因素

宗教的花朵盛开在天国，宗教的枝干扎根于尘世。宗教的这种两重性是宗教本质的必然结果。在这个意义上，宗教无论是作为社会文化还是作为社会力量，都不可避免地会与政治形成这样那样的互动。宗教与政治的关系和

---

① 1994年韩国GDP升至世界第11位，1995年人均GNP超过11432美元。参见朴昌根《解读汉江奇迹》，同济大学出版社，2012，第4~5页。

相互作用主要体现于社会的权力结构和利益分配，并波及社会生活的各个层面，因而宗教与政治的互动关系，要比宗教与其他社会文化范畴的关系更为复杂，其对人类社会生活和历史进程的影响也更为重大。① 因此，在探讨韩国基督教海外传教盛行的原因时，不仅要考量其宗教层面的因素，也要着重分析韩国基督教与国内政治互动关系所起的作用。

近代基督教在亚洲的传播常常伴随着殖民主义，甚至充当了殖民主义的合作者角色。在当时人们的观念中，基督教就是披着宗教外衣的殖民者，因而人们也拒绝接受基督教。但韩国与其他大部分亚洲国家不同，基督教传入韩国后迅速与本国民族主义联合，一起对抗殖民主义，成为韩国民族运动的核心。韩国基督教这种鲜明的特征，使其一开始就在国家的政治变革中起着重要的作用。早在日本殖民时期基督教会就成为韩国独立运动和启蒙运动的发源地之一。著名的"三一运动"中就有大量基督教徒的参与和组织，"三一独立宣言"的33名签署者当中，就有16名基督教徒。② 因而，当时日本殖民政府也把基督教徒视为这次运动的幕后主谋，在抓捕的9458人当中，就有3373名基督教徒，占总人数的35%。③ 据韩国学者研究，"在'三一运动'中，大众的中心在于基督教，起领导作用的大多数人物都是基督教徒，运动的集会场所大多是基督教会堂，受害最多的也是基督教徒。"④ 当时，基督教成为韩国殖民时期维系民族团结的支柱，以民族主义的大旗深入韩国民众的内心，这为日后基督教在韩国政治中占据重要地位奠定了坚实的基础。

韩国光复之后，身为基督教长老的李承晚成为大韩民国第一任总统⑤，他执政时期也是韩国政教关系史上的首轮"蜜月期"。由于李承晚长期旅居海外，在国内没有政治基础，他尽力从基督教界获得支持。基督教界也在李承晚统治时期积极参与政治活动，扩大自身影响，积极积

---

① 何其敏：《论宗教与政治的互动关系》，《世界宗教研究》2001年第4期，第6页。
② 《正义与和平，自由的狮子吼》，〔韩〕《基督教韩国新闻》，2014年2月18日，http://www.cknews.co.kr/news/articleView.html?idxno=3010。
③ 《社论：三一运动与韩国教会的时代召唤》，〔韩〕《韩国基督新闻》，2016年2月28日，http://www.kidok.com/news/articleView.html?idxno=95694。
④ 金得榥：《韩国宗教史》，社会科学文献出版社，1992，第318页。
⑤ 韩国历代总统中，以基督教长老身份当选韩国总统的有三位，分别是李承晚、金泳三、李明博。

蓄政治力量。在1952年韩国总统大选中，约有3500个教会和700000名信徒参与并支持李承晚和他的部下①，这些来自社会的力量是与李承晚竞争的政党不具备的条件。教会通过他们的报纸和宗教关系为李承晚拉选票，在社会上制造舆论。②作为参与政治的结果，教会的社会基础得到加强。一方面，教会大量吸收社会各界精英，为教会注入新鲜血液；另一方面，教会又凭借这些人的社会地位，加深与政府间的合作，进而促进了教会发展。许多牧师成为社会和政治领袖，教徒的社会地位不断提高。加上近代韩国独立运动和基督教的特殊关系，韩国建国以后，基督教思想也被随之带入其最初的政治体制之中，对整个国家政治制度的建立产生了巨大的影响。

到朴正熙、全斗焕军事独裁政府时期，基督教界的政治优势地位渐渐消失，影响力也相应下降。传统的儒教统治秩序是崇尚权威、强调等级，而这些都与基督教所宣扬的公平、正义、自由、民主、人权不相容，这也导致这一时期出现了教会和国家相互矛盾的情况。在韩国由权威政体向民主社会过渡的过程中，基督教会虽然没能像李承晚时期那样参与政府的政治活动，并在政府政治决策中施加一定影响，但在争取民主的运动中发挥了重要作用。此外，基督教还成为市民社会争取权益的一个纽带，基督教在参与政治上有丰富的经验，再加上国际上民主国家的支持，由基督教牵头联系政府，联结NGO等非政府性组织，有组织地参与公共事务，避免了社会动荡。这使得20世纪70～80年代韩国虽然民主游行规模不断扩大，但是韩国的经济发展和社会稳定都没有受到太大的影响。基督教在韩国和平过渡到民主国家的过程中做出了巨大的贡献。金大中总统曾表示："基督教为这个国家的现代化和民主进程提供了精神指导"，他甚至认为，"没有基督信仰，韩国永远不会实现民主"。③因基督教在市民运动中的巨大影响力，这一时期，国内基督教徒、

---

① ChungShin Park, *Protestantism and Politics in Korea*, Seattle and London: University of Washington Press, 2003, p.179.
② ChungShin Park, *Protestantism and Politics in Korea*, Seattle and London: University of Washington Press, 2003, p.179.
③ 国家宗教局宗教研究中心编著《当代世界宗教问题》，宗教文化出版社，2007，第510页。

教会等迅猛增长①，国内属灵氛围空前高涨，激起了韩国人的传教热情，从而开始兴起对外传教热潮。但这时候韩国教会对外传教只是处于开拓期，规模有限。

冷战结束之际韩国基本实现政治民主化，进入文人政府时期，前后经历了金永三、金大中、卢武铉、李明博以及朴槿惠政府时期。文人政府的前期，因韩国经济增长的促动，基督教的信仰人数出现了爆炸式增长，基督教教徒无论是绝对人口数量还是在韩国人口总量中所占的比重均出现了显著的增长。② 但之后随着韩国社会进入稳定发展的时期，教会的很多功能被越来越健全的社会保障机构和市民团体所取代，韩国基督教信徒数量的增长速度开始明显放缓，2007 年首次出现了负增长。③ 在这种背景下，基督教参与政治的途径也出现了改变。在独裁政府时期，基督教通过宣扬教理、批判政府、组织游行等形式将韩国国内不同社会群体对宗教信仰的冲动，转化为带有明确目的性的政治行为。而之后这种方式逐渐转变为通过各种教会活动不断影响政府政界要人，进而渗入其政治意识形态当中。这一时期韩国基督教参与国内政治主要通过市民个体、市民团体和政治高层三大层次来完成。首先，在市民个体层次上，主要通过向教徒和普通市民散发传单、借助媒体、直接接触等多种方式，大力宣扬自己的政治主张。借助其在地方教会中的强大基础，敦促和动员本教会的教徒做好投票登记工作，从而引导民众在大选中的投票活动。其次，在市民团体层次上，韩国基督组织韩国基督教总联合会、基督教社会责任等市民团体，并以这些非政府组织的名义举行大型集会及活动来宣传他们的政治主张。这些团体经常同韩国其他市民团体如自由总联盟、在乡军人会、退伍军警会、退伍军人会等联合活动，从而向政府施加影响。最后，在政治高层层次上，基督教力量积极向韩国的国会议员、政党高层、政府高官等展开游说活动，试图说服韩国的议会、政府按照自己倾向的意愿施政。他们还积极与政府内政党展开合作，支持亲基督教人士竞选总

---

① 20 世纪从 60 年代到 90 年代，韩国基督教徒数量几乎是每十年翻一番。参见 Andrew E. Kim, "Korean Religions Culture and its Affinity to Christianity: The Rise of Protestant Christianity in South Korea", *Sociology of Religion*, Vol. 61, No. 2, 2000, p. 61。
② 苗月：《韩国天主教十年间增长百分之五十八》，《中国天主教》1998 年第 3 期，第 45 页。
③ 《韩国基督教长老会，通过统计数据看教势……教会 1600 余地有 30 万 6000 余名教徒》，〔韩〕《国民日报》，2013 年 10 月 31 日，http://news.kmib.co.kr/article/view.asp?arcid=0006583491。

统及国会议员等要职。这一时期韩国基督教通过一系列富有成效的组织活动，不仅让韩国民众认识到他们的真实存在，还积极扩大了对韩国政治的影响力，成为韩国政坛的重要力量之一。

  韩国基督教在韩国国内政治影响力的增大，还体现在对韩国政府的外交政策的深刻影响上。这种现象最为明显的时期是李明博执政时期。李明博作为第三位以基督教长老身份当选的韩国总统，其执政时期基督教在政府内影响力达到了历史顶峰，政府内阁16位部长中有9位是基督教徒，当时执政党大国家党170名国会议员中，基督教徒就多达70名。① 基督教势力通过政府内的压倒性优势，也直接或间接地影响了韩国对外政策和关系。例如，2011年韩国政府被迫取消将要计划出台的《伊斯兰债权法》②；以"脱北者问题"向中国政府施压以及在朝鲜核问题和"战时作战指挥权"问题上实行保守右倾化政策等。韩国基督教也通过政府内的声望和地位得到了政府的大力资助。从20世纪90年代以来，韩国体育文化观光部不仅大力扶持国内基督教的相关活动，还提供大量的经费，向海外派遣传教士。在李明博政府执政的2008~2012年，韩国体育文化观光部就以"宗教文化活动资源"的名目向基督教团体资助了19.06亿韩元，其中8.85亿韩元集中拨给了"韩国基督教总联合会"。③ 1989年成立的韩国基督教总联合会是带有明显保守、福音主义性质的教会组织，它也是目前韩国国内最大的基督教联合会。韩国基督教总联合会作为世界福音派联盟（WEA）成员之一，④ 积极主张通过基督教来拯救世人灵魂，并积极履行传播基督教信仰与福音的义务。因此，其成立之初就非常热衷于对朝鲜及第三世界国家的传教活动。

  韩国实现民主化以后，随着韩国基督教参与政治方式的变化，韩国教会与韩国政府关系日益密切，两者相互支持、默契配合，最终成就了韩国海外

---

① 《李明博政府中受重用的基督教》，〔韩〕《NAVER新闻》，2009年4月2日，http：//news.naver.com/main/read.nhn? mode = LSD&mid = sec&sid1 = 100&oid = 033&aid = 0000016318。
② 《抓住石油收入的伊斯兰债权法泡汤》，〔韩〕《每日经济》，2011年2月22日，http：//news.mk.co.kr/newsRead.php? year = 2011&no = 115875。
③ 《文体部，MB政府持5年间续给保守基督教团体提供资金援助》，〔韩〕《民众的声音》，2013年9月30日，https：//www.newsnjoy.or.kr/news/articleView.html? idxno = 195269。
④ 《WEA是什么样的机构》，〔韩〕《国民日报》，2016年2月23日，http：//news.kmib.co.kr/article/view.asp? arcid = 0923437222&code = 23111111&cp = nv。

传教大国地位。20世纪70~80年代韩国在经济上迅速崛起后，为提升国家形象和国际地位，政府把更多的目光投向了文化等国家软实力的发展。而韩国基督教海外传教影响力的扩大正好满足了韩国政府提高韩国声望和地位的需求。韩国基督教也借助政府政策，不仅依靠政府的支持迅速壮大自己，实现传播福音的目标，还为韩国政府的文化输出战略贡献了自身力量。

结　语

20世纪70年代以来，在全球宗教复兴和非世俗化趋势的背景下，韩国在众多基督教新兴国家中脱颖而出，成为仅次于美国的第二大传教国，除了政治因素的影响之外，还有韩国基督教自身发展、韩国经济的腾飞、韩民族性格和民族意识等诸多因素的共同作用。但本文对政治因素进行着重探讨，主要目的在于指出在20世纪90年代韩国基督教对外传教崛起的过程中，其所具有的不可代替的作用。政治因素的这种作用，主要基于韩国基督教长期在韩国独立运动、民主运动中形成的特有的政治地位和影响力。随着全球化时代中对外传教在非传统外交上的价值愈来愈突出，在对外传教问题上韩国政府和韩国教会的需求趋同，两者相互支持、共同努力，造就了韩国世界传教大国的地位。

韩国基督教对外传教在政治因素的作用下，一方面，不仅极大地提高了韩国教会在世界范围内的影响力，而且还扩大了韩国在对外传教地区的实际影响力，从而为韩国与这些国家建立更加紧密的政治经济联系打下了良好的基础。另一方面，政治因素也给韩国对外传教带来诸多考验。例如，在一些伊斯兰国家进行"攻击性传教"问题上韩国政府和教会之间出现分歧。[①] 进入后民主化时代，韩国基督教保守化倾向日益明显，对于政治的参与与影响更多地表现为以保守阵营为主导，以教坛联合组织、非政府组织、宗教政党等形式，在对外传教上则积极推进强硬路线等。这些政治因素又将给韩国对外传教带来何种影响，这是今后需要关注的议题。

---

① 2007年阿富汗塔利班绑架韩国传教士事件发生后，韩国政府通过了新的《护照法》以限制在伊斯兰国家的基督教传教行为，遭到了韩国基督教团体的强烈抗议。参见郭锐《冷战后韩国基督教的保守化倾向及对国家政治的影响》，《世界宗教研究》2014年第4期，第120页。

An Analysis of Political Factors in the Rise of South Korea's Overseas Christianity Mission

Qian Yong   Zhao Yinji

Abstract   In the background of a global reinvigoration of religion and the worldwide trend of de-secularization, since the 1990s, South Korea has stood out of a multitude of countries with a rising Christianity and become a major missionary force standing second only to USA, and has maneuvered a far-reaching influence on the spread of Christianity not only in Asia but also in the whole world. The missionary progress of Christianity in South Korea is by no means scored by chance, but instead is an outcome of a synergy of varied elements. Among them, political factors have played an irreplaceable role in the quantitative and qualitative changes of overseas Christian mission, and led to its final prevalence. Strengths acquired by the political factors are based mainly on the unique political position and power of influence Christianity gradually accumulated in South Korea's Independence Movement and Democratic Movement. In the era of globalization, with an ever more prominent value attached to overseas Christian mission in the sphere of non-traditional diplomacy, the demands from both the Government and the Christianity Church in South Korea converged on overseas missionary activities, led to coalition of the two. Under combined efforts, South Korea has secured its position as a major force of missionary work in the world.

Keywords   Christianity; Republic of Korea; Overseas Missionary Activities; Political Factors

韩国的土著信仰与本土文化潜质初探*

李春虎 吴 纯

【内容提要】 通过考察和分析韩国的土著信仰、仙士文化、共同体意识等本土文化潜质,试图阐释这种"本源性"文化赖以产生的社会条件和具体内涵,以及它与外来文化相互交融中呈现的"内化"特征和嬗变过程,进而揭示这些本土文化潜质在韩民族性格特征和文化传统形成中的具体影响。

【关键词】 韩国 土著信仰 仙士文化 共同体文化

【作者简介】 李春虎,上海外国语大学东方语学院教授、博导;吴纯,上海外国语大学东方语学院博士研究生。

韩国的传统文化深受古代中国的儒、道、佛文化影响。如果忽略韩国本土文化的原型和特点,当初韩国为何能够接受异邦文化、何以兼融并蓄形成特色等问题,恐怕很难触及韩国传统文化的深层内涵。在韩国近代开化时期,一位西方传教士在解释韩国人的宗教行为时曾说出颇耐人寻味的一句话:"韩国人到了朝廷就成为儒者,回家后就随夫人去寺院拜佛,患上不治之症还是去找当地巫婆。"[①] 这种认识和视角非常形象地指出了韩国传统文化固有的某些特质,即本土元素与外来文化交融并举的具有包容性、开放性、民族性特点的文化。因此,本文从本体论角度着重考察和分析韩国

---

* 本文为上海外国语大学导师学术引领计划项目"韩民族本土文化新论"(项目编号:20161028)的阶段性研究成果。

① 〔韩〕韩永愚:《新编韩国历史》,经世院,2014,第29页。

"本源性"文化赖以产生的社会条件和具体内涵,尤其是它与外来文化相互交融中呈现的"内化"特征以及嬗变过程,试图阐明这些"本源性"文化在民族性格特征和文化传统形成过程中的历史影响。

一 天神崇拜与祭天仪礼

韩国的本土文化源于上古时代,成型于朝鲜半岛早期国家诞生时期。在中华文明传入之前,在韩国远古先民观念意识中早已萌发了诸如自然崇拜、图腾崇拜等世界古老国家居民共同拥有的原始信仰,其认识根源就在于早期人类万物有灵的物活论。即认为自然万物皆有灵魂存在,而人类与其存在着某种关联。例如,生活在江原道地区的东濊族有祭虎神的习俗,在古朝鲜的建国神话中把熊作为始祖檀君的母亲,而生活在半岛南部的辰韩人则崇拜鸡神。这与中国史家司马贞在《三皇本纪》中记录的神农氏(炎帝)之母"感神龙而生炎帝,人身牛首"之说,古埃及神话中墓地之神阿纽比斯是豹面人身,古希腊神话中的复仇女神厄尼厄斯背上长翅、头发是蛇、膝间缠着蛇的说法有异曲同工之妙①。

进入氏族社会后,万物有灵论逐渐演化为"祖先神"而形成祖先崇拜。认为"祖先"有永生之"灵魂",可在死后离开肉体继续存在,并时刻关照着子孙后代。这是人们面对死亡的困惑而得出的最早答案,也是各种宗教赖以产生的认识根源。属于韩国父系氏族社会晚期的"支石墓"文化遗存,证明了当时普遍存在崇拜祖先神的事实。从自然崇拜到图腾崇拜,从半人半兽神发展到祖先神崇拜,这说明人在自然界的地位提高了。但是,到了父系氏族社会末期出现部落及其联盟之时,单纯以血缘关系为基础的氏族集团的祖先神,已无法适应以地域和经济关系为基础的部落社会精神需求。迎合这种需要而出现的信仰对象是比祖先神更高、更统一的"唯一神"——天神。

所谓"天神"当时被认为是主宰众神的最神圣的神灵,它能主宰人身的一切吉凶祸福,故而崇拜天神的观念意识又叫作"巫教"(萨满教)。留下较深的"天神"历史印记的韩国文化遗产即"檀君神话"。据有些学者分

---

① 陈荣富:《比较宗教》,中国文化书院,1987,第14页。

析,在神话中出现的"桓因"一词中,"桓"在古韩语中可诠释为"光明"和"天",而"桓因"则具有"唯一神"、"天神"和"光明神"等复合之意,故而认为桓因即为天神①。现今位于江华岛的堑城坛,据传是檀君举行祭天仪式的地方,其祭坛采取了"天圆(○)地方(□)"的形状,而人则用角(△)体现,其寓意在于"神人妙和""天人感应",此乃韩国远古时代的"圆方角文化"②。至于当时对天神的崇拜达到何等地步,可从盛极一时的"祭天仪礼"中得到验证。

据史书记载,东濊人"常用十月节祭天,昼夜饮酒歌舞,名之为舞天,又祭虎以为神"③,辰韩人"常以五月下种讫,祭鬼神,群聚歌舞,饮酒昼夜无休。其舞,数十人俱起相随,踏地低昂,手足相应,节奏有似铎舞。十月农功毕,亦复如之。信鬼神,国邑各立一人主祭天神,名之天君"④。这就是说,当时无论是乞求国家安宁和粮食丰收的祈祷祭,还是庆祝国家喜事或丰收的感谢祭,都把天神当作祭礼对象。这种祭礼显然是天神信仰的"外化"表现,因为先有信仰才会有祭礼,才会建造祭坛、神庙并塑造各种神像。一般来说,主持国家祭天仪礼的神主就是国王,他作为天神的代理人变成主宰国家一切事务的绝对权威。所以,在中国秦以前的文献中,"天神的尊称非皇则帝"⑤。韩国学者则认为,国王即为"萨满",檀君既是韩民族的祖先,也是历史上第一个萨满巫师⑥。

祭天仪礼是天神崇拜最重要的内容。这种原始仪礼具有固定的祭天日期,也有固定的祭天程序,而且它一开始就具有集体性。史书所载的"群聚歌舞饮酒"充分证明这一点。究其原因,可归结为"神政时代"宗教的全民性,体现了"神主"与"群聚"者间的相对平和关系,这与后来的"王政时代"俨然有别。祭礼的集体行为对韩国本土观念意识的形成影响很大,它实际上催生了"人、自然、社会"构成利益共同体的最初朦胧的观念意识,所谓"天人合一"的宇宙观正源于此。那么,为何非要采取看似

---

① 姜云:《韩国风流思想的历史嬗变与价值研究》,香港亚洲出版社,2011,第35页。
② 〔韩〕韩永愚:《新编韩国历史》,经世院,2014,第28页。
③ 《三国志》卷三十《东夷传》,"濊条"。
④ 《三国志》卷三十《东夷传》,"辰韩条"。
⑤ 丁山:《中国古代宗教与神话考》,龙门联合书局,1961,第171页。
⑥ 孟慧英:《韩国萨满教印象》,《当代韩国》2005年第1期,第68页。

杂乱无序的"群聚歌舞饮酒"的祭礼形式呢?①

其实,在远古时期,歌舞一开始并不具有现代人所理解的那种审美价值和娱乐功能,而通常被当作神灵与人间沟通的宗教手段和方式。"歌舞饮酒"的初衷是取悦神灵,即歌舞赛神。而"歌舞饮酒"更使人进入精神恍惚的状态,似乎可以体验"神人交灵"的神秘境界,这种境界正是彼时人们所向往的"天人合一"的意念境界。因此,西方著名舞蹈史家克尔特·萨哈斯也曾指出:"在舞蹈的沉迷之中,人们跨过了现实世界和另一个世界的鸿沟,走向了鬼魔、精灵和上帝的世界。"②

在古代中国,人们同样认知并强调歌舞的情感表现作用,常曰:"诗者,志之所之也,在心为志,发言为诗。情动于中而形于言,言之不足故磋,磋叹之不足故咏歌之,咏歌之不足,不知乎之舞之,足之蹈之也。"从中体验到忘我的超脱境界,这恰恰是古代东方美学所推崇的最高审美境界。这种意念境界亦可在韩国人的语境中寻觅其踪影。例如,"신나다"(神意飞扬)、"신바람나다"(神风掀起)等常用词语,源自古代祭礼中的"神人交灵"的境界,表达了彼时的精神状态。由此很容易产生乐天奔放的一种"兴"(韩语中叫作"흥"或"흥나다"),"兴"的外化表现则为"咏歌"或"舞之",在中国史书中多次出现的"其民喜歌舞,国中邑落,暮夜男女群聚,相就歌戏"等民风记载③,也许能够折射出当时居民生活的某些侧面。

在古代祭天仪礼中萌发的"共同体意识","歌舞赛神"过程中形成的"天人合一""神人交灵"等观念和情感因子,以及崇尚自然、和谐平等、乐天奔放、能歌善舞的民风传承,对韩民族性格特征及其文化传统的形成可谓关系重大。例如,源于"天人合一"宇宙观的"圆、方、角"原始符号,最初只是体现在原始祭坛的结构上,却对后来创制独特的民族文字产生重大

---

① 韩国古代盛行的"群聚歌舞饮酒"祭礼习俗实为罕见。在中国,上古帝王祭天,多以柴祭,"燔柴于泰坛者,谓积薪于坛上,而取玉及牲置柴上燔之,使气达于天也"(《礼记·祭法》)。匈奴人在龙祠拜祭天神(《后汉书·南匈奴传》),突厥人每年五月齐聚"他人水"边,拜祭天神,用马、牛、羊祭祀(《周书·突厥传》)。契丹人与女真人祭天习俗相同,"其制,剜木为盘,如舟状,赤为质,画云鹤文,为架高五六尺,置盘其上,荐食物其中,聚宗族拜之"(《金史·礼志八》)。此外,蒙古族和满族的习俗也大致相同,唯独居住在云南边陲的纳西族在元代留下如下记录:"正月十五日登山祭天,男女动数百,各执其手团旋歌舞以为乐"(李京《云南志略》,"诸夷风俗条")。
② 〔美〕苏珊·朗格:《情感与形式》,中国社会科学出版社,1986,第218页。
③ 《三国志》卷三十《东夷传》,"高句丽条"。

影响①。又如，在祭天仪礼中"歌舞赛神"的意念和形式后来融入韩国传统巫教，演化为"跳神"形态，成为人与神灵沟通的主要方式。在民间，更是以岁末年初盛行的"农乐活动"形式广为流传。即便后来受外来强势文化的冲击，整个社会理念多次反复出现类似"改弦易辙"的情况（如高丽王朝立佛教为国教，朝鲜王朝则把"抑佛扬儒"作为国策），但这并不意味着本土固有文化的中断或消失，它只是缩回到"内化"状态在人们意识深层中流淌，其"古今通理"的合理内核又以"嬗变"的方式演化为独特的民族传统。

直到19世纪近代转型时期，美国传教士荷马·赫尔伯特（Homer Hulbert）在考察当时韩国人的精神追求之后颇感困惑，认为"就整个社会而言，所有的朝鲜人都是儒学主义者，当进行哲学探讨时他们是佛教徒，但当身处麻烦之中时他们又都变成了虔诚的精神崇拜者（本土信仰——笔者注）"②。后来此类印象成为西方传教士的共识，这至少能够证实如下事实：即便在朝鲜王朝末期全盘儒化的社会氛围中，仍有一股本土文化"潜流"在人们意识深层中流淌，成为彼时人们精神生活不可或缺的一部分。其原因就在于，任何一个民族不可能完全脱离其已经形成并意识到的价值尺度去行动，而这正是历史上同属于儒家文化圈的亚洲各民族同时还拥有风格迥异的民风传承之深层原因。

二 "国有玄妙之道"

"国有玄妙之道"是新罗末期著名的儒学家崔致远留唐仕进16年后在故土上的"新发现"③。他12岁（868年）就入唐求学，到18岁一举考中状元，28岁（884年）才衣锦还乡。崔致远长期受儒家传统文化的熏陶，对佛教和道教研究也颇有心得。其文才及出道之境界，唐朝著名文人顾云曾给予很高的评价："十二乘船渡海来，文章感动中华国。十八横行战词苑，

---

① 〔韩〕韩永愚：《新编韩国历史》，经世院，2014，第27页。
② 转引自〔英〕丹尼尔·图德《太极虎韩国：一个不可能的国家》，重庆出版社，2015，第25页。
③ "国有玄妙之道，曰风流。设教之源，备详仙史，实乃包含三教，接化群生。且如入则孝于家，出则忠于国，鲁司寇（孔子）之旨也。处无为之事，行不言之教，周柱史（老子）之宗也。诸恶莫作，诸善奉行，竺乾太子（释迦）之化也。"参见《三国史记》卷第四《新罗本纪第四》，"真兴王条"。

一箭射破金门策。"① 由此看来，他的"新发现"不能等同于朝鲜王朝末期受民族主义影响而出现的许多"标新"之作，而足可视之为站在传统儒者立场所认知和把握的有别于中华文明的本土文化源流。

　　崔致远所感悟到的新罗之"玄妙之道"，即为韩国固有的"风流道"，具体内容记录在《仙史》上。其思想渊源可追溯到韩国古代建国神话、祭礼风俗和巫教传统。诸如对"天神"的信仰，天地人的亲和关系，"神人妙和""天人相契"等观念意识，构成"风流道"思想的"原型"。崔致远把"风流道"的特点解释为"接化众生"，意即凡是有生命的东西都能够被"接化"，这说明"风流道"还具有功能化的教育理念。其教化作用也不单纯局限在政治教化，还包括宗教、伦理、艺术等方面的多功能修养方式。

　　至于"风流道"与"三教"（儒、道、佛）的关系，崔致远认为，"设教之源，备详仙史，实乃包含三教"，意即"风流道"的"原型"就包含了"三教"的诸特点，而不是后来杂糅"三教"的产物。例如，"风流道"对"天一神"的信仰和崇拜，以及重归"天一"的向往，与佛教中的"归一心之源"并无二致。又如，天地人的亲和关系以及"神人妙和"的观念意识与道教中的"天人合一"如出一辙。再如，檀君神话中"弘益人间，在世理化"的理想与儒家的"齐家治国"并无本质区别②。因此，"风流道"自身的本土要素及其包容性特点，不仅使它避免了与外来"三教"的冲突，而且能够与"三教"长期共存交融，使自己变得更加丰满和成熟。此乃本土文化成型过程中的一次"飞跃"或嬗变过程。

　　"风流道"与"三教"相互交融，儒家的"道义规范"起到了提醒人生的意义和价值的作用，道家的精神自由则使人们的生活变得充满浪漫与智慧，而佛教的"佛国净土"又使人们的理想更为具体化、现实化③。"风流道"与"三教"思想精髓的珠联璧合，在外来文化开始大行其道之时，反而唤起了新罗统治者再兴"玄妙之道"的意愿，使它成为新罗完成统一大业过程中的治国方略。史书记载，"王（真兴王）又念欲兴邦国，须先风月道"④，正反映这一事实。在真兴王看来，与其徘徊于外来"三教"间举棋

---

① 《三国史记》卷第四十六《列传第六》，"崔致远条"。
② 姜云：《韩国风流思想的历史嬗变与价值研究》，香港亚洲出版社，2011，第13页。
③ 姜云：《韩国风流思想的历史嬗变与价值研究》，香港亚洲出版社，2011，第67页。
④ 《三国遗事》卷第三《塔象第四》，"弥勒仙花条"。

不定,倒不如再兴"风月道"为上策。这是因为"风流道"凝聚了新罗人共同的内在精神,也是内心共同信奉的信仰所在,所以它会比其他宗教思想更有效。

以"风流道"为理念的社会实践,主要体现在"花郎道"组织及其活动上。"花郎道"就其性质和特点而言,与其说它是"道",不如说它是一种制度、团体或组织。如果从制度层面研究"花郎道",学界一般把"花郎道"称为"花郎制度";如果从团体或组织角度研究"花郎道",则称其为"花郎徒"。"花郎道"作为制度产生的时代正是韩国历史上三国鼎立时期。当时,新罗对外面临高句丽、百济的侵略威胁,对内则面临"骨品制"下不同贵族阶层间的矛盾纷争,这就需要有一个统一的国家理念凝聚民心,还要有一个能够缓和内部矛盾的用人制度作为支撑,"花郎道"制度由此应运而生。

新罗真兴王以本土"风流道"为国家统一理念,再借鉴"风月道"组织模式确立"花郎制度",在科举制度尚未成形的具体条件下①,可谓合乎国情民意的明智选择。特别是在"花郎徒"组织人选上,其核心成员主要选自以真骨为代表的贵族阶层,再吸收平民出身的基本成员作为铺垫,这种制度设计既能保障和协调统治阶级内部的权利分配,又能够使该组织拥有一定的群众基础,从而能够体现国家的根本利益。同时,这个组织又是一个青年团体,选拔成员时又以俊秀的男子为先,欲以此体现风流精神,唤起人们由仰慕到追随的从众心理,使之很容易成为"全民皆兵"的排头兵、完成统一大业之栋梁。历史已经证明,新罗真兴王"欲兴邦国,须先风月道"之主张,在"立"新罗统一之大"业"的过程中功不可没,但在后来"守"统一之大"成"时显得有些乏力,最终于788年被"读书三品出身法"所取代。

"花郎道"的精神核心是完美人格的自我塑造。为此,花郎徒需要经过一番修炼,所谓"或相磨以道义,或相悦以歌乐,游娱山水,无远不至"②,正是其真实写照。通过道义和审美等方面的修身养性,使人能够领悟天、地、人的和谐关系,弘扬上古时代的"和合精神"而成为"弘益人间"的

---

① 新罗迟至788年才开始实行科举制度,主要通过以儒家经史为主要考试内容的"读书三品出身法"来选仕举官。
② 《三国史记》卷第四《新罗本纪第四》,"真兴王条"。

"仙士",这正是"接化众生"的主旨所在。韩国学界把本土文化通称为"仙士文化"(선비문화)正缘于此①。其行为规范就是圆光法师制定的"世俗五戒":"一曰事君以忠,二曰事亲以孝,三曰交友以信,四曰临战无退,五曰杀生有择。"② 即作为臣下要鞠躬尽瘁,忠于国君;对待亲人、长辈要守尽孝之义;交友时还要诚实守信;面对战争时不退缩、奋勇杀敌;但杀生有择,不滥杀无辜。可见,"世俗五戒"之花郎道义,虽出自佛门法师,却融合了儒家忠孝之教,又强调积极的入世精神,而对佛门禁忌却有所不顾,体现了务实的世俗理念,至今在韩国广为传颂。

崔致远正是看到了花郎道这种积极的入世的融合精神,盛赞其曰:"且如入则孝于家,出则忠于国,鲁司寇(孔子)之旨也。处无为之事,行不言之教,周柱史(老子)之宗也。诸恶莫作,诸善奉行,竺乾太子(释迦)之化也。"③ 而"风流道"所特有的这种圆融精妙之处,恰恰揭示了古代韩国人虽然长期处于外来强势文化笼罩之下,却始终能够保持自身文化价值和精神追求的关键链条,即取其精华不失自我,除其不宜却不忘立新的积极进取精神。

三 共同体文化传承

所谓"共同体文化"主要指家族共同体、部落共同体和国家共同体观念和形态。家族共同体是整个社会共同体的基本细胞,当它得到血缘性扩张时就形成亲族共同体,而得到地缘性扩张时就会形成部落、地区乃至国家和民族共同体。当然,这三种共同体间存在着相生共荣的有机联系,但如果所有共同体成员过分执着于某一种共同体形态,整个社会就会失衡而难以保持稳定。

韩国的"共同体文化"赖以产生的土壤是传统的农业社会。在"神政时代",由于生产力发展水平非常有限,人们在变幻无常的自然界面前显得束手无策,自然以更加宽容或包容的心态对待自然界。这反映在社会关系上,就表现为全体社会成员间的相互合作与包容压倒相互竞争和对立关系,

---

① 〔韩〕韩永愚:《新编韩国历史》,经世院,2014,第29页。
② 《三国史记》卷第四十五《列传第五》,"贵山条"。圆光法师早年留学于中国隋朝,600年回到新罗。圆光法师在清道加悉寺时,住在沙梁部的贵山和箒项登门求教人生之戒律。圆光法师考虑到他们并非僧人,于是提出了著名的"世俗五戒",流传至今。
③ 《三国史记》卷第四《新罗本纪第四》,"真兴王条"。

由此也较容易产生比起"自我"更注重"我们"的思维定式。即"合则生，分则亡"的一种"命运共同体"意识。韩国学者认为，在韩国古老的"檀君神话"中首次出现的"弘益人间"理念，正是指古代韩国人所追求的一种"共同体精神"。韩国的远古先民在平时的农耕协作或集体的祭天仪礼中，就开始意识到集体合作精神迸发出的巨大力量，并把它牢牢地刻印在自己的价值坐标上。

毫无疑问，以血缘相联系的亲族纽带是传统社会关系的基础，强调以父族血统为中心的血缘文化就成为家族共同体的社会性依据。其伦理规范的形成无疑受中国儒家文化的影响。即"父子有亲""夫妇有别""长幼有序"，由此形成以父亲、丈夫和长子为中心的纵向家族伦理秩序。其中，占核心地位的是由"父子有亲"派生的所谓"子孝"，即比起"父慈"更强调"子孝"而形成纵向家庭伦理关系的关键链条。"子孝"包括平时遵从父母旨意，尽到奉养父母的义务，死后还要坚持祭祀拜灵。为此，嫡系长子在维持家族血脉纽带过程中的作用显得特别重要，一般被认为是家族共同体赖以维持的核心坐标。

但是，值得一提的是，强调父族血统本身并非儒家文化所独有的，因为韩国也有其本源性父权制社会历史和传统；而中国儒家传统伦理实际上以大家族制为前提，相比之下韩国绝大多数居民因生存条件所限长期处于小家族制下，这在客观上已经约束其如同中国的伦理实践。这反映在封建国家的制度设计上，至少在中国理学东传之前（15世纪以前），体现横向家庭伦理关系的各项规定就显得格外宽松，这是很少被人关注的韩国传统社会特点。例如，在韩国历史上曾长期沿用明显淡化长子继承权的男女均等继承权制度，这显然有悖于儒家伦理纲常。又如，在家庭中丈夫对妻子的支配地位，朝廷虽明文规定"七去之恶"加以维护，但同时又出台了所谓"三不去"原则①。再如，在亲族制度上，重视女方亲属早已形成惯例，把他们也写入父系"族谱"以示尊重。特别是在科举应试资格审定上，须要注明外公姓名

---

① "七去之恶"指丈夫可以休妻的七个条件，一是不恭敬公婆，二是婚后无子，三是患有恶性遗传疾病，四是有通奸行为，五是容易嫉妒他人，六是喜欢非言非语，七是盗窃他人财物。"三不去"指在如下三个条件下不得休妻，一是婚后守孝三年者，二是婚后家境变好者，三是离婚后无处可依者。

及身份，如遇到外公身份地位高于其祖父的情况，就以优者确定门第①，这显然也有违于儒家宗法制的传统原则。

如此看来，韩国家族共同体传统不能简单地等同于中国古代宗法制下的家长制传统，当然也就不能把它片面地归结为受儒家文化影响的产物。事实上，在儒家文化传入之前，整个韩国社会并非无章可依、浑然无序。例如，所谓"君臣之义"，早在"祭天仪礼"中"神主"与"群聚"者间显现雏形，待到新罗"风流道"兴起之时，就把"事君以忠"视为规范。又如，在"檀君神话"中出现的桓因和桓雄父子的故事，似乎也可以作为"父慈子孝"的一个范例。至于男女间的戒律，在古朝鲜的法律"犯禁八条"中早有明示："妇人贞信，不淫辟"②，这距儒家之鼻祖孔子诞生还要早数百年。可见，韩国家族共同体的伦理规范的形成即有本源性伦理基础（如祭拜祖先以驱邪降福、恭敬父母报答养育之恩等），也有外来先进伦理思想的推动，两者的有机结合才赋予其顽强的生命力③。

以地缘为纽带的韩国部落共同体也由来已久。在古代把它叫作"香徒"（향도），到高丽时期则称为"두레"（turae），用汉字则标记为"社"，"두레모임"即为"사회"（society，社会）。据韩国著名史学家李丙焘考证，在韩国"徒"这个概念就源自韩语固有词"두레"，意即具有共同志趣的社会共同体④。新罗的"花郎徒"、高句丽的"皂帛徒"无不采取这种形式。部落共同体的建立初衷为农忙时提供劳动力相助，但遇到丧事或灾情还要群策群力。待到秋收完毕进入农闲之时，就不分男女老少、贵贱之别共同祭拜天神、喜庆丰收、载歌载舞。可见，"두레"平时即为生产共同体，同时又是宗教共同体，甚至还是娱乐共同体，遇到战乱则变成军事共同体。在韩国历史上，每遇外敌入侵就有各地"义兵"蜂起，其根基就在于这种部落共同体。

---

① 〔韩〕韩永愚：《新编韩国历史》，经世院，2014，第40页。
② 《汉书》卷二十八《地理志下》。
③ 其实，新儒学伦理秩序并非完全与韩国本土伦理道德传统相吻合。在朝鲜王朝时期的新儒家伦理秩序中，严格的社会等级观念实际上抑制了从前相对温和平等的人际关系纽带，尤其是把父权制社会男尊女卑观念发展到极致度，朝鲜王朝后期颇为盛行的片面强加于妇女的"三从四德"（三从：未嫁从父、既嫁从夫、夫死从子；四德：妇德、妇言、妇容、妇工）伦理规范便是明证。
④ 〔韩〕李丙焘：《韩国古代社会及其文化》，瑞文文库，1975，第20页。

进入15世纪朝鲜王朝时期,除了"두레"之外又出现被称为"乡约"(향약)的部落共同体。这是当时朝廷把新儒学(程朱理学)尊为"国教"之后,认为从前的"두레"活动不分男女老少、贵贱之别聚众取乐有伤风化而设立的。因此,"乡约"组织特别强调儒家的父权和礼仪,把中国宋代朱熹的"乡约"规范作为其样板①,即"德业相劝,礼俗相交,过失相规,患难相恤"。其组织以男人为中心,制定严格的道德和礼仪规范,违者还要受到惩罚,旨在通过规范乡村共同体组织谋求整个社会稳定。此举显然有悖于长期延续的相对和谐平等的"香徒"文化传统,结果在"契"的名下组织起来的民间经济互助团体,以经济互助为纽带延续了"香徒"文化传统。

"契"作为一种由成员、财产和构成方式组成的民间协同组织具有重要的社会经济地位。朝鲜王朝后期可谓"契"发展的鼎盛时期,主要有如下几种类型的"契":一是以社交为目的的"契",如射契、诗契、乡约契、守信契、同义契、同年契、大同契、司马契等;二是以公共事业为目的的"契",最具有代表性的有洞契或里中契、松契等;三是以相互扶助和保险为目的的"契",如丧布契、连班契、宗契等;四是以产业为目的的"契",如社、牛契、芦田契、船契、金契等;五是以营利为目的的契,如殖利契、取利契、月数契、妇人契等②。此举不仅使乡约的"患难相恤"更有财源保障,而且善接地气、凝聚人心,成为维持和发展部落共同体的内在动力③。

当然,历史上形成的韩国共同体文化并没有只停留在家族或部落的狭小范围内。儒家所倡导的忠孝伦理规范,实际上巧妙地把"国"与"家"联系在一起,使其更具有合理性而容易被大众所接受,成为激励人们尽忠报国的精神动力。因此,在历史上每遇外敌入侵而国难当头之时就有各地"义兵"蜂起,当国家面临经济困境难以自拔之时,也会兴起自发的全民性爱国募捐运动,为国分忧解难。大韩帝国末期曾出现的全民性"国债偿还运动",以及1997年韩国陷入金融危机时自发的国民募捐活动便是很好的例

---

① 中国早期的乡约有北宋陕西蓝田吕氏四兄弟的《吕氏乡约》。高丽末期,朱熹的《朱子增损吕氏乡约》传入韩国。1398年朝鲜王朝太祖李成桂(1335~1408)在其故乡咸兴地区编制并实行"乡宪41条",被看作韩国实行中国乡约的开端。
② 详见〔韩〕《经济学大辞典》,博英社,1984,第143~145页。
③ 如今,在韩国以"契"的名义组织起来的民间经济互助团体遍布全国城乡,尽管其成员已相对局限于城市家庭妇女和乡下农民,但其互敬互爱、互信互助的初衷并没有变。如此古今相传、经久不衰的共同体组织形式实属罕见。

证。这种比起"自我"更注重"我们"的思维定式,虽源自古老的原始共同体意识,但它与儒家伦理圆融妙合之后便升华为一种超越自我的"国家共同体"意识,至今仍然成为凝聚民心、弘扬爱国主义精神的内在动力。

结　语

以上从本体论的角度粗略地考察了韩国的土著信仰和本土文化潜质的形成及其历史影响。不言而喻,文中指出的诸如崇尚自然、和谐平等、乐天奔放、能歌善舞等韩民族性格特征,以及"仙士文化""共同体精神"等本源性文化传承,很难与严格遵循社会等级制、宗法制传统的儒家社会规范联系在一起。这就不能不考虑在本土文化土壤中业已萌发成型的固有文化潜质,以及它在与外来文化相互交融中呈现的具体特征及发挥的客观影响。其意义绝不限于通过发掘此类本源性文化使我们的研究更贴近韩国历史原貌,更重要的是非常有助于深入了解当今韩国及其民族特性,更好地通过历史启迪现实。

An Approach to the Indigenous Beliefs and Potential Characters of the Native Culture of South Korea

Li Chunhu, Wu Chun

Abstract　This paper elucidates the social conditions and the detailed contents of the "original" culture, and demonstrates the nationalization and transformation features during its exchanging and integrating processes with other cultures by reviewing and analyzing the potential characters of native culture in South Korea, such as the indigenous beliefs, the Sunbi culture, the consciousness as a community and the like. The respective impacts of the potential characters above-mentioned on the evolution of Korean national character and cultural traditions are then further revealed.

Keywords　South Korean History; Indigenous Belief; Sunbi Culture; Community Culture

经济与社会

韩国公民教育的历史溯源*

梁荣华

【内容提要】 韩国作为典型的东方国家,其公民教育普遍被认为起步较晚。韩国在推进公民教育发展的过程中,除了借鉴发达国家的经验和顺应世界公民教育改革的基本思路,还格外重视与历史传统的融合。因此,基于公民教育的历史起点、传统社会的公民教育遗产和战后公民教育发展依托的主要路线三个关键问题,对韩国公民教育做历史溯源性研究,能够为认识和理解当前韩国公民教育的状况与面临的挑战以及预测未来韩国公民教育的发展方向提供指导。

【关键词】 韩国 公民教育 儒家思想 民主化

【作者简介】 梁荣华,教育学博士,东北师范大学国际与比较教育研究所副教授、硕士生导师。

引 言

现代意义上的公民教育[①]起源于西方,作为典型的东方国家,韩国[②]在

---

* 本文为吉林省教育科学"十二五"规划一般规划课题"民主化进程中的韩国公民教育研究"(项目编号:GH12002)成果;本文得到东北师范大学教育学部"元晖青年教师成长计划"资助。
① 现代意义上的公民教育,可以看成为民族国家这一社会-政治共同体培养合格成员的一种教育。公民教育的主要目标是培养公民在民主与法治的框架内参与社会政治生活所需的基本素质,主要内容包括与公民作为法定的权利和义务主体相关的政治、法律、道德等方面的教育。参见饶从满《论公民教育中应该处理好的两个基本关系》,《外国教育研究》2011年第8期,第44页。现有国内外研究成果对公民教育的基本概念已经进行了充分的讨论,本文取其通常意义上的理解,在此不再进行辨析和赘述。
② 为行文方便,本文不对"韩国"和南北分裂前的朝鲜半岛进行严格的称谓区分。

历史发展过程中存在重视道德教育、轻视公民教育的倾向。韩国学界的主流观点认为，在1945年解放前，韩国不存在现代意义上的公民教育。在此基础上，有观点进一步明确提出，韩国现代意义上的公民教育始于1946年美军政时期的"社会生活科"，主要参照美国的"Social Studies"课程。① 对此，国内也有相关研究给予了认同和支持，"在韩国的历史上，公民乃是一个现代概念……漫长的封建社会中，建立在人身依附关系上的社会结构决定了不可能有公民存在；日本殖民统治下，沦为亡国者和被统治者的韩国（朝鲜）人，更不容奢谈公民的身份"②。因而，关于韩国公民教育的研究多以美军政时期或韩国正式建国为历史起点。对于这种主流观点，韩国国内有学者提出了异议，认为可以并应当从更久远的历史中探寻公民教育的踪迹。

公民教育同国家和社会的历史变迁关系密切，双向互动。如果想对当前韩国的公民教育有更深入的理解和把握，对其公民教育的独特性和特殊意义有更切实的了解和体会，必须穿梭历史时空，尝试对韩国的公民教育追本溯源。因此，从更久远的历史发展中寻找公民教育的踪迹，对于厘清韩国公民教育的历史性源头和现代韩国公民教育发展的依托路线至关重要。基于此，本研究力图明晰三个具体问题：一是如何确定韩国公民教育的历史起点？二是漫长的传统社会对韩国现代公民教育发展产生了怎样的影响？三是战后韩国公民教育发展依托的主要路线是什么？期待通过对以上三个问题的探讨，达成对韩国公民教育进行历史溯源性研究的目的。

一 关于韩国公民教育历史起点的争论

公民社会作为公民教育赖以生存的土壤，在更久远的历史发展中是否存在公民社会成为追溯公民教育源头的途径之一。20世纪90年代以来，韩国国内围绕"朝鲜时代是否存在公民社会"这一问题展开了一系列讨论。其中，西江大学社会学系赵惠仁教授是支持"朝鲜时代存在公民社会"的代

---

① 신두철·허영식，『민주시민교육의 정석』，서울：오름，2010，p.45.
② 洪明：《试析社会转型时期的韩国公民教育》，《外国教育研究》2001年第5期，第6页。

表性学者。赵惠仁的观点认为,"国家权力之下社会是否还存在自律的空间"① 是判定是否存在公民社会的主要依据,因此从政治体制的角度对自己的观点进行了佐证。首先,针对西方将古代朝鲜描绘为以强大的国家力量实施暴力统治的"东方专制主义"(oriental despotism)的观点进行了批判。赵惠仁认为,"东亚漫长历史中的官僚制度的根基是儒家学者的道德努力的制度化","朝鲜的官僚制按照功能进行分化,按照制度发挥相互牵制②的功能",同时,"存在诸如上疏的政治交流机制,发挥制约国家权力的作用",因而"与特定个人的意志相比,贯彻的是儒家集团的道德意志"。③ 赵惠仁还特别关注了朝鲜时代社会层面的"在野士林"(backwoods literati)阶层,指出士林"作为地方社会的精英比官僚得到了更多的尊敬,行使精神权威",其"制度性组织是乡厅④、乡约⑤和书院等",组织和维系"全国性的朋党网络",成为"对国家施加影响的最占优势的重要机制和政治分立体,可以比肩现代政治制度中的政党",同时认为"朋党可视为持有共同理念的志愿结社(voluntary association)"。⑥ 因此,在传统官僚制度下,士林表现出公民社会的自律性。但是,与支持"朝鲜时代存在公民社会"的论调相比,更多的学者持反对或认为有必要继续考证的观点。普遍认为,"朝鲜所谓的公民社会与近代政治概念框架中的(与民主主义紧密相关的)公民社会相去甚远"。⑦

与对朝鲜时代是否存在公民社会的讨论相比,对古代朝鲜"公民"和"公民教育"的探讨多用"臣民(教育)"或"国民(教育)"予以表述。直到19世纪下半叶,朝鲜时代末期的朝鲜半岛被迫向外国开放门户,开始设立近代学校。1886年之后,在外国传教士设立的私立学校中率先开设了类似政治、经济、法律等社会科学领域的科目,并开设了世界史、世界地理

---

① Cho H. I., "The Historical Origin of Civil Society in Korea", *Korea Journal*, Vol. 37, No. 2, 1997, p. 25.
② 关于相互牵制的举例佐证:"比如,三政丞(领议政、左议政和右议政)可以视为朝鲜时代的'议政府',互相牵制,'三司'专门负责监督。"
③ Cho H. I., "The Historical Origin of Civil Society in Korea", *Korea Journal*, Vol. 37, No. 2, 1997, pp. 31 – 32.
④ 朝鲜时代辅佐地方郡县守令的咨询机构。
⑤ 朝鲜时代以劝善惩恶和相辅相助为目的建立的乡村自治规约。
⑥ 조혜인,『공민사회의 동과 서: 개념의 뿌리』,파주: 나남,2009,pp. 140-141.
⑦ 김영민,「조선시대 시민사회론의 재검토」,『한국정치연구』,Vol. 21, No. 3, 2012, p. 5.

等历史与地理科目。由于学校设立者的背景以及日本帝国主义的野蛮干预等原因，朝鲜半岛近代私立学校的社会科主要是关于西方社会的内容。① 但是，在当时的历史背景和传统儒教文化的影响下，近代私立学校社会科的影响甚微，除了外部环境的制约，在传统儒教的立场上，朝鲜半岛对外来宗教也较为抵触，将"天主教"等视为"邪教"加以排斥。② "甲午更张"（1894年）被视为朝鲜近代化的重要历史转折点，预示着"朝鲜与封建秩序的诀别"，成为"朝鲜从'儒教的知识国家'向'世俗的近代国家'转变的契机"，在朝鲜开始萌生近代的个人意志和公民意识。③

甲午更张后，朝鲜进入大韩帝国时期（1897~1910年），在朝鲜王朝最后苟延残喘的阶段，依然未放弃"教育乃国之根本"的观念，颁布"兴学"政策，试图推进"教育自治"和"义务教育"。大韩帝国以兴学政策下官学、私学并举建立国家教育体制的传统为基础，在全国范围内设立官立小学和国立、私立小学，倡导将"儒生的'士气'化作国民的'义气'"，贯彻"培养国民义气以克服国家主权危机"的兴学精神，培育国民的爱国气概。④ 1900年之后，国家财政的恶化导致政府无法继续增加对兴学政策的经费补助，部分学校被迫放弃继续办学。日俄战争后，日本独占朝鲜半岛，随着《乙巳条约》签订，朝鲜半岛进入统监政治时期（1905~1910年），大韩帝国至此名存实亡。

统监政治下，特别是1907年朝鲜高宗退位后，日本帝国主义拒绝实施之前的"义务教育"案，按照自己的需要并冠以教育扩张的美名对大韩帝国时期设立的小学进行改造，作为殖民教育的据点，同时打压私立学校教育。⑤ 1910年8月22日，大韩帝国与日本签订《日韩合并条约》，自此朝鲜半岛彻底沦为日本的殖民地，日本开始了长达35年的殖民统治。在日本殖民统治下，日本对朝鲜半岛的教育进行了全面的殖民化改造，将日本近代的教育理念和制度引入朝鲜半岛。在学校的教育课程中开设了修身科、法制与经济、公民科等科目，客观上成为朝鲜半岛在学校教育中全

---

① 신두철·허영식，『민주시민교육의 정석』，서울：오름，2010，p. 45.
② 〔韩〕柳承国：《韩国的儒教思想》，《孔子研究》1992年第2期，第97页。
③ 송호근，『시민의 탄생：조선의 근대와 공론장의 지각 변동』，서울：민음사，2013，pp. 252-254.
④ 具姬貞，「대한제국기 국민교육의 추진과 굴절」，『역사교육』109，2009，p. 192.
⑤ 具姬貞，「대한제국기 국민교육의 추진과 굴절」，『역사교육』109，2009，pp. 208-209.

面实施公民教育的起点。但是，韩国学界的观点认为，殖民地时期"扭曲的公民教育不利于国民（朝鲜人）形成正确的公民意识"，所谓公民教育不过是"美名之下剥夺了朝鲜人的权利，只强调义务的道德训育"，并非"基于公民生活和培育国民根基的教育"。[①] 因此，基于民族立场和民族情感的考虑，韩国不愿将殖民地时期的公民教育作为韩国公民教育的历史起点。

综上而言，殖民地时期的公民教育作为韩国全面实施现代意义上公民教育的历史起点存在客观合理性，理由如下。第一，1910年之后殖民地朝鲜的教育政策与文化和日本教育的整体变化基本一致。日本将本国的教育结合殖民统治的需要进行改造后移植到朝鲜半岛，学校课程体系亦是如此。虽然公民教育的殖民统治色彩浓厚，但课程体系上修身科、法制与经济、公民科等已经具备了西方国家现代意义上公民教育的基本形态。第二，在承认殖民地公民教育"扭曲"本质的前提下，不能否认当时的公民教育中部分涵盖了人类普遍价值和融合了传统儒家价值的事实。虽然将朝鲜人改造为"日本人"的"日本主义教育"的企图是不容置疑的历史罪行，但性质上仍属于"国家"（日本）概念下的"公民"养成。第三，为了抵抗殖民地文化政策，部分知识分子与大学生潜心研究韩国史和韩国文字，通过夜校、讲演会等方式开展普及韩国文字与扫盲、历史教育等民族文化保护运动，促使民众在一定程度上萌生了基于现代意义上的权利和义务的个人意识。第四，虽然解放后韩国对日本殖民地时期的教育采取了"肃清"政策，但如果想更好地理解韩国的公民教育以及解放后韩国公民教育的发展走向，不能对殖民地时期朝鲜半岛的公民教育避而不谈。

二 传统社会的公民教育遗产

漫长的传统社会留给韩国最重要且影响最为深远的公民教育遗产当属儒家思想。正如韩国高丽大学编写的《朝鲜文化史大系》中对儒家文化的描述那样，"儒家文化在朝鲜盛行了千年，它对朝鲜民族的影响不可低估，它

[①] 안홍선，「식민지시기 중등학교의 '국민성' 양성 교육 연구: 일본어, 수신과, 공민과 교과서 분석을 중심으로」，『한국교육사학』，Vol. 37, No.3, 2015, p. 46.

已扎根于朝鲜民族的思想意识之中了"。① 尽管儒家思想很早②就已传入朝鲜半岛，但在朝鲜漫长的传统社会中，儒家思想并不是从始至终占据着社会文化的统治地位。从三国时代到统一新罗时代、高丽时代的千余年间，朝鲜半岛崇尚佛教精神，佛教也曾是朝鲜半岛的文化核心。特别是高丽时代，儒、佛、道三教并汇，当时朝鲜半岛有关三教的知识和造诣都很深。③ 1392 年，朝鲜王朝推翻高丽王朝，朝鲜半岛进入朝鲜时代后转而崇尚儒家思想，推行"排佛崇儒"的政策，儒家思想开始独占社会文化的统治地位，并成为核心的政治统治理念，一直持续至 1910 年朝鲜时代落幕。

虽然根据史籍记载朝鲜半岛是从朝鲜时代才开始独尊儒术，但儒家思想自传入之后就对朝鲜半岛产生了深刻的影响。三国时代，儒家思想就被应用于国家统治理念，如中国兴起孔孟之学后传入朝鲜半岛的"忠""孝"④ 思想，在三国时代被视为保家卫国的基本伦理，并以忠孝教化百姓。据《三国史记》中"国学"条的记载，三国时代的新罗在设立国学教育弟子时，讲授儒教经典内容。三国时代的儒学思想还以汉代的五经思想为主要内容，集中体现为国家统治理念和花郎精神强调的"世俗五戒"⑤ 被社会广泛接受。高丽时代的儒学则受唐代文学的影响，逐渐不能再以健全的实学为凭借，崇尚浮华而成为"词章儒学"。⑥ 高丽王朝灭亡后，随着朝鲜王朝"排佛崇儒"国策的推行，儒家思想在朝鲜半岛进入全盛时期。

朝鲜时代启幕之初，即向全国百姓颁布了《施政教书》，共十六条，阐明了建立新儒教国家的方针，后迅速被制度化并在之后的《经国大典》中予以法制化。《施政教书》第三条论及教育问题，指出为了培养国家运行所需的文武人才，需整顿教育，特别是要加强中央的国学（成均馆）和地方

---

① 转引自孙君恒《韩国儒家伦理的特点》，《东疆学刊》2003 年第 1 期，第 39 页。
② 儒家思想传入朝鲜半岛的历史分期大致如下：第一，殷末周初，殷灭亡后，随着民族向东迁徙传入的古代思想；第二，秦汉时期传入的孔子的六经思想；第三，高丽末期和朝鲜王朝初期传入的朱子思想，作为宋朝性理学代表的朱子学，对近代韩国的学术、文化、思想产生了划时代的影响；第四，朝鲜王朝末期的实学思想。
③〔韩〕柳承国：《韩国对儒教思想的吸收和发展》，《孔子研究》1995 年第 4 期，第 118 页。
④ "忠"是指"对君主或国家"的驯服及其实际行动，"孝"是指保持家族伦理秩序的伦理体系，"忠""孝"本身体现的是浓厚的家族主义，是儒家文化的突出特征。
⑤ 世俗五戒是指忠、孝、信、勇、义，即事君以忠是为"忠"、事亲以孝是为"孝"、交友以信是为"信"、临战无退是为"勇"、杀生有择是为"义"。
⑥〔韩〕柳承国：《韩国对儒教思想的吸收和发展》，《孔子研究》1995 年第 4 期，第 118 页。

的乡校体制。第四条指出,"冠婚丧祭是国家的大法度,由礼曹细致参阅经典仿照古今,确定相应的法令,以厚人伦,以正风俗",阐明了构建道德社会的理想和儒教国家的特性。第六条强调,"应劝导忠臣、孝子、义夫、节妇融入风俗",积极寻找、表彰和启用德行出众的人,追求道德社会的实现。同时,规定中央以成均馆和四学为中心,地方以乡校为中心,作为公共的教育场所强化道德教育;民间在书院、书堂或家庭等学习场所展开道德意识涵养运动。① 因此,尽管朝鲜时代不同时期的教育体制不尽相同,但从建国之初就阐明了建设人伦道德社会的目标,追求儒家理想,建立系统完备的教育制度以营造向学之风气。

朝鲜时代受中国宋明程朱理学的影响,在原始儒学基础上形成的"性理学"在朝鲜半岛取得了长足的发展。性理学强调人性和主体存在性等根本问题,将儒家的"仁义"思想和"忠信孝悌"理念进行了系统化,使其上升至为人处世之道的本性,成为朝鲜半岛性理学的真谛。② 关于性理学的思辨与争论象征着朝鲜时代儒学的发展与成熟,表明朝鲜半岛的政治与社会发展对儒学的依赖程度非常深。朝鲜时代儒学的最大特征是强调纯正的道德性,维系封建统治的正统性。③

朝鲜时代后期(17 世纪前后)曾产生过"实学思想",作为对朝鲜时代前期儒教思想的反思,其基本理论是"生民""为民",认为"利用"与"厚生"比以往的"正德"更为重要。实学思想作为思想体系和学术研究取得了一定的发展,但当时朝鲜王朝社会尊崇传统儒学理论的势力很强大,实学思想未能冲破农本主义的儒教传统思想的束缚,更未被采用为现实的政策。19 世纪下半叶,西方哲学和科技的发展极大地影响了朝鲜半岛,出现了一批既继承儒家文化又具有维新精神的思想家,在朝鲜半岛的维新中发挥了重要作用。④

在整个朝鲜时代的儒学教育过程中,其体系庞杂,博大精深,难以一言

---

① 조남욱,「조선시대 청소년 교육에 관한 연구」,『유교사상문화연구』30, 2007, pp.207-208, 210.
② 孙君恒:《韩国儒家伦理的特点》,《东疆学刊》2003 年第 1 期,第 40 页。
③ 〔韩〕崔英辰:《朝鲜王朝时期儒学思想的基本问题——以性理学和实学思想为中心》,《哲学研究》2006 年第 4 期,第 94 页。
④ 崔志鹰、徐漪:《试论儒教文化对韩国现代化进程的作用》,《上海社会科学院学术季刊》1995 年第 4 期,第 96 页。

以概之，但其核心规范在韩国被归纳为忠孝思想上的"三纲五伦"。三纲是君为臣纲、父为子纲、夫为妻纲，五伦是父子有亲、君臣有义、夫妇有别、长幼有序和朋友有信，除了朋友有信以外，其余都是强调垂直的人际关系的秩序规范。朝鲜时代也非常重视教材的筛选和开发，以提高教育的效果。以朝鲜时代青少年教育为例，使用的教材包括中国的四书五经、《朱子家礼》、《小学》、《孝经》、《性理大全》等，也有朝鲜自己编纂的《入学图说》《三纲行实图》《五伦行实图》《五伦录》《击蒙要诀》，以及儿童教材《童蒙先习》《启蒙篇》等。①

综上，如果对朝鲜传统社会的教育内容进行总结的话，可以概括为："传统社会的教育主要教授以儒家思想为代表的经典，传授在家庭、地区共同体以及国家关系中所需掌握的礼节与德目，培养忠诚于国家，能够很好适应社会生活的人。通过强调纯正的道德性维系儒家社会秩序。"②

漫漫千年的传统社会留给韩国公民教育的遗产，难以用只言片语梳理清晰，但毋庸置疑的是儒家思想最具有代表性。儒家思想自一千多年前传入朝鲜半岛以来，在深刻影响朝鲜半岛的同时，也得到了吸收、消化和实践性加工，受到了再分析、再阐释、扬弃和同化，获得了新的特定意义。儒家思想对韩国的政治、法律和社会制度产生重要影响的同时，也深入社会生活的方方面面，潜移默化地作用于人的行为和价值观念，成为塑造韩国民族性格的重要影响因素。尽管近现代以来，尤其是20世纪80年代中后期以来，民主化浪潮、新自由主义思潮席卷而来，对儒家传统思想和文化的质疑也一度试图撼动其固有的根基。面对一次又一次的质疑和挑战，韩国越来越清醒地认识到，需要扬弃和否定的是传统儒家思想下固化的社会体制、阶层概念和家族式集团主义观念以及无法适应和违背当今社会主流意识的思想和观念，而不是儒家思想本身。儒家思想对韩国公民教育而言，是难得的历史遗产，对整个东亚社会亦是如此。

三　民主化：战后韩国公民教育发展的主要路线

纵观韩国建国后的发展史，也是一部民主化抗争史。韩国建国之初就确

---

① 조남욱,「조선시대 청소년 교육에 관한 연구」,『유교사상문화연구』30, 2007, pp.210-215.
② 신두철・허영식,『민주시민교육의 정석』, 서울: 오름, 2010, p. 45.

立了民主体制的基本政治框架，建立了民主共和制的国家政治秩序，政治制度上采取了美国式的总统制和三权分立制。尽管为韩国自由民主制度的确立奠定了基础，但在建国后相当长的历史时期内，民主化进程非常缓慢和曲折，行政上位的行政与政治一体化体制一度扭曲了民主的本质。

20世纪60年代初至80年代末，韩国用了30年的时间成功实现了产业的现代化，但政治的民主化直至80年代末才迎来了真正的"春天"，这一历史阶段韩国走的是重产业化、轻民主化的国家发展道路。推动战后韩国经济腾飞的朴正熙总统认为，"当今的亚洲人民更加惧怕的是饥饿和贫穷，而不是极权主义者强加给他们的各种难以忍受的限制，亚洲人首先想获得经济上的平等，然后再建立一个稳定的政治结构。在亚洲还没有具备政治民主所必需的经济状况或基础这类先决条件下，政治民主所需求的人民的真诚支持也不可能得到发展"。①

也有观点认为，传统儒家思想被"不当利用"拖慢了韩国的民主化进程。儒家思想的民本主义、亲和思想、大同精神等积极因素被忽略，权威主义、宗派主义、形式主义等消极因素被放大和强调。这在很大程度上助推了解放后韩国的独裁政治和权威主义政治，也在民主主义的政治文化中催生了诸如默从和追随强大势力、政治冷漠、家族中心主义等态度。在此基础上，进而滋生了权威主义行为方式的土壤，不仅形成了家族和地区社会的阶层结构，也招致了政治体制本身的权威主义。②

尽管韩国建国后直至20世纪80年代末的历代政权在执政过程中都不同程度地阻碍了民主化的进程，但随着国家现代化进程中民主主义政治文化的不断扩张和民主势力的不断壮大，民主化潮流不可阻挡。在韩国的民主化进程中，以普通民众和在野团体为代表的"民主化势力"从未放弃过斗争，为韩国的民主化做出了不懈的努力。从这段历史时期内历代政权的交替，包括李承晚被迫下台、朴正熙被刺杀、全斗焕被迫修宪实施"总统单任制"和重新执行"总统直选制"都与民主化势力的斗争关系紧密，但值得注意的是政权的交替不过是从一个权威主义政权移交至另一个权威主义政权。在关键的历史节点上，民主化势力未能为国家的民主化制度建设发挥持续作

---

① 〔韩〕朴正熙：《我们国家的道路》，陈琦伟等译，华夏出版社，1988，第158页。
② 김운태，『정치학원론』，서울：박영사，1994，pp.160-172.

用，而是表现为习惯性迷失方向，暴露了当时韩国公民社会的不成熟性和公民教育的缺失。

在相当长的一段历史时期内，韩国的执政势力为了维系政权，无视民主程序，统制国民。为实现政权的合理化，动员舆论、学校和权力机构，灌输新的统治意识形态。对于经济增长带来的社会结构变化和意识结构变化所导致的社会矛盾与对立，尽可能地压制。学校和其他公共机构、社会团体中的公民教育异化为某种精神教育。特别是学校的公民教育完全遵照文教部制定的内容予以开展，抑制了学生在思维和行动上的自主性。公民教育特别强调国家安保教育、冷战教育和统一教育，包括大学的国民伦理、公务员与成人的职业教育等都是在特定的框架内单向开展。①

如果对韩国建国后至20世纪80年代末公民教育与民主化的关系进行梳理，至少表现出以下两个特征。一是公民教育强调观念上的民主主义，即公民教育更多的是在学校和社会介绍和说明民主主义基本原理，停留在从理论层面对民主主义进行一定了解的层次，应用于实际生活的实践性训练不足或刻意回避公民教育的实践性训练。二是利用公民教育灌输改造后的民主主义，顺应执政者实现政权合理化和国家发展的需要。从李承晚执政时期的"民族的民主主义"到朴正熙时代的"乡土的民主主义""国民精神教育"，再到全斗焕执政时期"进一步加强国民精神教育"，公民教育将东方的王道政治、韩国的民本传统与西方的民主主义理念进行融合，强调民族主体性和国民精神的培养，体现了明显的国家主义色彩。②

20世纪80年代末，特别是金泳三执政（1993年）以来，韩国迎来民主化蓬勃发展的历史时期，与之前刻意削弱和回避公民教育相反，韩国越来越重视公民教育。从民主化的角度来看，民主政治必须通过有效的民主程序才得以成为可能，但深化民主化改革的韩国发现，民主政治下有效性的缺乏不在于民主程序，而是社会整体对民主程序的训练不足。韩国意识到社会外在的民主主义政治秩序的无序和低效是因为政治意识及行为的缺失，为了确立民主政治的基本秩序，需要对国民个人、社会和政治集团进行意识改革，意识改革的主要途径则是推进公民教育。从培养民族国家这

---

① 김영진, 「한국의 정치문화와 민주시민교육 - 역사적 고찰」, 『한국민주시민교육학회보』 2, 1997, p. 200.
② 전득주, 『현대 민주시민교육론』, 서울: 평민사, 1992, p. 235.

一社会共同体合格成员的角度来看，传统民族国家概念框架下的公民教育面临着全球化、信息化、多元文化的挑战，公民教育担负着非同寻常的新时代的历史使命。

另外，从对公民教育的称谓来看，战后韩国将公民教育称为"民主市民教育"（Democratic Citizenship Education 或 Democratic Civic Education）。从韩国对这一概念的解读及其英文释义上来看，与公民教育并无本质区别，但这一称谓在韩国是经过长期争论后确定的学术用语。① 对公民教育"民主"属性的特别强调，是韩国公民教育的特点，也明确揭示了民主化进程是战后韩国公民教育发展依托的主要路线。解放后韩国的公民教育从一开始就与民主化有着千丝万缕的联系，随着民主化进程的推动，政府对待公民教育的态度从消极和回避变得越来越积极与主动。公民教育与韩国的民主化进程相伴相生、相辅相成，尤其是20世纪80年代以来，践行民主主义理念和推动民主化进程对发展公民教育提出了要求，公民教育的发展也推动了韩国的民主化进程。

结　语

未来韩国公民教育发展需要应对的关键性问题或者说韩国推进公民教育发展的特殊意义至少体现在以下三个方面。第一，面对国家分裂的局面，需要利用公民教育的途径实施统一教育并灌输基于本国立场的民族观和历史观，为统一做准备。第二，缓解社会的多元化、个人主义化和集体利己主义化引发的社会矛盾。社会阶层分裂与多元文化家庭正在成为韩国日益严重的社会问题，高速的产业化与全球化引发了新自由主义市场经济的消极影响，个人主义和利己主义、地域主义和集体主义的膨胀导致了社会共同体意识的缺失。韩国需要通过发展公民教育，继承传统社会的公民教育遗产，建设更加成熟的公民社会。第三，继续依托民主化路线，应对民主化社会要求的不断增加和地方自治制度的持续深化。韩国近代民主主义根基薄弱，缺少民意表达的制度和传统，国民的民主经验匮乏，民主参与能力低下。同时，随着地方分权化的深入推进与闲

---

① 目前在韩国教育学术信息院提供的"学术研究信息服务"（RISS）网中可以搜索到的最早使用"民主市民教育"来指称公民教育的研究论文是在1969年。具体请参考李荣德，「社會科教育과 國民教育憲章 및 民主市民教育」，『사회과교육』4, 1969, pp.12-14.

暇社会的到来，社会各领域的公民社会运动越来越活跃，也对公民教育提出了新的要求。通过公民教育的历史起点、传统社会的公民教育遗产和战后公民教育发展的依托路线对韩国公民教育开展的历史溯源性研究，能够为理解当前韩国公民教育的状况和预测未来韩国公民教育的发展方向提供指导。

The Historical Origin of Citizenship Education in South Korea

Liang Ronghua

Abstract As a typical Eastern country, South Korea is generally presumed to start late in the development of citizenship education. In the process of promoting the development of citizenship education, on the one hand, South Korea learn from the experience of developed countries and conform to the basic trend of citizenship education reform around the world, on the other hand, pay special attention to the integration with the historical tradition. Therefore, the paper makes a historical research on citizenship education in South Korea, based on three key issues: first, the historical starting point of citizenship education; second, the citizenship education heritage of traditional social; third, the main route of the development of citizenship education after WWII. So as to provide guidance for understanding the current situation and predicting the future development direction of citizenship education in South Korea.

Keywords South Korea; Citizenship Education; Confucianism; Democratization

韩国著作权法新近修订的主要内容及其启示

马忠法 孟爱华

【内容提要】 韩国著作权法自制定以来根据国内发展需要和国际环境变化适时做过多次修改,最近几次重大修改首先是形式上将计算机软件保护法合并至著作权法中。内容方面的主要变化有:强调著作权法的宗旨是促进文化及相关产业的发展,延长著作权保护期限,赋予广播电视组织者表演权,规范网络服务提供商的责任及限制,强化技术保护措施及进一步明确合理使用的例外规定等。经过修改,韩国著作权法在促进国内文化及其他产业的发展方面发挥了积极作用。韩国的经验对中国目前正在进行的第三次著作权法修改有一定的借鉴意义,我们应根据技术和社会发展的情况适时修改著作权法,突出其服务于文化及相关产业发展的宗旨,以使其符合当下经济、社会发展需求;具体内容方面,突出的两点是:可以将《计算机软件保护条例》规定的内容经过提炼、简约和升华融入著作权法中,同时把网络服务提供商可以依据其提供的服务内容划分为不同类型,然后在此基础上追究相关法律责任。

【关键词】 韩国 著作权法 文化产业

【作者简介】 马忠法,法学博士,复旦大学法学院教授、博士生导师,研究方向为国际贸易中的知识产权法;孟爱华,韩国首尔大学法学院在读博士生,研究方向为知识产权法。

引 言

因韩剧《来自星星的你》热播而掀起的韩式啤酒、炸鸡风还很强劲,

《太阳的后裔》又凭借唯美浪漫的爱情故事，以不可阻挡之势"俘获"万千中国观众的心。韩国文化产业自20世纪末开始兴盛，至今已有10多年，依然保持增长势头。韩国在文化产业领域取得如此成就，除了得益于韩国作为信息技术强国，将先进的网络信息技术和韩流内容结合产生的综合效果外，也与韩国近些年来随着经济发展和社会文化环境的变化适时地修订《著作权法》不无关联。

韩国现行著作权法于1957年1月28日制定，截至2016年5月年共修订24次。① 当然，在24次修订中包括其他法律修订时涉及的著作权问题②，著作权法本身在条文内容、结构等方面的修订实际上有16次。

最近几年随着数字技术的发展所带来的作品传播使用环境的变化及著作权国际保护的需要，韩国国会对著作权法进行了幅度较大的修订。特别是2008年政府机构调整，之前主管计算机软件保护的韩国信息通信部合并至文化体育观光部后，为了维持著作权保护政策的制定与执行等的一贯性和效率性，韩国文化体育观光部及几名国会议员提交议案，提出应将原先与著作权法分立的计算机软件保护特别法统合至著作权法中。该法案通过后于2009年4月公布，同年7月23日开始施行。当然，此次修订不只是将计算机软件保护法与著作权法统合于一体，还将原先各自的主管机关即著作权委员会与计算机软件保护委员会合并为韩国著作权委员会。此外，为了制止网上非法复制等，也制定了一系列措施。此后，结合韩国对外贸易的发展、履行韩欧及韩美之间签署并生效的自由贸易协定（FTA）中著作权保护方面的承诺，韩国分别于2011年6月、2011年12月③及2016年3月专门对著作权法中的相关法条进行了修订。这几次修订的内容主要包括：延长著作权、著作邻接权的保护期限（自然人作品的财产权保护期由原来的生平及死后50年延长至70年，职务作品、电影作品等的保护期延长至发布之日起70年）、赋予广播电视组织者表演权、对网络服务提供商进行了四种分类，并详细列举了它们的免责要件，以及强化技术保护措施及设定例外，引进美国式的概括性判断标准的合理使用制度、著作权侵权的法定损害赔偿制度及由政府出

---

① *Introduction to the Korean Copyright system*, https：//www.copyright.or.kr/eng/doc/copyright law_pdf/Introduction + to + the + Korean + Copyright + system.pdf, pp. 20 – 22.
② 涉及著作权规范的其他法律的修订有8次。
③ 2011年12月的修订法案于2012年3月15日起施行。

资建立"著作权保护院",院长由文化体育观光部长官任命。此外,由于韩国听觉障碍者人数已达到 26 万名,但一直以来著作权法中仅规定了视觉障碍人如何接触和使用作品,缺乏针对听觉障碍人的相关规定,2013 年 7 月,韩国对著作权法进行第 13 次修订时,加入了听觉障碍人如何合法地接触和使用已发表作品的规定。①

本文将着重对在计算机软件保护法与著作权法的统合过程中加以修订和直接纳入的条款及网络服务提供商的责任认定、技术保护措施的强化与例外等进行介绍、评析,以为中国相关著作权制度的完善提供借鉴。

一 韩国著作权法修改的主要内容

韩国著作权法修改频繁,涉及的内容众多,本文仅就其修改最为突出的三点做出分析,以为中国相应方面法律法规的修改提供参考。

(一) 韩国著作权法与计算机软件保护法的融合

1. 韩国计算机软件保护法的沿革②

在韩国,有关计算机软件保护的立法自 1976 年就被提上日程,之后 1984 年韩国文化教育部拟定著作权法修订案,1985 年 10 月韩国文化教育部、科学技术处、商工部及外交部等举行联合会议,决定对计算机软件以单独立法的形式来保护,相关业务由科学技术处主管。1986 年,经过 20 多天的听证会后,国会通过了由 6 章、37 个条文和 2 个附则构成的计算机软件保护法,并于当年 12 月 31 日公布并施行。此后,根据国内外计算机软件产业形势的发展变化,韩国对计算机软件保护法进行了七次修改。每次修改的主要内容概述如下。

---

① 该次新修订法案于 2013 年 10 月 17 日起施行。
② 该部分参阅韩国法制处国家法律信息中心整理公布的"计算机软件保护法"的历史法条。值得一提的是,由政府部门将新旧法条做一整理并标注何年、哪些条款被修订或废止,会给相关研究者查找对比历史法条提供极大便利,中国也不妨在此方面做一借鉴。参见《计算机软件保护法》,http://www.law.go.kr/LSW/lsSc.do?menuId = 0&p1 = &subMenu = 2&searchName = LicHstLs%2C1&query = %EC%BB%B4%ED%93%A8%ED%84%B0%ED%94%84%EB%A1%9C%EA%B7%B8%EB%9E%A8%EB%B3%B4%ED%98%B8%EB%B2%95&x = 27&y = 13#liBgcolor5。

(1) 1994 年的修订

该次修订设立了软件出租权①，扩大了认定侵权的范围，规定明知是非法软件复制品还获取并在计算机中进行业务上的使用，也被视为侵犯该软件著作权。② 这一修订将侵权人扩张至软件程序的使用人（当然也包括个人消费者），加大了保护力度，但实施起来难度较大，特别是针对个人消费者的使用及相关的举证等。该次修订还将软件审议委员会改为软件审议调解委员会，并引进解决软件争议的事前调解制度。③

(2) 1995 年的修订

为履行世界贸易组织（WTO）框架下的《与贸易有关的知识产权协议》（TRIPS 协议）的义务，该次修订主要对软件保护期间做了调整，使计算机软件的保护期限与 TRIPS 协议规定的期限一致；④ 同时也拓展了保护范围，将未经许可通过电信网络传播或发布软件的行为规定为侵犯软件著作权行为，并予以处罚。⑤ 此外，在限制软件著作权权利情形方面，除了已有的"裁判上的需要、教育目的及家庭内部的非营利的使用或复制"外，又添加了"在教育机构中实施的学校入学考试等非营利性的知识和技能的考试或鉴定，可以使用或复制已经发表的软件"。⑥ 该次修订在扩大保护范围的同时，也将"合理使用"进行了适度的扩大。

(3) 1998 年的修订

考虑到互联网逐渐成为信息社会的主要媒介及计算机在其中所发挥的作用，该次修订新设了软件传送权，⑦ 并规定在教学用的教材中刊载软件程序的，应支付补偿金。⑧

(4) 2000 年的修订

该次修订为了加强对软件著作权人的权利保护，设立了新规定，禁止破

---

① 1994 年《计算机软件保护法》第 6 条第 2 款。
② 1994 年《计算机软件保护法》第 26 条。
③ 1994 年《计算机软件保护法》第 29 条。
④ 1995 年《计算机软件保护法》第 8 条第 3 款规定了软件的保护期间，即由原来的"开发完成之日起的 50 年"改为"发表之后的下一年起的 50 年"。
⑤ 1995 年《计算机软件保护法》第 26 条第 3 款。
⑥ 1995 年《计算机软件保护法》第 12 条。
⑦ 1998 年《计算机软件保护法》第 2 条第 9 款，第 26 条第 3 款，第 34 条第 1 款第 1 项。
⑧ 1998 年《计算机软件保护法》第 12 条第 2 款。

坏和避开为防止非法复制而设置的技术保护措施①；同时，为了激励软件技术开发和推动更多的创新，修订后的法律允许以研究为目的对他人软件进行反向工程活动。② 这一修订从某种意义上说，对计算机软件业的发展，能够产生积极作用，为后来韩国的开源软件开发和共享经济的发展创造了一定的条件。

(5) 2001年的修订

受欧盟相关法规的影响，该次修订就允许对软件程序进行反向工程活动的要件做了细化规定，即独立创作的软件程序和其他程序互换时，为了获得必要的信息而复制或转换程序的，允许进行反向工程活动。但只限于合法权利人无法获得或者不可能获得互换所必要的信息时，且仅可以对互换所需部分进行反向工程。而且，由逆向分析所得信息不得用于互换以外的目的或为第三者提供，以及不得利用其来开发、制作、销售实质类似的软件或侵害其他软件著作权。③ 另外，为了更充分地履行WIPO版权条约，该次修订规定禁止为破坏技术保护措施而提供技术帮助的行为。④

(6) 2002年的修订

韩国著作权法规定，"在著作财产权全部转让的情况下，如果没有特别规定，演绎权不视为一并转让"⑤。一般认为，著作权法是一般法，而计算机软件保护法是特别法；在计算机软件保护法没有特别规定的情形下，都应适用著作权法。⑥ 因此，对软件著作权全部转让时，软件改编权是否随之一并转让这一问题，因计算机软件保护法无明文规定，故应依著作权法来执行。然而，和一般作品不同，软件著作权转让后，以该软件为基础来对其功能加以改善并制造出更优化的产品是软件产业的最大特征。若不考虑产业上的差异，将软件与一般作品等同对待，忽视软件作品的特殊性，会影响产业的发展。鉴于此，在2002年计算机软件保护法修订时，新设了"软件著作

---

① 2000年《计算机软件保护法》第30条。
② 2000年《计算机软件保护法》第12条第6款。
③ 2001年《计算机软件保护法》第12条第2款。
④ 2001年《计算机软件保护法》第30条。
⑤ 2002年《著作权法》第41条第2款。
⑥ 在2002年《计算机软件保护法》第45条也有规定，即计算机软件保护法中未规定的有关软件程序保护，若著作权法中有相关规定的，依该规定。

权全部转让的，若无特别约定，则视为改编权一并转让"①。另外，虽然为了让投资者收回投资成本，使软件的传播更加顺畅，之前即规定了软件"排他性发行权"②（与著作权法上的"出版权"概念相对应）。但此权利在现行解释上，也仅具有复制、发行的意义，随着互联网的大众化普及，其成为传播和发布信息的主要流通手段，为了使软件传播更加顺畅，有建议称，不该将此权利仅限定于有形的方法，也有必要将通过网络的传播包括进来③。故在计算机软件保护法第16条中加入了软件作者享有"独占性复制传送权"。另外，也引进网络服务提供商的责任减免制度④及解决软件争议的斡旋制度⑤。此次修订幅度较大、内容较多，对计算机产业发展而言，是一次非常重要的修订。

（7）2006年的修订

该次修订是计算机软件保护法作为单行法的最后一次修订。为了切实制止网上发生的侵权，该次修订规定，发现网上传播非法复制品时，信息通信部长官可向网络服务提供商发出更正指令⑥。将软件审议调解委员会的名称改为"计算机软件保护委员会"，赋予其可以向网络服务提供商下达删除网上非法软件程序等指令的权力，强化了其职能⑦。

从以上列举可以看出，韩国计算机软件保护法修订十分频繁，可以说是"与时俱进"。随着计算机产业发展的变化，适时、适当地进行了修改，既充分保护了有关权利人的利益，又兼顾公共利益的平衡；既满足国内发展需要，又迎合国际上的需求。但其修改的一个主线是始终围绕计算机产业发展的状况而及时做出调整，显示其立法修改围绕产业发展而展开。不难理解，韩国的软件产业和以软件为基础的动漫及其他形式的文化产业能够飞速发展，其背后不断修订的软件保护法做出了较大贡献。

2. 两法融合的必要性

韩国1986年将计算机软件保护法独立于著作权法制定，是因当时考虑

---

① 2002年《计算机软件保护法》第15条。
② 对其可以转让或设立质权。
③ 韩国著作权委员会：《韩国著作权法50年史》，2007，第190页。
④ 2002年《计算机软件保护法》第34条第3款。
⑤ 2002年《计算机软件保护法》第26条第4款及36条第2款。
⑥ 2006年《计算机软件保护法》第34条第3款。
⑦ 2006年《计算机软件保护法》第35条。

到软件具有信息技术相关的特性,没有必要将其与利害关系错综复杂的著作权列在一起进行保护。而且,当时产业界对单独立法保护的呼声也较高①。但近年来,随着互联网技术的发展,作品数字化成为趋势,文学、音乐等的一般著作权与计算机软件著作权的界限日渐模糊,继续保持二元体制的保护模式,势必带来一定混乱,故为了保持法律政策的一贯性,有人提出将计算机软件保护法统一于著作权法下。在李明博政府成立之初即开始国家行政机构的重编和整合,2008年主管计算机软件保护业务的韩国信息通信部被合并至文化体育观光部后,两法融合不可避免。

将计算机软件保护法纳入著作权法意义重大,这既在逻辑体系上将本质一致的客体纳入同样一部法律中,维护法律内在统一,又使计算机软件及著作权的立法宗旨进入一个较高的水平。除了著作权法的其他规定有些可以直接适用于计算机软件保护之外,计算机软件保护法的宗旨也促进了著作权法的宗旨的变化,二法合一后更加突出了著作权法服务于"产业发展"的宗旨。

3. 著作权法中体现计算机软件内容的修订条款

一般作品的保护与计算机软件保护若融合于一体,首先需要做的两项工作,一是就软件作品的特性而言,区分哪些是可以直接适用于著作权法规定的,哪些是现行著作权法无法包容的;二是对著作权法无法包容的条款进行修订及补充。下文内容是为将软件保护纳入著作权法中,对著作权法做出的相关修订。

(1) 著作权法宗旨条款的扩张

在气候变化和全球环境问题日渐突出的今天,著作权产业及文化产业在国家经济中占有重要位置,近年来也成为国际贸易领域中的主要热点议题。著作权法一般作为文化基本法,涉及文化产业的基本规范,而计算机软件不仅涉及文化产业,还涉及其他领域。因此,如果把计算机软件保护法融入著作权法中,其宗旨已不再仅是为文化的发展做贡献,相关产业的发展也应被融合进来。② 所以,2009年修订的著作权法规定其宗旨是"保护作者权利以及与之相邻接的权利,并促进作品的合理使用,以为文化及相关产业的提高

---

① 尹宣熙:《修订著作权法研究》,2009,第5页。
② 韩国著作权委员会:《修订著作权法解释》,2009,第19页。

与发展做贡献",① 将之前的"文化产业"改为"文化及相关产业"。这是随着与著作权相关的产业不断发展及其重要性的提高,参照计算机软件保护法的原先规定②而做出的扩张修订。简而言之,2009 年修订时不仅是两法内容的合并,而且是两法立法宗旨的高度契合。

(2) 扩大著作权人的推定范围

韩国修订后的著作权法对推定著作权人做了新规定,③ 将作品无署名时的推定著作权人由原来的"发行者或表演者"扩大为"发行者、表演者或发表者"。此修订是为了适应计算机软件的特点而做出的。因为对计算机软件而言,其不可能用来表演,但可以"发行"、"发表"或"公布",所以应在原规定的基础上添加"发表者"。这样在作品无署名的情况下,发表者也可以被推定为著作权人,扩大了被推定对象的范围。此外,在有关职务作品的规定④中,对计算机软件的特性也做了但书补充,即一般作品以法人等名义发表的,视法人等为作者,而计算机软件则无须"发表"这一要件即可确认作者身份。这是因为若不如此规定,一方面可能会出现软件作品开发过程中职员抽出源代码另行开发后进行发表,回头再控诉法人等侵犯其著作权的情形;另一方面,现实中,将软件程序作为商业秘密,战略上不予公开的情况也很多,在软件著作权归属于职工时,法人等为了取得软件著作权而将开发的所有软件程序予以公开发表,原著作权人将软件程序作为商业秘密的机会利益也就随之丧失了。⑤ 为避免此类不必要的法律纠纷,在该次修订著作权法中进行了上述补充。

(3) 对作品完整权的限制

此前,韩国著作权法在规定作者享有作品完整权⑥的同时,也对此做出了限制,即以教育为目的使用作品的,不得已时,可在一定范围内进行表达

---

① 2009 年修订后的韩国《著作权法》第 1 条。
② 参见韩国《计算机软件保护法》(2006 年修订)第 1 条。
③ 2009 年《著作权法》第 8 条规定,1. 符合下列任何一项者,推定为著作权者:①在作品原件或复印件上以实名或别名署名,而广为传播,以一般形式标识的人;②作品以演出或网络传播形式公开的,以作者的实名或具有知名度的别名标识的人。2. 若无第一款中任何一项作者标识的,则推定发行者、表演者或发表者享有该作品的著作权。
④ 2009 年《著作权法》第 9 条规定,以法人等名义发表的职务作品的作者,若合同或工作规则无特别规定的,法人等视为作者。但计算机软件作品不以发表为要件。
⑤ 韩国著作权委员会:《修订著作权法解释》,2009,第 22 页。
⑥ 韩国称之为"统一性维持权"。

上的变更；在建筑物的增建或改建时的变更，以及除此之外根据作品的性质、利用目的及形态等，在不得已的范围内做出修改或变更的①。2009年修订著作权法在此基础上又加2项，即对只能在特定的计算机内使用的软件，为了使其能在其他计算机中运行，可在必要的范围内做出修改；为使软件在特定的计算机内更有效运行，可在必要范围内对其做出修改或变更②。这样修订，主要是考虑到软件具有随着新硬件的上市及技术的发展需要进行改进或更新的必要。在特定情形下，对作品完整权做出限制，更利于各方当事人正当权益的享有及软件产业的发展。

此外，鉴于计算机软件所具有的与一般作品不同的特性，2009年修订的著作权法还单设特例条款，即软件著作财产权的限制、程序代码反向工程、合法使用者以保存为目的的复制、排他性发行权，以及软件程序的保管等③。不过，这些条款都是将原计算机软件保护法中的条款照搬过来，因之前著作权法中不存在相关规定，也就成为2009年修订著作权法中的新设条款了。

（二）对网络服务提供者免责事由的细化规定

2011年7月1日，韩国与欧盟签署的FTA开始生效。经过4年谈判，韩美FTA于2011年11月经韩国国会通过，并于2012年3月生效。但韩国为履行韩美及韩欧FTA相关条款而对著作权法的修订工作自2008年就开始了④。

对网络服务提供者的责任及免责事由，修订前的韩国著作权法只是笼统地规定，网络服务提供者对因他人利用其提供的服务对作品等的复制、传播侵害著作权及著作权法规定的相关权利时，该网络服务提供者阻止或中断该复制、传送的，可以减轻或免除其责任；在此情形下，若网络服务提供者欲阻止或中断相关非法行为，但因技术上不可能实现的，可以免除该网络服务提供者的责任。⑤

在2011年6月通过的新修订著作权法中，根据网络服务提供者所提供

---

① 2009年著作权法第13条第1款及第2款的第1、2、5项。
② 2009年著作权法第13条第2款的第3、4项。
③ 参见2009年著作权法第101.2款至第101.7款。
④ 学术界对与FTA相关的争议及问题的研究更早。
⑤ 2009年著作权法第102条，参见马忠法、孟爱华《中韩对网络服务商侵权责任规定的比较与启示》，《WTO经济导刊》2012年第5期，第54页。

的服务种类不同，对其责任与免责事由做了细化补充。将网络服务提供者分为四种类型，即单纯提供网络接入（mere conduit）、提供缓存（caching）、提供存储及提供搜索等服务者。并对以上四种网络服务提供者的侵权责任及免责事由做了详细规定。对于第一种只起到"传输管道"作用的网络接入服务提供者，如电信公司等，因其对作品的上传和下载等传播行为起不到控制作用①，而只扮演媒介角色，对相关网络侵权不负有责任。第二种缓存服务提供者要想对相关侵权行为免责，除了具备上述要件外，则还需具备如下要件：对所传播作品不予修改；在只有满足一定条件时才可以接触到作品的情况下，仅对符合条件的使用者提供接触临时保存作品的；遵守作品复制、传播者明示的依据有关业界认可的数据通信规约而针对作品的更新制定的规则的，但复制、传播者以不合理地限制这种保存为目的，而制定的有关更新的规则除外；没有妨碍为获得作品使用信息而在刊载作品的网站上设置的技术措施的适用；接到中断复制传播请求或命令而删除或使人无法接触到相关作品等的。若缓存服务提供者具备以上要件，其对网络上的相关侵权行为便可以不负责任。②对于第三种储存服务提供者来说，其除了具备上述第一种网络接入服务提供者的要件外，还需具备：①在其对相关作品具有控制权限和能力时，其未因侵权行为直接获得经济利益；②在获知相关侵权时，及时中断作品等的复制、传播；③指定并公告专人负责接收中断非法复制和传播请求。③第四种，提供信息搜索服务者，如谷歌、百度等，若想不被追究责任，其与第三种储存服务提供者所需具备的要件基本相同，只是对其无"不选定作品或接收者"的要求。

虽然之前的韩国著作权法对网络服务提供者（OSP）不加区分地规定阻止和中断复制传播的即减免其责任，但2011年修订著作权法时对网络服务提供者做了分类，相应类别的服务商只要满足相关免责要件即免除其侵权责任。这样规定一方面减少了网络服务提供者因法律规定的模糊不确定带来的经营上的风险，另一方面也可以使网络服务提供者对可能发生在自己提供的服务领域内的侵权行为更加积极地进行控制。

---

① 2011年修订著作权法第102条第1款第1、2项。具体指网络接入服务提供者对作品的传播不参与或不选定作品或接收者的情况。
② 以上要件具体在2011年修订著作权法第102条第2款。
③ 2011年修订著作权法第102条第3款。

（三）强化技术措施保护并设合理使用例外

随着网络信息技术的发达，作品数字化更加便捷，作品也就更容易被迅速且广泛地传播，与此同时，被侵权的危险也更高了。为了保护作品，多数国家在作者及利益相关者敦促下在著作权法中设立了保护技术措施的规定。

技术保护措施一般分为两种，一种是为保护著作权而设的（称为"使用控制"，英文为"copy control"或"use control"），另一种是为控制接触而设的（称为"接触控制"，英文为"access control"）[1]。2011年前的韩国著作权法中对第一种使用控制型的技术措施保护已做出规定。对接触控制技术措施，在美国著作权法与欧盟著作权指令中都有规定。而且，与美国签订FTA的国家（包括澳大利亚、智利、新加坡等）的著作权法中都有相关规定，破坏对作品、演出及唱片等设置的接触控制型技术措施者，将被追究民事、刑事责任，从而，通过对技术保护措施的立法，承认了作者的所谓"接触权"。曾有韩国学者认为，韩国作为被认可的信息技术（IT）强国，没有必要对接触控制型技术措施的立法过于拖延，对其设定例外条款即可。[2]

韩国在2011年修订的著作权法中，对技术保护措施的定义做了补充规定，除了"控制使用"之外，增加了"控制接触"的规定，也就是著作权人及其许可人为有效防止或制止他人"接触"相关作品等而设置的技术措施也得到法律的保护[3]。两者的区别在于，使用控制是著作权法赋予作者的为控制作品使用行为（复制、发行、网络传播等）而设立的，如防止复制CD的技术措施。而接触控制则是指为控制接触收录作品的媒介或使用相关作品本身而设置的技术措施。例如，即使可以复制，在非法复制后也使相关作品等无法正常运行的技术措施。规避技术保护措施的行为为法律禁止；不过，在实务中，韩国大法院于2006年就曾做出过相关判决支持保护为控制接触行为所设置的技术措施。[4]

---

[1] 关于接触控制，典型的例子就是在网上若想接触相关网页时，需要输入"用户名"及"密码"的情况。其在一些如保护著作权、交易费用的减免、对作品使用行为的控制等方面起到一定作用，但也会引起信息垄断化、弱化对著作权设定的相关限制性规定、阻碍竞争及创新等问题。

[2] 李大熙：《FTA与数字版权》研究报告，2006，第8页。

[3] 2011年修订著作权法第2条。

[4] 韩国大法院于2006年2月24日宣判的索尼"Play Station Mod Chip"案件。

与此同时，考虑到过度的保护技术措施会使想合理使用作品的公众难以接触到作品，权利过于受限，修订后的著作权法也增设了侵害技术措施的例外条款，即，①加密研究，②未成年人保护，③保护个人识别性信息，④法律执行、情报机关和其他政府活动，⑤为确认图书馆等机构对作品购入与否，⑥反向工程，⑦安全测试，⑧其他以文化体育观光部长官告示决定的情形①。而且，修订后的著作权法第104条第3款中也区分了接触控制和使用控制所适用的上述例外条款，即"接触控制"的例外适用上述①②④⑥⑦⑧项，"使用控制"例外适用上述①②③⑤⑦⑧项。

值得一提的是，以上例外规定与美国的《新千年数字时代版权法案》（DMCA）第1201条规定基本一致。在美国，侵犯技术措施的例外规定并不是依据著作权合理使用法理而制定的，且因其过分缩小了合理使用的范围，概念亦不够明确，而广受诟病。因为这往往会引起一个问题，就是即使规避接触型技术措施的某个行为符合著作权合理使用制度规定，但其若不属于侵犯技术保护措施例外规定，也有可能被认定为违法。长期下去，会阻碍文化产业的发展。可以想到，韩国为履行FTA协议而引进接触型技术措施保护及其例外规定，将来也会面临同样的问题，因此，这也便成了韩国在未来修订法律时需要结合实际，进行再检讨和完善的课题。

此外，2011年韩国修订的著作权法中也明确了规避技术措施的预备行为的范围。就预备行为的范围，它规定任何人在无合法权限时，不得制造、进口、分发、传播、销售、出租相关装置、产品或零部件，或做向公众进行要约、销售或出租的广告，以及以传播为目的的持有、保管，或提供服务等。它还列举了几种情形，例如，以规避技术保护措施为目的的宣传、广告或促销的；除了规避技术保护措施外，其商业目的或用途比较小的；使规避技术保护措施成为可能，或变得容易作为目的的研发、制作、改造的。② 这些都被视为法律所禁止的行为。

二 韩国著作权法修改路径对中国的启示

韩国著作权法完善、修改的路径给我们提供了完善中国著作权法的较多

---

① 2011年修订著作权法第104条2第1款。
② 2011年修订著作权法第104条2第2款。

思考，鉴于其有关技术措施的规定在中国 2014 年著作权法修订送审稿及 2017 年送审稿修改稿中已经有较为详细、完善的规定，① 本文不进行详细探讨，主要就以下三个问题进行分析。

（一）《著作权法》修改应突出服务于文化及相关产业发展的宗旨，与时俱进以适应技术与时代快速发展的需求

现代技术发展日新月异，新型产业不断出现。面对气候变化、环境污染等，无害环境产业无疑在今天有着很强的竞争力。文化及其相关产业就是这种产业中的重要类型。传统文化内容结合适当的技术通过特定形式（如电影、电视、视频、动漫甚至适当的电子游戏等）表现出来，以形成庞大的文化和相关产业，中国有着得天独厚的条件。② 韩国的动漫、网络游戏、影视业在输出韩国文化的同时，也给它带来巨大的商业回报，而这一点与其立法宗旨的修正密切相关。因此，我们需要借鉴有益经验，借助于著作权法的修改和完善来带动中国文化及相关产业的发展，输出中国文化的同时，获得相应的经济利益。

考察韩国著作权法的完善历程，不难发现其明显的特征之一就是始终以服务于文化及相关产业发展为宗旨，为适应瞬息万变的信息社会发展所带来的产业发展需求及提高竞争力，进行频繁修订。韩国的影视行业、动漫产业的发展与其著作权法的修改有着密切联系。当然，法律的修订过程中总会伴随着不同利益阶层的各种诉求和声音，作为曾经处在发展中国家队列的韩国，在加强著作权及相关权利保护的同时，也非常注重对各种权利进行平衡，设立限制性规定，如对计算机软件作品完整权的限制、扩大著作权人的推定范围以及作品全部转让时对软件作品做出的例外规定③等，以平衡产业界与社会公众间的利益关系，最终促进相关产业的发展。

在 2011 年韩国两次著作权法的修订中，我们不难发现欧美国家相关法

---

① 参见《中华人民共和国著作权法修订草案送审稿》（2014 年 6 月），第六十八至七十一条。
② 其实，美国在这方面早已提供了范例，它借助于迪士尼文化形成迪士尼乐园许可模式，在输出美国文化理念的同时，也给其相关权利人和美国带来了巨额的商业利益。
③ 2009 年著作权法第 45 条对计算机软件转让做出了例外规定，即计算机软件在其全部权利转让时，只要无特别约定，视为演绎权一并转让。不过，如上所述，任何政策法规的制定都会伴随赞反两种意见，该规定也曾被相关业界学者称为软件产业发展的"毒药"。金镇衡：《修订著作权法是软件产业发展的毒药》，《信息科学会刊》2009 年第 8 期。

律规定对韩国的影响。这两次修订正是为了履行已经生效的韩欧FTA和韩美FTA中的相关规定而进行的。当然，我们不能将这种看似"复制式"的修订看作无意义的盲从，它在很大程度上源自韩国本身相关产业发展的内在需求。例如，据韩国文化内容振兴院的相关统计，2013年韩国文化内容产业国内卖出额达到91兆2096亿韩元，比前一年增长4.6%。但文化内容出口额高达49亿2310万美元，与2012年相比上升6.8%，且自2009年起至2013年平均年增长17.2%。而与此同时，2013年韩国对其他国家文化内容作品的进口额仅有14亿5173万美元，与2012年相比减少13.3%，且自2009年至2013年以每年减少4.8%的速度，呈逐渐下降趋势。① 由此，可以说，至少在文化产业领域中，韩国正在由一个作品使用国变为作品创造国，其在著作权法中的地位也正逐渐由使用者变为著作者，加之多年前韩国即被认可为信息技术强国，软件领域和相关产业取得的成就有目共睹，这必将为文化产业的发展和传播创造积极条件。引进欧美对作品的强保护规定，虽然并不见得能很快获益，甚至可能还会因为延长著作权保护期限②及新制定的禁止对作品的接触控制行为等规定，使相关产业受到一定影响，但从长远看，从整个FTA签订所能给韩国经济带来的效果来看，其必定是利大于弊的。

相对而言，中国的著作权法修改比较缓慢，难以适应时代和技术发展所带来的需求，在很大程度上依赖于国务院的行政法规、部门规章及最高人民法院的司法解释。这样无形中会影响到著作权法的权威。1990年中国颁布著作权法，2001年在中国入世之前为使自己的著作权法与WTO框架下的TRIPS协议相一致，对著作权法进行了第一次修改。2010年，由于在美国就中国著作权法关于"依法禁止出版、传播的作品不受其保护"之规定向WTO争端解决机构申诉中败诉，中国被迫对著作权法进行了第二次修改（这次修改中也对著作权的质押进行了主动规定，反映了运用著作权的立法要求）。当下，2011年7月启动对著作权法的第三次修改，但由于著作权法

---

① 《2015年韩国文化内容产业白皮书》，韩国文化观光部，2015，第58~64页。
② 2011年韩国的修订著作权法中将著作权保护期限，由"作者终生及死后50年"修改为"作者终生及死后70年"，对著作权延长保护20年。但为了尽量减少那些为演绎创作即将期满的作品而在人力、物力方面都做出极大投入的出版、电影等公司的损失，韩国著作权法附则中规定，延长著作权保护期限的规定将推迟2年，到2013年7月1日才开始施行。

领域不同利益阶层之间存在分歧,修正案尚未通过。韩国著作权法修改频繁与顺畅,有很多地方值得我们思考,其做法值得我们借鉴。韩国"与时俱进"的著作权法修改及时和适宜,应引起我们足够重视。虽然韩国与中国的国情不同,如韩国国土面积、经济贸易量及人口等与中国无法相比,立法程序较中国相对简单等,但中国的著作权法自颁布以来只进行了一次重大修改(2001年的修订,2010年的修改只是微调),其背后实际上是认识和意识问题。实际上,对于一些敏感或涉及意识形态的内容,可以先置于一边,集中规定体现市场发展需求的内容:著作权主要是一种财产权,以"财产权"的视角来完善相应法律,应该是较为顺畅的。现在,国家强调文化软实力的打造及文化产业在国民经济中的战略地位,为著作权法的完善提供了极好的机会;而世界范围内知识经济背景下的竞争及应对气候变化的压力,使文化产业成为各国激烈竞争的新领域,这又构成了修改著作权法的外在要求。为此,我们应使修订后的著作权法既能为国家的未来文化产业发展和软实力的提高打下坚实的基础,又能提高国际竞争力。在具体内容借鉴方面,韩国修改后的著作权法以促进文化和相关产业发展为导向,网络版权的保护及侵权认定的详细规定、技术措施保护和合理使用例外的规定等对中国的著作权法修订均很有启示,我们应通过适当的方式加以采纳。我们可以在著作权法第一条有关立法宗旨方面,突出著作权法服务于中国的文化和相关产业的意图,而目前的修正案表述仍然没有明确和强调产业方面的诉求,其表述是"为保护文学、艺术和科学作品作者的著作权,以及与著作权有关的权益,鼓励有益于社会主义精神文明、物质文明建设的作品的创作和传播,弘扬社会主义核心价值观,促进社会主义文化和科学事业的发展与繁荣,根据宪法制定本法"[①],与现行的规定相比[②],增加了"弘扬社会主义核心价值观",强调了思想领域或精神层面的目标;而经济利益方面的内容涵盖在"文化和科学事业的发展与繁荣"之中。但"文化和科学事业"又过于宏观和笼统,它实际上包括精神、物质等层面的内容,但无法直接体现出产业和经济的意图。考虑到"著作权"毕竟还是一种财产权,我们完全可以直接明确著作权法在促进产业方面的目标追求。

---

① 《中华人民共和国著作权法(修订草案送审稿修改稿)》(2017),第一条。
② 《中华人民共和国著作权法》(2010),第一条。

（二）计算机软件的法律规范应融于著作权法中，以提供其规范的效力等级

知识经济时代，信息技术在一国产业发展中的作用日渐突出，其中计算机软件起到至关重要的作用。为此，我们有必要对计算机软件法律规范的完善进行必要的分析。中国目前主要通过著作权法的一般规定和《计算机软件保护条例》来规范涉及计算机软件的一系列行为，这显然是不够的。作为一种在信息技术时代特别重要的智力成果，其规范完善的意义不言而喻：诸多文化产品或文化创意价值的实现均是通过软件程序来实现的。因此，不论是通过单行法保护，还是将其内容纳入著作权法中，软件保护的立法等级都需要提高。中国现行著作权法（2010）关于软件的直接规定有6条，具体是：第三条所说的"作品"包括计算机软件[1]；第十条规定的著作权权利类型中"出租权"包括以类似摄制电影的方法创作的作品、计算机软件的权利（但计算机软件不是出租的主要标的的除外）[2]；第十六条关于职务作品的规定中，规定了计算机软件被视为职务作品情形下的权利行使等；[3] 第四十七条关于一般侵权的规定；第五十三条关于复制品的出版者、制作者不能证明其出版、制作有合法授权的计算机软件应该承担法律责任；第五十九条关于计算机软件、信息网络传播权的保护办法授权国务院另行规定等。这些规定都是原则性的，与一般著作权作品的相关规定相比，没有突出软件作品的特殊性，显然仅仅依赖这些规定是难以调整软件方面相关行为的。此外，在2008年《国家知识产权战略纲要》颁布之后，知识产权制度的四大功能"创造、运用、保护和管理"也应体现在计算机软件领域，而不能仅仅以"保护"为其法律规范调整的核心甚至唯一内容。随着时代的发展，我们也无须专门制定计算机软件方面的专门法规，可以在修改的著作权法中，参照韩国的做法，将软件方面的规定融于其中，避免立法成本的浪费及在计算机软件制度制定中对其功能片面性的理解。因此，在当下不制定单行的计算机软件方面法律的情况下，应将

---

[1] 《中华人民共和国著作权法》（2010），第三条第八项。
[2] 《中华人民共和国著作权法》（2010），第十条第一款第七项。
[3] 《中华人民共和国著作权法》（2010），第十六条第二款第一项。

有关软件保护的内容体现在著作权法中，以提高规范计算机软件行为的立法等级和效力，同时兼顾中国正在实施的知识产权战略对计算机软件运用的特点和时代需求。具体做法就是对现行《计算机软件保护条例》的内容进行提炼（基于具体规定提炼出核心内容体现于著作权法中）、简约（与一般著作权作品有雷同或相似之处略去，如对于保护期限的规定，与一般著作权作品无异，可以略去）和升华（不需修改的原条例中的内容直接变为著作权法中的条款）。这样将会对计算机软件及相关产业的健康发展产生积极影响。

（三）借鉴韩国做法，以行为主体来界定网络侵权责任和免责事由

韩国的网络服务行业在不少地方走在我们前面，这也是韩国近年来网络文化产业发达的重要原因之一，如其动漫产业带来的利润和市场就与网络服务发达有着密切联系。而网络服务发达必然与其相关的法律法规密切关联，其中作为网络服务行业的主角，其法律责任的明晰界定是保障与平衡其合法利益与作者或版权人和广大用户等合法利益的前提。韩国以前碰到的问题，也是中国现在和将来网络服务行业可能碰到的问题。因此，借鉴韩国一些合理做法，并将其反映到著作权法的修改之中，是有必要和价值的。

韩国2011年著作权法修改的最重要的内容之一是将网络服务商分为四类，并针对不同的类型规定不同的责任免除方法。这不同于中国现行立法和草案中笼统使用"网络服务商"或"网络服务提供商"，然后根据它们的行为来界定不同的责任承担或免除、限制方式。孰优孰劣，要根据不同的情况来界定。但在网络充分发展的今天，经过十多年的积累，网络服务提供商已经由弱变强，不论是经验还是实力都有很大的提升，不同于十年前，现在不少网络服务商已经成为超大型的公司或跨国性企业，相对于用户和著作权人而言，处于强势地位，如果还遵照"避风港"原则和红旗原则，易导致盗版行为的泛滥，显然将著作权人等置于不利地位。因此，中国立法可以对这两个原则进行反思，即使不放弃，也需对其使用进行严格限制。我们认为，在当今条件下，根据行为主体来界定其责任和免责事由比根据主体的行为来界定其责任和免责事由，可能会更为有效和清晰地在保护著作权人和相关用户合法权益时发挥网络服务商的积极作用。如著作权法修订草案送审稿

(2014年6月)第73条规定①的网络服务者提供的"单纯网络技术服务"行为如何界定？如果该服务者不是一个纯技术的服务提供者，就很难界定其单纯的网络技术服务。有人建议，可以将网络服务商分为"网络内容服务提供者"、"网络平台服务提供者"与"网络接入服务提供者"等，对于前者应适用无过错归责原则并承担直接侵权责任，而对于后两者则适用过错归责原则并承担间接侵权责任。②这种观点有一定的合理性，但可能有点简单化，我们还可以深入和细化。为此，在归纳现行法律法规（特别是对《信息网络传播权保护条例》中的有关规定进行提炼和升华）的基础上，我们不妨借鉴一下韩国根据网络服务商的不同类型来规定不同的责任及免责条件。当然对于从事综合性业务的网络服务商（这类服务商应该是极少数），可以依据其行为来界定责任及免责条件。

对于"不承担信息审查义务"这一规定，我们认为不能过于绝对。如果将服务商进行分类，则有些服务商根本不涉及审查方面的事宜，而有些肯定会涉及。而且即使不分类，笼统使用"网络服务提供者"一词，对其也需设定限制条件，比如在前面增加一句"除法律法规另有规定的外"，这样就使该法律规定具有较大的灵活空间，能够与时俱进，在将来出现新的情况后，可以通过新的规定，对这一点给予限制。同时，在该款末还可以加上"但网络服务提供者对于有明显侵权内容的作品等，应有注意义务"。由此该款可以变为"除法律法规另有规定的外，为网络用户提供存储、搜索或者链接等单纯网络技术服务者提供服务或其他网络服务时，不承担与著作权或相关权有关的信息审查义务，但对于有明显侵权内容的作品等，应有注意义务"。对于该条与侵权责任法有些类似但实际上是对后者的补充和完善的

---

① 该条内容如下：网络服务提供者为网络用户提供存储、搜索或者链接等单纯网络技术服务时，不承担与著作权或者相关权有关的审查义务。他人利用网络服务实施侵犯著作权或者相关权行为的，权利人可以书面通知网络服务提供者，要求其采取删除、断开链接等必要措施。网络服务提供者接到通知后及时采取必要措施的，不承担赔偿责任；未及时采取必要措施的，对损害的扩大部分与该侵权人承担连带责任。网络服务提供者知道或者应当知道他人利用其网络服务侵害著作权或者相关权，未及时采取必要措施的，与该侵权人承担连带责任。网络服务提供者教唆或者帮助他人侵犯著作权或者相关权的，与该侵权人承担连带责任。网络服务提供者通过网络向公众提供他人作品、表演或者录音制品，不适用本条第一款规定。

② 王志敏：《探析网络服务提供者侵权责任认定》，《宿州学院学报》2016年第1期。

第三款,应补充一句"本法与侵权责任法规定不一致的,以本法规定为准"。① 此外,补充针对不同类型网络服务提供商的责任减轻或免除条款,如对于"直接行为主体"支付过对价且在权利人预期之内的作品利用行为,不应因服务提供商在技术上较为深入地参与这一过程而将其拟定为"直接侵权主体"②,等等。

然而,比较可惜的是,在2017年的著作权法修订草案送审稿修改稿中,将2014年送审稿有关网络服务商方面的内容进行了删除,相关调整方式和规范主要还是依据《信息网络传播条例》、侵权责任法等,这不能不说是一个比较大的缺憾。技术发展突飞猛进,特别是与文化创意产业及其传播相关的技术,对著作权法的修订提出较高要求,如果不能适时将已经成熟的做法或被通过证明是可行的做法,体现在著作权法的修改之中,我们将错失良机,给产业的发展带来不利影响。我们期待在网络服务商方面的规范能够尽早完善,以促进文化及其相关产业的良性发展,提升中国在这些领域的竞争力。

(四) 其他方面

其他方面主要是技术措施与听觉障碍人合法地接触和使用已发表作品的规定。

对于前者,著作权修订草案送审稿修改稿将原来第五章的题目"法律责任和执法措施"改为"著作权和与著作权有关的权利的保护",同时增加了技术措施方面的内容,将送审稿中的四条内容提炼为两条,一条是肯定性规定,即著作权人可以采取技术措施,保护自己的正当权益。它规定为保护著作权和与著作权有关的权利,权利人可以采取技术措施。未经许可,任何组织或者个人不得故意避开或者破坏技术措施,不得以避开或者破坏技术措施为目的制造、进口或者向公众提供有关装置或者部件,不得故意为他人避开或者破坏技术措施提供技术服务。但是,法律、行政法规规定可以避开的

---

① 侵权责任法(2009)第36.3款规定"网络服务提供者知道网络用户利用其网络服务侵害他人民事权益,未采取必要措施的,与该网络用户承担连带责任"与著作权法修订草案送审稿的第73.3款表述几乎一致,但显然送审稿规定的更为完整。

② 张鹏:《网络著作权侵权中"直接侵权主体"判断的规范构成——以"私人复制例外"的合法范围确定为中心》,《华东政法大学学报》2016年第1期。

除外。① 这是基本规定，肯定技术措施采取的正当性。但它同时又规定了例外条款，以限制权利人滥用技术措施，影响社会公平公正。下列情形可以避开技术措施，但不得向他人提供避开技术措施的技术、装置或者部件，不得侵犯权利人依法享有的其他权利：（一）为学校课堂教学或者科学研究，向少数教学、科研人员提供已经发表的作品、版式设计、表演、录音录像制品或者广播电台、电视台播放的广播、电视，而该作品、版式设计、表演、录音录像制品或者广播电台、电视台播放的广播、电视无法通过正常途径获取；（二）不以营利为目的，以盲人能够感知的独特方式向盲人提供已经发表的作品，而该作品无法通过正常途径获取；（三）国家机关依照行政、司法程序执行公务；（四）对计算机及其系统或者网络的安全性能进行测试；（五）进行加密研究或者计算机软件反向工程研究。② 这条限制性规定与前一条构成了完整的技术措施规范体系，符合知识产权制度利益平衡理论，也有利于促进社会的经济发展。可以看出技术措施的规定，与韩国的规定在立法思路和表达方式上有相似之处，但韩国规定得更为详细。因此，我们可以比较韩国的做法，使该方面的规范修改通过时变得更为细致和完善。

对于听觉障碍者合法使用著作权的问题，这次修法没有给予考虑，可能是因为中国还没有批准和加入《关于为盲人、视力障碍者或其他印刷品阅读障碍者获得已出版作品提供便利的马拉喀什条约》（《马拉喀什条约》，2013年通过）。但韩国在2016年9月30日加入前，于2013年修改著作权法时，就已经根据《马拉喀什条约》修改了著作权法，对视力障碍者等获得相关作品提供相应法律保障。该条约主要从人道主义和社会发展的维度，为视障等人士在著作权作品分享方面提供一定的权益保障。③ 中国比韩国有更多的盲人和其他视力障碍人士④，对他们获得相关作品的权利也应该给予关注。因此，未来的著作权法修改对此也不应忽视。

---

① 《中华人民共和国著作权法》（2010），第48条。
② 《中华人民共和国著作权法》（2010），第49条。
③ WIPO, "Main Provisions and Benefits of the Marrakesh Treaty (2013)", http://www.wipo.int/edocs/pubdocs/en/wipo_pub_marrakesh_flyer.pdf.
④ 据2016年的数据，中国当时视障群体有1300多万人，随着老龄化进程加快，该群体将进一步扩大，参见王亦君《中国视障群体过千万国内互联网无障碍水平待提高》，《中国青年报》2016年7月12日，而整个韩国只有5000万人左右。

结 语

著作权法的修改是中国知识产权法律修改中的重要内容,也是较为艰难的工作。自2011年7月13日启动著作权法第三次修订,至今该修订仍未完成,说明其难度之大。争议的问题很多,但我们相信,经过充分论证和酝酿,最终能够得到妥善解决。好的法律是规律的反映,规律性的内容不分国别,应该有共通的部分,因此借鉴他国的合理立法内容,能够为减少和消除修订著作权法的争议创造条件。韩国近年来随着技术、经济等的不断发展,其著作权法的修订较为频繁,这在一定程度上为我们提供了有益参考。为此,在修订中国著作权法及相关法律时,我们可以借鉴其立法、修订法律的经验,尤其是韩国以促进文化产业发展为导向的立法价值取向,值得我们关注。中国的著作权法修订也应结合中国文化及相关产业的发展水平及它们在国内和国际上所处的位置与未来发展趋势进行,以便制定出更有利于这些产业发展的法律制度,推动中国经济、社会等的可持续发展。

The Latest Main Revisions of the Copyright Act of South Korea and Their Enlightenment to China

Ma Zhongfa, Meng Aihua

Abstract To satisfy the demands of development of domestic and international situations, Copyright Act of South Korea has been modified for 19 times up to 2011. The following contents made in the latest revisions shall be attached much importance to. The first point is that in the perspective of form, "Computer Program Protection Act" was incorporated into the Copyright Act. Second point is that several provisions of Copyright Act were modified and some new provisions were added. Copyright Act clarifies that its objective is to promote the development of culture and related industries, extends the protection term and entitles broadcasting organizers the right of performance as well. Furthermore, it also definitely describes the responsibilities and limitations of network service providers and strengthens technical protection measures. Another achievement of Copyright Act revisions is that it provides the exceptions of fair use more clearly. The modifications above have contributed to promoting the development of domestic culture and other industries in South Korea, which may bring some enlightenment to China's third Copyright Act revisions: first, the provisions concerning computer software may be merged into the copyright law; and secondly, the liabilities of internet service provider (ISP) may be attributed to the types of services the ISP may provide.

Keywords South Korea, The Copyright Act, Culture Industry

中韩两国农村单人户的现状、原因及启示[*]

崔桂莲　刘文

【内容提要】 城镇化、工业化以及老龄化的迅猛发展促使中韩两国的城乡人口比重与家庭结构发生了巨大变化,尤其是农村单人户比重增加。本文从时间、地域、年龄与性别等视角考察了中韩两国农村单人户的现状后,从人口流动、老龄化以及经济发展水平和社会文化风俗等方面分析了两国农村单人户增加的原因,并对其异同点进行了分析。在此基础上,提出了中国农村单人户发展的对策建议,即加强农村教育文化建设、提高养老与医疗及照护水平、改善基础设施与生态环境、提高产业扶持带动能力、开展移风易俗活动等。

【关键词】 农村单人户　人口流动　老龄化　移风易俗

【作者简介】 崔桂莲,齐鲁工业大学(山东省科学院)外国语学院副教授,山东大学(威海)商学院博士后,主要研究方向为农村经济与农村建设、老龄化与社会保障;刘文,山东大学(威海)商学院教授、博导,主要研究方向为老龄化、中韩FTA等。

---

[*] 本文为教育部人文社科研究青年基金项目"农村老龄化背景下的新农村建设转型研究"(编号:15YJCZH021)的阶段性成果,并受到了齐鲁工业大学人文社科优秀青年学者培育计划(编号:SKRC15-14)的资助。

一 问题提出与文献回顾

现代社会的多元化发展导致家庭规模正在缩小，家庭结构呈现多样化特征。其中，经济发展和社会进步已促使城乡居民的婚姻与生育意识发生了很大变化，晚婚晚育甚至不婚不育成为比较普遍的社会现象，由此出现了很多单人户（只有一名家庭成员生活的家庭户型，包括未婚、离婚、丧偶独居以及与子女分居的家庭）。虽然单人户的增多是经济社会发展的必然产物，但同时也引起了不少值得关注的社会问题。

作为东北亚地区最为相似的两个国家——中国和韩国，由于深受儒家文化的影响，形成了延续数千年的大家庭制度，以此维系着固定的家庭与宗族关系。然而，现在这种社会文化制度已趋于瓦解，1～2人的小型家庭正逐渐发展为主流形态。韩国的家庭结构由2005年的4人家庭占主导地位，变为2010年的2人家庭后，2015年又变为1人家庭占主导地位。现在，单人户已成为韩国社会中最常见的家庭结构，而韩国也已成为OECD国家中单人户增长速度最快的国家。1995年的韩国单人户比重为12.7%，但2016年达到了27.9%，接近30%。其中，单人户比重最高的地区为江原道，占比为32.1%；比重最低的为京畿道，占比为23.8%；女性单人户也比2015年增长了0.4%。[①] 与韩国类似，中国的家庭结构也发生了很大变化，家庭规模正在缩小。20世纪50年代以前，中国的家庭户均人数为5.3人，1990年缩减到3.96人，2010年减至3.10人，2012年减为3.02人。[②] 虽然2人与3人家庭仍占据主导地位，但单人、空巢、丁克等家庭形态在不断涌现，单人户比重也日益提高。

韩国学术界对单人户现象展开了广泛研究，包括消费形态[③]、旅游参与[④]、

---

① KOSIS 국가통계포털，http：//kosis. kr/index/index. do.
② 国家卫生和计划生育委员会：《中国家庭发展报告（2015）》，2015年5月13日，https：//baike. baidu. com/item/中国家庭发展报告2015/17564281？fr = aladdin。
③ 김시월·조향숙，「중·고령 1 인가구의 소비패턴과 삶의 만족도」，『Financial Planning Review』，Vol.8, No.3, 2015, pp. 89-118.
④ 송완구·임지은·도해용，「1 인가구의 관광참여행동에 관한 연구」，『觀光研究』，Vol.30, No.6, 2015, pp. 193-216.

住房福利①、地域差异②、丧偶老人的社会经济特性③、智能家电形态设计④、生活满意度⑤、养老模式⑥、老年忧郁症与自杀状况⑦、残疾人贫困⑧等各个视角,并运用多种方法深入分析了城市与农村单人户的发展状况以及改善方案等。与韩国较为宽泛的研究视角相比,中国的单人户研究还处于起步阶段。中国学者主要从农村、城乡和老年家庭的结构变化⑨与人口流动⑩、养老方式⑪、住房状况⑫等视角考察了中国单人户的变迁状况及其形成原因等。

与城市相比,农村的单人户问题更加严重,其最主要的原因在于城乡经济发展水平差距较大,由此产生了许多不稳定因素。并且农村单人户的增加原因与城市有所不同,大部分农村单人户尤其是农村男性单人户与老年女性

---

① 이선우,「장애인가구와 비장애인가구의 주거복지수준 비교:최저주거기준과 주거비부담능력을 중심으로」,『한국사회복지행정학』, Vol. 12, No. 2, 2010, pp. 1-26.
② 신상영,「1인가구 주거지의 공간적 분포에 관한 연구:서울시를 사례로」,『國土計劃』, Vol. 45, No. 4, 2010, pp. 81-95; 이희연·노승철·최은영,「1인가구의 인구·경제·사회학적 특성에 따른 성장패턴과 공간분포」,『대한지리학회지』, Vol. 46, No. 4, 2011, pp. 480-500.
③ 송유진,「사별 후 혼자 사는 노인 1인가구의 특성:지역별 분포와 사회경제적 특성, 결정요인을 중심으로」,『한국사회복지행정학』, Vol. 18, No. 1, 2007, pp. 1-13.
④ 남미경,「1인가구 증가에 의한 스마트가전제품디자인 변화 연구」,『한국디자인문화학회지』, Vol. 23, No.1, 2017, pp. 195-204.
⑤ 강은택·강정구·마강래,「1인 가구의 주관적 삶의 만족감에 관한 연구:미혼 1인 가구와 기혼 1인 가구를 중심으로」,『사회과학연구』,Vol. 27, No. 1, 2016, pp. 3-23; 윤강인·강인선,「중고령 1인가구의 삶의 만족도에 영향을 미치는 요인 고찰」,『한국노인학』, Vol. 36, No. 2, 2016, pp. 457-473.
⑥ 한혜진·정순희,「1인 가구의 경제적 노후 준비에 대한 연구」,『Financial Planning Review』,Vol. 6, No. 2, 2013, pp. 35-62.
⑦ 김혜령,「남녀 독거노인들의 우울 위험요인 비교연구」,『대한보건연구』, Vol. 40, No. 1, 2014, pp. 13-27; 주소희,「독거노인의 일상생활활동정도가 자살생각에 미치는 영향에 관한 연구:우울의 매개효과를 중심으로」,『가족과 문화』, Vol. 22, No. 2, 2010, pp. 31-53.
⑧ 김영주,「농촌노인가구의 빈곤특성에 대한 비교연구:빈곤율과 빈곤감을 중심으로」,『한국사회복지학』, Vol. 60, No. 4, 2008, pp. 31-53; 이한나·박단비,「장애인가구와 비장애인가구의 빈곤수준, 박탈경험, 고립감 및 생활만족도 연구:서울복지패널을 이용한 분석」,『재활복지』, Vol. 16, No. 1, 2012, pp. 1-23.
⑨ 王跃生:《不同地区老年人居住家庭类型研究——以 2010 年人口普查数据为基础》,《学术研究》2014 年第 7 期,第 34~48 页;王跃生:《我国当代农村单人户研究》,《中国农业大学》(社会科学版)2008 年第 2 期,第 64~76 页;王跃生:《中国城乡家庭结构变动分析——基于 2010 年人口普查数据》,《中国社会科学》2013 年第 12 期,第 60~77 页。
⑩ 周福林:《人口流动对家庭结构影响的统计研究》,《西北人口》2016 年第 3 期,第 43~46 页;周福林:《我国家庭结构变迁的社会影响与政策建议》,《中州学刊》2014 年第 9 期,第 83~86 页。
⑪ 仇志娟、杜昊:《性别视角下的老年人口家庭结构影响因素及养老分析》,《经济问题》2015 年第 1 期,第 34~39 页。
⑫ 王磊:《中韩家庭与住房关系的比较研究》,《当代韩国》2016 年第 2 期,第 106~119 页。

单人户都是被动形成的。虽然中韩两国的农村单人户比重在日益增加，家庭结构也发生了很大变化，但两国专门针对农村单人户开展的研究相对较少。鉴于此，通过考察中韩两国农村单人户的发展现状并重点分析两国农村单人户增加的原因，在借鉴韩国经验教训的基础上，为解决我国的农村单人户问题提出几点对策和建议。

二 中韩两国农村单人户的发展现状

农村单人户作为老龄化严重的中韩两国农村较为普遍的现象，不仅改变了两国农村的家庭抚养状况，还呈现愈演愈烈的发展趋势。通过分析中韩两国的相关统计数据，可以得出两国农村单人户在时间、地域、年龄以及性别等方面具有如下特征。[①]

（一）时间视角

从时间演变过程来看，中韩两国农村的单人户数量呈现递减趋势，但所占比重仍然不低，而且老年单人户数量一直在增加。

2000~2010年，中国农村的单人户总量呈现减少趋势，十年间减少了1387万户，但在农村家庭总户数中仍占较高比重。2000年，20岁以上的农村单人户有3810万户，分别占农村家庭和全国总户数的18.2%和11.2%；2010年，农村单人户减少到2423万户，分别占农村家庭和全国总户数的12.4%和6.5%，其中男性单人户有1366万户，女性单人户有1057万户，男性单人户数量仍多于女性。与大趋势相反，2000~2010年，65岁以上的农村老年单人户数由493万户增至812万户，增长了近1倍。

2006~2016年，虽然韩国农村的单人户总量呈现减少趋势，但所占比重超过了20%。2006年，20岁以上的农村单人户占15岁以上农村家庭户数的24.4%，2016年降至23.7%。其中，未婚与丧偶的单人户比重较高。与大趋势相反，2006~2016年，65岁以上的农村老年单人户由12万户增至14万户，成为主要的农村单人户增加群体。

[①] 由于中国最新的农村人口普查数据尚未公布，暂用2010年第六次人口普查数据进行相关计算；韩国数据主要是利用统计厅的数据进行了相关计算。

（二）地域视角

从地域发展状况来看，中韩两国农村人口较多地区的农村单人户与老年单人户数较多，但中国经济较发达地区的农村单人户数相对较多。

中国人口大省的农村单人户数较多，而经济较发达且人口较多省份的农村老年单人户数较多。2010 年，农村单人户数最多的省份依次为四川省、山东省、安徽省以及河南省。其中，农村男性单人户数最多的省份依次为四川省、安徽省、山东省和河南省，女性单人户数最多的依次为四川省、山东省、安徽省和江苏省，并且江苏省的农村女性单人户数多于男性。60 岁以上的老年单人户数最多的省份为山东省、四川省、江苏省和浙江省，分别为 179 万户、147 万户、130 万户和 117 万户。而这些省份中，山东省、河南省以及四川省属于农村人口大省，安徽省与河南省属于农村外出流动人口较多的省份，江苏省与浙江省属于农村经济发达且人口较多的省份。

韩国农村人口较多地区的农村单人户数也较多，农业较发达的全罗道与江原道的农村单人户数最多。2016 年，韩国农户数量为 107 万户，其中单人户占到 30.6%。全罗北道的农村老年人口为 131075 人，其中独居老年人有 37619 名，占全罗北道农村老年人口总数的 28.7%。其中，25016 人（66.5%）是患病的独居老年人，1601 人（6.4%）是未能得到照护的独居老年人。这说明韩国农村老年单人户的健康、社保问题较多，有必要强化弱势地区弱势人群的养老、医疗及照护等社会保障机能。

（三）年龄与性别视角

从年龄与性别视角来看，中韩两国农村的老年单人户所占比重较高，其中独居女性老年人的比重高于男性，但未婚男性单人户比重要高于女性。

中国农村的未婚男性单人户与老年女性单人户所占比重较高。2010 年，20～59 岁的农村单人户比重为 47.4%，60 岁以上的独居老年人比重为 42.4%，其中 80 岁以上的占到 8.2%。15 岁以上的农村未婚男性所占比重为 59.9%，女性为 40.1%；但丧偶老年女性所占比重为 67.3%，男性为 32.7%。其中，70 岁以上的老年女性单人户比重达到了 14.4%，比男性高 4%（112 万户）。

韩国农村的男性未婚率较高，老年人也是主要的独居群体。2015年，江原道农村的男性未婚率为13.2%，釜山广域市为13.1%，全罗南道为12.4%，首尔特别市为12.3%，济州道为12.1%。江原道与全罗南道的农村男性未婚率之所以高，是因为男性学历低以及女性回避与这些地区的男性结婚。首尔特别市农村的女性未婚率为7.4%，济州道为6.9%，釜山广域市为5.8%，世宗特别自治市为5.7%，而女性未婚率较高是由高学历和高工资所致。2016年，韩国农村20~59岁的未婚与丧偶人数为256084人，而60岁以上的独居人口达到了265668人，超过了较年轻的群体。

三　中韩两国农村单人户增加原因及其比较

（一）原因分析

与2人及以上家庭相比，大部分单身青壮年群体以及独居老年人的经济状况相对较差，同时身体、精神、心理健康以及安全等方面的问题也较多。例如，日本独居老年人在生活中，修理物品、更换灯泡以及布置房间的困难程度约为41.7%，外出困难程度约为34%。[①] 而独居老年人的贫困率、自杀率以及孤独程度等均高于老年夫妇家庭或与子女同住的家庭。一般来说，单人户增加的原因主要包括年轻人的结婚延迟与独身主义、中年人的离婚率提高以及老龄化导致独居老年人增多等。并且，受教育水平高且居住在楼房里的大都是城市单身族，而受教育水平低且居住在住宅的大都是农村独居老人。[②] 但是，中韩两国农村单人户的增加有其特殊性，它主要取决于人口流动、老龄化以及经济水平与社会文化因素等。

第一，农村人口的城乡流动是导致城乡人口比重失衡、农村年轻男性单身的重要原因。

随着工业化与城镇化的不断发展，大批的中国农村年轻人进入大城市与中小城镇工作和生活。与2010年相比，2016年的农村人口数量减少了8140

---

① みずほ情報総研株式会社「一人暮らし高齢者・高齢者世帯の生活課題とその支援方策に関する調査研究事業報告書」、2012、15頁。
② 이희연・노승철・최은영，「1인가구의 인구・경제・사회학적 특성에 따른 성장패턴과 공간분포」,『대한지리학회지』,Vol. 46, No. 4, 2011, pp. 480-500.

万人，而城镇化率提高了 7.4%。其中，由于大部分农村女性适应了城市生活不愿再回到农村，农村适婚女性人数大幅减少。2000~2010 年，农村男性与女性人口分别减少了 6572 万人与 5531 万人，男女性别比例由 106.91%降到了 104.87%。男女比例仍处于失调状态，导致部分农村男性"被剩下"。

现在，韩国的城市化率达到了 90% 以上，城乡差别较小。但由于城市的配套设施相对完善，就业岗位与发展机会相对较多，大多数农村女性仍希望进入城市工作与生活。与 2010 年相比，2016 年的农户数量与农村人口分别减少了 11 万户与 57 万人，其中农村男性与女性人口分别减少了 28 万人与 29 万人。由于农村男性人口减少的数量少于女性，农村单身的男性人口增加。

第二，老龄化和预期寿命延长是导致农村老年单人户与老年女性单人户增加的重要原因。

农村人口老龄化已成为中国农村社会的普遍现象，其中 60 岁以上的老年单人户占总户数的 5.3%。由于女性的平均预期寿命高于男性，农村老年女性单人户所占比重较高。未婚、离异以及丧偶是农村老年单人户出现的重要因素。2010 年，未婚老年人占农村单人户的 2.4%，其中男性未婚老年人占总未婚老年人的 91.9%；60 岁以上的离婚与丧偶老年人占比为 29.4%，其中男性离婚率与女性丧偶率较高，分别达到了 69.2% 与 68.3%。这从侧面反映了农村男性离婚后再婚的难度要高于女性，而且农村女性比男性更加长寿。70 岁以上的老年单人户占农村总单人户的 24.9%，其中女性占到一半以上，为 14.4%。

韩国农村的人口老龄化现象更加严重，老年人预期寿命延长，高龄老年人增加，丧偶女性老年人也在增加。与 2010 年相比，2016 年的 65 岁以上农村老年人口增加了 97 万人。韩国统计厅人口总调查结果显示，2015 年，农村（邑 + 面）地区的独居老年人比重为 11.8%，远高于城市（洞）5.1%的比重；而农村（面）地区的独居老年人比重达到了 15.5%。[①] 这说明，人口规模为 2 万名以下的面老龄化程度要比 2 万名以上的邑更加严重，同时也从侧面反映了人口流动对农村老年单人户造成了重大影响。

---

① 「[농촌 고령화 위기, 협동으로 넘는다] 가족·지역공동체 해체 … 고령농 '삶의 질' 위협 심각」,『한국농어민신문』,2949 호 5 면,2017.10.03, http://www.agrinet.co.kr/news/articleView.html?idxno=156018.

第三，经济发展水平与社会文化风俗是导致农村青年男女单身以及独居老年人贫困的根本原因。

与城镇相比，中国农村的经济发展水平较低，基础设施配套不完善，收入来源较少，单人户的绝对贫困率较高。2016年，虽然农村最低生活保障标准增加到每人每年3744元，比2015年增长了17.8%；农村特困人员救助供养496.9万人，比2015年减少了3.9%；各级财政支出的农村特困救助金达到了228.9亿元，比2015年增长了9.0%。[①] 但农村仍有4586.5万人领取了最低生活保障金，这其中包括很多单人户。而60岁以上的农村独居老年人中，有一部分人是因为收入少、彩礼负担重等经济因素的影响，年轻时未能结婚，之后一直单身到老年；还有一部分人则是因为农村传统的风俗习惯而不能结婚。同时，农村"养儿防老、无后为大"的重男轻女思想比较严重，男女出生比例失衡是导致适婚男女比例失调的重要原因。而农村盛行的彩礼风、丧葬风等现象又加重了农村男性的经济负担，由此导致男性未婚率偏高。不仅如此，由于重男轻女思想的影响，农村女性接受教育的年限较短，（半）文盲率较高。2010年，农村女性文盲人口占15岁以上人口的10.66%，而男性仅为3.92%。其中，西藏、青海、甘肃、贵州等欠发达省份和地区的女性文盲率最高。虽然农村的"买婚"现象暂时解决了男性的婚配压力，但骗婚现象也时有发生，由此带来了不少社会问题。

与城市相比，韩国农村的经济发展水平相对较低，农村女性更希望到城市工作与生活，由此导致农村男性结婚难度增大，跨国婚姻比重增加，出现了不少"多文化家庭"。2010~2016年，虽然城市居民收入增长了17.1%，农村居民收入也增长了13.6%，但农户收入与城市家庭收入的比重由73.7%降到了70%。同时，国际婚姻家庭在不断增加，2015年总户数达到了316000户，首次突破了30万户，其中大部分居住在农村地区。2008年，韩国政府为35岁以上的农村单身男性实施了国际婚姻补助金制度，为其婚配提供300万~600万韩元的财政补贴，但随之也出现了不少骗婚现象。同时，农村女性的独立意识较强，提出的婚嫁条件也高，由此导致不少农村女

---

① 民政部：《2016年社会服务发展统计公报》，2017年8月3日，http://www.mca.gov.cn/article/sj/tjgb/201708/20170800005382.shtml。

性单身独居。而韩国的相对贫困率较高，老年贫困率接近20%，是OECD国家中最高的。由此说明，养老金水平相对较低的韩国农村独居老年人的贫困程度也较高。

（二）原因比较

中韩两国农村单人户的增加原因如表1所示，既有相同之处，又有各自的特殊形成因素。

表1 中韩两国农村单人户的增加原因比较

国家	相同点	不同点
中国	入水平低：独居贫困人口多、养老问题突出 女性婚姻城市转移：农村未婚独居男性增多	传统落后习俗影响；国际婚姻较多
韩国	老龄化与预期寿命延长：高龄、丧偶独居老人增加 独居连锁反应：精神、心理、安全问题增多	受教育水平低；整体素质较高

1. 相同点

第一，与城市相比，中韩两国的农村居民收入水平相对较低。而城市对年轻女性劳动力的需求以及女性婚姻的梯级迁移，导致农村男性婚姻出现挤压现象，结婚率降低，犯罪概率相应提高。第二，随着老龄化加剧与人口预期寿命延长，中韩两国的农村独居老年人口增加，尤其是高龄、丧偶的女性老年人增多。同时，（半）失能失智、精神与心理疾病以及因病致贫等问题日益凸显，与此相对应的养老保障、医疗诊治以及长期照护等老年需求增加，但尚未得到充分满足。

2. 不同点

第一，中国农村男性未婚率较高是沉重的彩礼负担等经济因素以及重男轻女思想导致的男女出生比例失调等社会文化因素共同作用的结果，但农村男性组建国际家庭的比重不高，主要集中在西南、东北等边境地区；而韩国农村男性未婚率较高主要是其收入水平低造成的，但农村男性通过组建"多文化家庭"在一定程度上缓解了结婚率偏低的问题。第二，中国农村单人户的受教育水平较低，（半）文盲率较高，收入水平也较低，老年绝对贫困率较高；而韩国农村已基本普及高中教育，单人户的文化素质与收入水平相对较高，但老年贫困率仍然不低。

四　中国农村单人户的发展对策

针对韩国农村单人户存在老龄化、收入低、男性未婚等问题，政府在提高养老金额度，加强对返乡年轻人的教育培训与就业扶持，加大农业补贴力度，鼓励发展规模化、现代化和智能化的农业生产模式，多途径提高收入水平等方面做出了不少努力。鉴于中国农村单人户数量较多、受传统习俗影响较深、老年贫困率较高等状况，借鉴韩国解决农村单人户问题的经验与教训，为中国农村单人户发展提出如下对策建议。

（一）增加农村教育投资，提高整体文化水平

政府应加大对农村教育的投入力度，改善农村教育设施、强化师资队伍建设、关注留守儿童教育与义务教育、普及高中教育、发展职业教育与老年教育等，从源头上改变贫困代际传递与整体素质较低的问题。同时，改变农村传统的落后观念，通过读书、放映、广播、陪聊等多种方式，对农村独居老年人进行心理疏导和精神慰藉，从整体上提高村民的文化水平。

（二）提高农村医-养-护水平，保障独居老年人的生活质量

中国农村的老年人主要依靠本人和家庭成员养老，但无子女或行动不便的独居老年人对社会服务与集中供养的需求较大，这就要求提高农村机构与社区的医疗、养老、护理设施和服务水平。通过扩（修）建农村养老院与幸福院，实施财政投入、政府购买服务以及社会投资相结合的方式，保障65岁以上的农村独居老年人入住养老机构，享受集中的养老与护理服务；同时，增加财政投入提高基层医疗机构与村诊所的医疗卫生水平以及医疗救助的保障水平等。此外，还应制定相应的法律法规加强代际联系、强化志愿服务意识，提高后代与社会对独居老年人的赡养和关爱意识。

（三）加强基础设施与生态建设，吸引年轻人返乡务农与就业创业

继续推进实施新农村建设、美丽乡村建设、精准扶贫、乡村振兴等"三农"发展措施，加大政府与社会资本的合作力度，利用充分的资金、技术与人力资源改善农村基础设施与生态居住环境，增设（半）失能失智、

高龄、独居等适老化设施，打造美丽宜居乡村，吸引更多的年轻人返乡务农、就业创业等，为提高农村男性婚育率创造良好的外部环境。

（四）强化产业扶持带动，提高农民收入水平

提高收入水平是帮助农村单人户脱贫的根本途径，产业发展是农民增收的直接方式。政府应鼓励种养大户、家庭农场、农民专业合作社、农业企业等新型农业经营主体通过第一、第二、第三产业融合发展创造更多的工作岗位，吸引农村单人户通过土地流转、入股分红、利润返还等方式实现增收致富，增加年轻农民的结婚资本，并解决独居老年人的生活来源问题。

（五）培育壮大社会组织，加强农村精神文明建设

农村传统习俗与农民意识的改变需要强化精神文明建设。政府应鼓励和支持培育扶弱助老理事会、红白理事会、老人会、妇女会等各种农村社会组织，大力开展移风易俗活动，帮助村民正确处理婚丧嫁娶以及其他事宜，在减轻单身农民经济负担的同时，帮助农民形成节俭实用的生活作风。

Study on the Inspiration, Reasons and Current Situation of Rural Single-person Households between China and South Korea

Cui Guilian, Liu Wen

Abstract The proportion of urban and rural population and family structure has changed dramatically between China and South Korea due to the rapid development of urbanization, industrialization and aging, particularly the proportion of rural single-person households was increasing. The current situation of rural single-person households between China and South Korea was studied from the perspective of time, region, age and gender, and the reasons for the increase in rural single-person households between the two countries and the similarities and differences were analyzed from the perspective of population mobility, the aging, the level of economic development, the social and cultural customs in this paper. On this basis, the suggestions for the development of rural single-person households in China were made. Such as strengthening the construction of rural education, improving the level of pension, medical treatment and care, improving the infrastructure and ecological environment, enhancing the capability of industrial support and promotion and carrying out the activities which can change existing habits and customs, etc.

Keywords　Rural Single-person Households, Population Mobility, The Aging, Changing Existing Habits and Customs

中韩两国近代教科书生态系统初探

姜雪今

【内容提要】 本文比较研究了中韩两国近代教科书生态系统特点。两国的可贵之处在于,近代时期虽都面临内忧外患,但近代教育仍蓬勃发展。究其原因,在于二者均成功构筑了教科书生态系统。本文将以教科书为中心、由诸多利益当事者构成的系统称之为"教科书生态系统"。韩国形成了小规模自给自足型教科书生态系统,中国则形成大规模市场型生态系统。二者之所以出现差异,是因为两国在学校及学生规模、政府经济条件等方面存在很大差别。

【关键词】 近代　教科书　中国　韩国

【作者简介】 姜雪今,中国现代文学博士,韩国首尔市立大学中国语文化学科客员教授,主要研究领域为近代时期中国教科书及教育发展史、中韩近代教育比较等。

引　言

19世纪末,世界各地处于乱世凶年,东亚各国亦动荡不安。此时,中韩两国都面临内忧外患。两国为了应对外敌侵略、保护本国领土,尝试将传统教育改革为近代化教育。两国的改革目的均在于培养近代国民以及国家栋梁之材,以实现富国强兵。两国具有儒教传统,基于此,实施官僚选拔制度。自1895年起,两国的近代化教育步入正轨,但两国引导教育改革的主体截然不同：中国从近代教育的形成到发展期间，由民间发挥主导作用；韩国则是在政府的领导之下全面开展近代化教育。本文目的在于概述中韩近代教育的形成、发展路径，加深对东亚社会近代化过程的了解。

笔者将"教科书生态系统"这一概念视为重要的理论框架。"生态系统"本为自然科学术语，是指一系列相互影响的生命群体及其栖息地。"教科书生态系统"是指教科书、以教科书为媒介的利益当事者之间的诸多关系以及与此相关的社会环境。从生态系统概念出发研究教科书，可以着重考察各种要素之间的有机关系，增进对相关系统整个变化过程的了解。

中韩两国形成了具有本国特色的教科书生态系统，二者的差异体现在政府作用、生态系统规模、教科书的流通过程和方式等方面。在中国，民间形成最早的教科书生态系统，第一批近代学校和教科书均出现于民间，政府欣然接受并效仿民间的方式。[①] 在韩国，近代教育在政府的倡导下发展，政府一开始就已深入参与学校的成立和运作过程，创建早期近代学校，编写第一部近代教科书，贡献功不可没。

两国教科书生态系统在流通上呈现出不同。在中国，教科书遵循市场原理，呈现出生产—流通—消费等模式，一般情况下，学生自己购买教科书。在韩国，教科书通过政府、团体、个人的捐赠，传达到学生手里。这一差异导致两国教科书生态系统呈现出巨大差别。

本文详细考察了中韩两国教科书生态系统的形成过程。[②] 具体而言，围绕教科书生态系统的利益当事者，即学校、政府、出版社等，主要研究其发展脉络。简而言之，学校作为教科书的主要消费者，到底选择哪一部教科书，对教科书编写方向与出版市场产生巨大影响；政府既是教科书审查机关，又是重要决策者，它颁布学制、教育理念、教育政策等，对教科书编撰环境造成重大影响；出版社作为教科书直接生产商，成为教科书生态系统另

[①] 近代教科书是指以培养近代国民为目标、由本国人自行编撰、在学校里使用、面向所有国民的一系列教材。近代学校是指以培养近代国民为目标的教育机构。在中国，教会学校、洋务学堂虽与传统书院迥异，但由于二者均以特殊阶层为对象、以培养特定技术人才为目标，所以超出本文所定义的近代学校之范畴。

[②] 本文主要研究中韩两国近代教科书从形成到发展，再到衰退的整个时期。主要考察韩国1895~1910年的教育发展史，主要考察中国1897~1937年的教育发展史。1910年，韩国沦为日本殖民地，韩国人自主的近代教育受到严重影响。而在中国，1937年中日战争爆发，陷入全面战争局面，教科书生态系统发展停滞不前。

一核心。经多年发展,两国教科书生态系统面貌如下:韩国形成小规模、自给自足型教科书生态系统,中国形成大规模、市场型教科书生态系统,二者各有千秋。

一 政府倡导与民间主导

本章主要考察中韩两国政府的作用。针对教科书生态系统,两国政府均颁布学制与教育理念,统一秩序。二者的差异在于各自的积极性。在韩国,政府直接创立早期的近代学校,不仅对官立、公立学校提供经费补贴,还直接资助私立小学,向它们赠送或租赁教科书。而在中国,政府的作用明显具有局限性。

中韩两国均在贸易通商港口建设第一所近代学校,即中国的天津中西学堂(1895年)与韩国的元山学舍(1883年),当时,元山(位于咸镜南道)和天津与外国交流频繁。二者的差异在于是否推动后续学校的出现。元山学舍并没有直接影响到其他学校的诞生,而中国以天津中西学堂为契机,陆续成立了诸多学校。

即便如此,元山学舍在韩国仍具有重大意义。1880年4月,政府开放元山港,大批日本商人登陆元山,德源府(即元山)商人与他们的冲突日益激化。为缓和这种局面并培养近代人才,元山的士绅、官僚合作成立基金,建设元山学舍。该校不仅得到稳健开化派鱼允中、郑显奭等人的支援,还得到在海关工作的外国官僚的资助。其中,韩国人承担基金总额的88.8%,而剩余的11.2%由中国、英国、美国、丹麦等外国人共同负责。从韩国人的出资情况来看,民间人士和官僚分别支付95%和5%。[①] 由此可见,这是一所私立学校。

元山学舍的近代性体现于课程的安排上。该校开设文艺班和武艺班,两个班的共同科目包括算数、格致(物理)、机器(机械技术)、农业、养蚕、采矿(矿物学)、外语、法律、万国公法(国际法)、地理等近代课程,还包括古汉文。[②] 元山学舍并非严格意义上的近代学校,只是对传统书院稍做

---

① 강설금,「한국 근대 초기소규모 자급자족형 교과서 생태계 고찰」,『중국문학』92,2017,p.179.
② 강설금,「한국 근대 초기 소규모 자급자족형 교과서 생태계 고찰」,『중국문학』92,2017,p.179.

改良，将传统和近代两种科目融为一体而已。它具有韩国教育从传统转变为近代的过渡性质。虽然在此后的11年间韩国未曾出现过大量的近代学校，但元山学舍的成功足以说明当社会需要之际，韩国人有能力成立近代学校。

两国政府为建立新式教育想方设法，在传统教育基础上，积极引进日本的教育制度，根据教育重要性，先后颁布师范学校、小学、中学等学制。韩国最先颁布有关师范学校、小学学制。颁布这些学制以前，早在1894年10月，学务衙门就在汉城创立了小学和师范学校。师范学校的科目如下：

诸文缀字法、国文记事论说、真文记事论说、汉学、朝鲜万国历史、经济学、一般法律学、一般理化学、一般博物学、一般算术（加减乘除比例）①。

这些课程包括经济、法律、算术等实用学问，与元山学舍大体相同。这说明培养对外交流人才迫在眉睫，早期学校均对此有所察觉。这里还开设了汉学等传统科目，很好地结合传统、新式学问。该校与元山学舍一样，采用社会流传的翻译书当作教材。自编教科书还未面世之前，这一做法很普遍。

1895年4月16日，韩国正式颁布第一个教育法令《汉城师范学校官制》，具体规定师范学校应分为本科（两年）和速成科（六个月），还将学务衙门重组为学部，将现有的师范学校改为汉城师范学校。该法令起到举足轻重的作用，它第一次具体规定师范教育的主体与对象、学科、学制等，为小学学制的制定提供经验。政府于1895年7月颁布《小学校令》，明确规定小学学制、教育对象、教育理念等，1899年4月4日还颁布了《中学校官制》。政府在短短几年内陆续颁布重要法令等，为设立学校提供法律依据。基于此，韩国出现了大量官立、公立小学，其统计数据如表1所示。

表1 韩国官立、公立小学统计（1895～1905）

单位：所

年份	1895	1897	1899	1905
汉城	5	9	12	13
地方	37	40	61	110
总计	42	49	73	123

资料来源：김정효·이성은·정희숙·이해지·허선영，『한국 근대 초등교육의 성립』，서울：교육과학사，2005，p.57。

① 후루카와 아키라，『구한말 근대학교의 형성』，이성옥 역，서울：경인문화사，2006，p.141。

韩国的近代小学大体分为官立、公立、私立三种，官立由学部直接设立，地位明显优于后两者。公立、私立在 1905 年以前性质相似，其捐款、捐物主体亦相同，向其提供经费、书籍、教科书等的主体大同小异。三者的在财政方面主要得到当地官员、儒生支援，在书籍、教材、学习用品等方面主要得到政府援助。三者的区别在于政府是否保障毕业生的就业问题。政府大体上负责官立、公立小学毕业生的就业，但无暇顾及私立学校，其毕业生往往前途未卜，需自谋生计。自 1905 年起，政府对私立学校的支援大幅减少，私立学校只能依靠私人筹款解决经费问题。

政府还明文规定各校的援助主体。比如，1895 年的《小学校令》明示各级学校的财政来源，其中政府成为重要的赞助方，应向各校提供资金。政府对三种小学的援助程度大相径庭，这主要取决于小学的性质、重要性与政府的财政情况等。

政府对官立学校采取鼎力支持的政策，不仅资助学费，还捐赠纸、笔、墨等学习用品以及教科书，可谓无微不至。比如，汉城师范附属小学，政府不仅支付学生的学费，还发放学习用品，甚至租赁教科书供学生使用。官立学校在财政方面除学校的维修经费外，将大部分经费用在学生身上，不仅给学生提供纸、笔、墨等，还发放校服和餐券。

政府亦援助约一半的公立学校，其余公立小学需自力更生，或向当地乡校、个人募捐，或向书院求助。自 1898 年起，政府正式补助公立小学。1898 年支援 2 所学校，1899 年为 29 所，1900 年是 52 所，1905 年为 53 所。然而，公立学校的实际数量远超过这些数据，1898 年全国共出现 45 所，1899 年达到 61 所，1900 年为 80 所，1905 年达到 109 所。1899 年以后，政府资助的公立学校占全部公立学校的 50% 左右。因经费有限，政府无法援助所有学校，一半以上的公立学校只得自谋出路。

公立小学一般通过多种途径谋发展。它们每年开支为 600~700 韩元，其中政府赞助 360 韩元，其余资金来自乡校、书院、士绅、官僚等。比如，水原郡公立小学，每年土地收入达 50 石，如果每袋大米按当时 4.5~5 韩元来计算，估计土地年收入为 225~250 韩元，再加上政府的 360 韩元补助，勉强可以充当一年的运营经费。① 公立学校通过政府支援、乡校土地收入、

---

① 정재걸·이혜영,『한국 근대 학교교육 100 년사 연구（Ⅰ）:개화기의 학교교육』,서울:한국교육개발원,1994,p.186.

民间赞助等方式基本解决经费问题，其中乡校对其的援助不可或缺，起到重要作用。

私立学校亦自谋前途，不遗余力。私立学校也得到政府扶持，其余所需款项则经学校评议会或个人捐款筹集。1905年以前，私立与公立学校命运相仿，均得到政府支援，不过，得到的援助不尽一致，私立远远少于公立学校。1899年仅有11所私立学校得到政府援助，1900年则只有24所学校得到政府补贴，每所每年得240~300韩元的补助。① 1899年全国私立学校多达34所，政府补助对象仅占全国私立小学的30%左右，比公立小学50%的援助比例低很多。政府援助很少，私立学校只能通过召集评议会（董事会）向社会募捐，主要向前任和现任官僚、儒生求助。1899年6月5日，报纸上刊登一则广告，介绍乐英学校已从社会成功募集到145韩元，同年8月兴化学校也得到社会各界81.5韩元的善款。② 1905年，以后政府以各种理由取消对私立学校的资助，私立学校为生存下来，采取了各种措施。

韩国政府根据学校性质采取不同的扶持政策，向各类学校援助数量不等的经费，还提供教科书。政府不及之处，由民间承担，官民协力之下近代教育取得长足发展。然而，自1905年起形势发生变化。乙巳条约签订（1905）后，作为同化政策的一环，日本帝国主义加强了对韩国教育的控制。因此，1905~1910年，官学发展不尽如人意。相反，私立学校成为独立救国运动的主力军，取得飞跃性发展（见表2）。

表2 韩国开化期私立学校统计（1895~1909）

单位：所

年份	1895	1896	1897	1898	1899	1900	1901	1902	1903	1904	1905	1906	1907	1908	1909
私立学校	3	3	6	9	34	17	20	11	15	16	70	227	212	667	332

资料来源：김정효·이성은·정희숙·이해지·허선영，『한국 근대 초등교육의 성립』，서울：교육과학사，2005，p.187.

中国与韩国的近代教育具有相同之处，均在民间创立第一所近代学校，不同之处在于是否影响到学制。中国最早的近代学校为天津中西学堂，但上

---

① 정재걸·이혜영，『한국 근대 학교교육 100년사 연구（Ⅰ）：개화기의 학교교육』，서울：한국교육개발원，1994，p.187.
② 정재걸·이혜영，『한국 근대 학교교육 100년사 연구（Ⅰ）：개화기의 학교교육』，서울：한국교육개발원，1994，p.189.

海南洋公学（1897年）成为近代学制的典型。这是因为天津中西学堂只由头等学堂（大学堂）、二等学堂（中学堂）组成，而后者由师范院（师范学堂）、外院（小学堂）、中院（中学堂）、上院（大学堂）等构成，具有典型意义，奠定了中国近代学制雏形。而在韩国，最早的近代学校既没带动大批近代学校的诞生，又未形成近代学制，与南洋公学相差悬殊。

  在中国，盛宣怀最早创办近代学校。他是洋务派官僚，又是实业家，不仅创办了天津中西学堂，亦创办了南洋公学，对教育的贡献功不可没。他以天津中西学堂的创立经验为基础，1897年成立南洋公学，其运营方式、运作程序、资金、教科书、课程安排等均超越前者。

  他于1897年4月率先成立师范院。该院为教师培训所，学生毕业后在各校担任教师。同年11月成立外院，因缺少教师，由师范院的学生担任外院教师。1898年春，又选拔外院的学生，创办中院。由于外院的学生两年后全都升入中院，1899年外院最终关闭，这严重影响到中院的发展，中院招生变得困难。于是南洋公学于1901年新设附属小学，课程包括外院科目中除英语之外的五门，即国文、算术、地理、历史、体操，再加上修身、图画、理科等三门，共八门。① 另外，南洋公学还成立了大学堂。1897年，盛宣怀曾向清政府提交《奏陈开办南洋公学疏》，其中包括建立上院的计划。② 盛宣怀由浅入深、有条不紊地建立近代学校体系，为其他学校的发展奠定了良好基础。

  南洋公学的成功，使得全国各地纷纷效仿。民间成为核心力量，全国大力建设私立学校。1907年，全国小学生已达到91万名，1920年为570万名。③ 小学入学率也大大提高，1929年小学就学儿童占全国学龄儿童的20%，1936年增至53%。④ 以现在的衡量标准来看，那个风雨飘摇的年代的统计数据并非十分可靠，但这些数据仍说明了当时的大致趋势。近代教育在民间的积极参与下取得可喜的进步。

  民间学校的蓬勃发展，促使政府颁布学制，而南洋公学的运作、教育方

---

① 김유리，『서원에서 학당으로：청 말 서원의 학당개편과 근대학제의 수립과정』，파주：한국학술정보，2007，pp. 46-47.
② 陳啓天：『근대중국교육사』，車錫基・金貴聲譯，서울：교학연구사，1990, p. 128.
③ 강설금，「중국 근대 교과서 생태계 연구 – 인문 계열 교과서를 중심으로」，서울대학교 박사 학위논문，2016，pp.142-143.
④ 강설금，「한국 근대 초기 소규모 자급자족형 교과서 생태계 고찰」，『중국문학』 92, 2017, p.184.

式为学制的制定提供基础。政府于1902年、1904年先后颁布《钦定学堂章程》与《奏定学堂章程》，二者的不同之处如下：1904年学制与1902年学制相比，初等教育从十年减至九年，中等教育从四年增至五年，其他教育，如高等教育（三年）和大学教育（三年至四年）保持不变。

如前所述，中国于1895年创办第一所民办学校，此后近代学校如雨后春笋般迅速发展。七年后政府通过颁布近代学制，积极参与近代教育发展。与韩国相比，其介入力度与支援力度大为逊色，在内外交困的局势下，政府无暇顾及教育，稍显心有余而力不足。

两国在教科书编撰方面亦存在差异。在韩国，政府编纂了第一部近代教科书，此后陆续编纂了各类教科书，并将其捐赠或租赁给各级学校，官立、公立学校尤其受到照顾，政府成为重要的教科书制作者。清政府亦编写教科书，1907～1911年编撰了数种教科书，但由于质量低劣、错误频现，受到学校的排斥。

总而言之，中韩两国都在民间的倡导之下兴办了第一所私立学校，并出台了近代学制。然而，在政府积极性、教育主体等方面全然不同。韩国政府积极规划近代化教育，中国则在民间主导下改革教育，政府则紧跟其后。

二 教科书的免费赠送与市场销售

中韩两国教科书的分配与流通方式有很大不同。在韩国，政府、学会、出版社、个人的无偿赠送和学校的购买方式并存，即每所学校，一方面得到社会各界的捐赠，另一方面自己购买教科书，其中社会的无偿赠送似乎占据主导地位。由于社会环境变幻无常，不同学校获取教科书的途径不尽相同：官立、公立小学对政府的依赖程度较大，私立学校则情况复杂，1905年以前从政府获得一部分教科书，1905年以后全靠自己解决。与之相反，在中国，学校或学生的购买方式占主导地位。

韩国政府一般会把学部编辑局所编的教科书送到各官立、公立学校。如果学部教科书还未面世，先将民间的教科书发送到各校。1898年，政府下达给平安南道公立小学的训令中就已详细记录了此情况。当时政府尚未出版教科书，将民间书籍送往平安南道公立小学，其目录如下：《公法会通》2

套、《泰西新史》国汉文各 5 套、《西游见闻》1 册、《中日略史》10 册、《俄国略史》20 册、《寻常小学》10 套、大韩图 2 幅、小地球图 5 幅等。①

1905 年，免费赠送政策发生变化。在此之前，政府大体上将教科书捐赠给各官立、公立小学。然而，自废除《小学校令》、1906 年 8 月 27 日发布《普通学校令》起，将捐赠制度改为租借制度，即将学部教科书借给各级小学，当学生毕业或辍学时，将教科书返还给学校。1909 年 5 月，政府又改变政策，只将教学所需的数量借给公立小学，让学校再借给学生。当政府面临财政危机之际，租赁成为控制教育的有效方法。

私立学校也得到政府的援助。学部于 1899 年 3 月向一所私立学校提供经费和教材，1899 年 5 月还送给居昌南万里私立学校 16 套教材。② 据《皇城新闻》第 2 卷第 14 号记载，庆州温泉时兴学校一位教师向该报投稿，介绍该校因尚未准备好教科书，向学部要求提供教科书。③ 私立学校若提出要求，学部将免费提供教科书。

政府的捐赠虽起一定作用，但数量有限，仅限于 1905 年以前，犹如杯水车薪，无法完全满足需要，私立学校不得不向社会各界寻求帮助，其中包括个人和出版社。1905 年 9 月 6 日《大韩每日申报》提到几位地方士绅向蒓洞学校捐赠 100 卷书籍、4 捆白纸、150 支铅笔等物品。④ 同年，韩国著名政治家李容翊创立普成学校（私立学校）、普成社（印刷厂）、普成馆（出版社），其中普成馆将本馆发行的一部分书籍无偿送给各级学校。当时，知识分子、政治人物踊跃投身近代教育，有的创立学校，有的援助其他学校。然而，政府与社会各界的援助无法满足所有需要，有的学校需要购买市场的教科书。国民教育会于 1906 年发行《初等小学》，这套书一面世便炙手可热，短期内售出 2000 套以上，⑤ 1908 年还得到重印。这说明民间已形成教科书市场。

由于无统计数据，很难推测政府与社会各界的捐赠情况，但在韩国，捐

---

① 우용제・류방란・한우희・오성철，『근대 한국초등교육 연구：동몽교육에서 초등교육으로』，서울：교육과학사，1998，p.56.
② 정재걸・이혜영，『한국 근대 학교교육 100 년사 연구（Ⅰ）：개화기의 학교교육』，서울：한국교육개발원，1994，p.194.
③ 김봉희，『한국 개화기 서적 문화 연구』，서울：이화여자대학교 출판부，1999，p.98.
④ 정재걸・이혜영，『한국 근대 학교교육 100 년사 연구（Ⅰ）：개화기의 학교교육』，서울：한국교육개발원，1994，p.194.
⑤ 김봉희，『한국개화기서적문화연구』，서울：이화여자대학교출판부，1999，p.64.

赠似乎占据重要地位。1895～1910年，学校未曾收取学费，全靠政府和民间支援来经营，大部分教科书亦得到政府和社会的捐助，这种运作方式很常见。各级学校自食其力，时常面临财政困难，而政府和民间捐赠成为重要动力。

与此不同，在中国，教科书基本以市场形式发展。教科书一经出版，得到诸多主体的积极参与，由于学生、学校数量多，教科书市场的经济规模、发展速度远超过韩国。近代，教科书问世不久，就已形成庞大市场，高销售量就是很好的例证。比如，由庄俞、沈颐编纂，商务印书馆出版的《共和国教科书新国文（初小）》（1912）一问世，到20世纪30年代，销量高达8000万册。同一出版社的另一本《商务国语教科书》（庄俞编撰，1917），在初版后的十年间共出售7000万～8000万册。[1] 民营出版社参与教科书的生产和销售，促进教科书市场井喷式发展。

如下事例说明出版商进入教科书市场的缘由。1927年，开明书店较晚投入教科书市场，却后来居上，虽然该书店的教科书品种数在整体图书品种数中的比例较小，但销售总额在总收入中占据相当高的比重。1926～1949年，该书店共发行116种小学、初中教科书，占所有发行图书的10%，教科书的营业收入却占总收入的62%。[2] 目前，很难把握当时所有出版商的业绩，但出版社在教科书市场有利可图是显而易见的，该市场成为极具吸引力的产业。

在中国，民营出版商为生存而开展竞争。一方面，它们通过杂志宣传本社教科书，为得到业界好评而积极努力。当时学校拥有教科书决定权，因此出版社经常向学校负责人送礼。出版商为打败竞争对手，不惜将书价降至成本以下售出。另一方面，出版社努力提高教科书质量。为加强学习效果，在充分考虑学生水平的情况下，出版社采用多种方式，发展教科书编纂体例。编者起初效仿日本和西欧的体例，年深日久，到20世纪30年代，水平已接近日本。

民营出版社还争相引进社会精英。它们并驱争先，纷纷聘请科举中第者、熟知新学问的士绅阶层、海外留学派等人才，还抢走竞争对手的员工。后来成为中国第一位教育部长官的蔡元培和张元济、胡适等当代大学

---

[1] 강설금，「한국 근대 초기 소규모 자급자족형 교과서 생태계 고찰」，『중국문학』92, 2017, pp.194-195.
[2] 张沛:《开明书店教科书出版探析》，《福建师大福清分校学报》2011年第3期，第88页。

者都得到出版商的青睐，从事教科书出版事业。教科书产业是当代高科技知识产业，对经济发展产生重大影响。出版商之间的竞争客观上提高了教科书的质量，降低价格，使更多的教科书传到学生手中，促使教科书产业蓬勃发展。

三 小规模自给自足型教科书生态系统和大规模市场型生态系统

两国教科书生态系统在生产者、普及方式上存在很大差异。在中国，政府通过学校（教科书消费者）、出版社（生产者）、学制，统一教育秩序，在各个环节中发挥的作用清晰鲜明。以此为基础，形成市场形态的教科书生态系统，规模史无前例，对产业发展做出很大贡献。

在韩国，有各类教科书生产者，比如政府、学会、团体、个人等。他们大多数为民办学校创始人。一个主体一般成立一所学校，编纂教科书发给本校的学生，形成自给自足型结构。由于不收学费，它们积极向政府或民间筹款。私立学校若要给学生提供更多的教科书，必须尽可能多地向外部融资。这使中韩教科书生态系统呈现出截然不同的面貌。

在中国，生产商生产、普及的教科书越多，获得利润越多。教科书生产商为追求利润，你争我夺，扩大市场规模，建立大规模单一市场型教科书生态系统。而在韩国，生产商编写的教科书越多，承担的负担就越重。生产商以团体、学会为中心，各自兴办学校，生产、普及教科书，构建小规模自给自足型教科书生态系统。

在韩国，政府在教科书生态系统中扮演重要角色。政府最早形成一种自给自足型模式，即制定学制，创立学校，编写教科书，将其提供给官立学校。这种模式，后来迅速扩展到民间。比如，民间爱国教育团体国民教育会与兴士团，为教育普通国民、将其培养为国家栋梁之材，均在机构内部附设学校，自编教科书。二者均成立编辑部、印刷厂、出版社，组织编纂人员编写教科书。据说，开化期（1895～1910）兴士团团员编写、翻译的书籍多达48卷。① 这些书籍的相当一部分被送往附属学校。

---

① 강설금，「한국 근대 초기 소규모 자급자족형 교과서 생태계 고찰」，『중국문학』92,2017,pp.193.

一些私立学校也效仿爱国团体，建立自给自足型系统，普成学校和徽文义塾就是典型例子。二者均由前任或现任官员创立，下设编辑部、印刷厂、出版社，组织编纂人员编写教科书。这些编纂人员包括校长、副校长在内的几乎所有教师。两所学校的出版社分别为普成馆和徽文馆，二者编纂教科书，捐赠给附属学校。

综上所述，可见韩国早期的近代教育具有公共性质。政府在规划教育之初就已实施无偿教育政策，官立、公立学校亦积极响应国家政策，不仅给学生提供学费、教科书、文具，还发放餐券。民间组织亦本着公共教育精神发展近代教育。虽然私立学校财政状况不佳，时常面临财政困难，校方不得不为得到各界援助而努力，但是他们对学生亦实行无偿教育。教育机构、学会、学校的出版社发行教科书之后首先考虑的捐赠对象为附属学校，如有剩余，便捐赠给其他私立学校，普成馆向平安南北两道各级学校捐赠教科书，就是很好的事例。这种公共性教育到底源自何种因素，需要进一步考察。如果对其做到析毫剖厘，将有可能把握韩国近代教育的重要特点。

民间出版商还向各校出售教科书。即已发行的教科书中，一部分捐赠给学校，一部分在市场出售。出版商只有通过出售才能取得一定收入，确保基本活动正常开展，出售成为赖以生存的必要手段。可见在韩国，自给自足型与市场型并存，而二者的比例到底如何，无从考察。

在中国，教科书生态系统以循序渐进、由浅入深的方式得到发展。它最初形成于1897~1901年。其间，教师自编教科书，学生使用其教科书，学校形成自给自足型生态系统。南洋公学所编的《蒙学课本》（1897），既是中国第一部近代教科书，亦属于早期教科书的典范。教师为学生量身定制，编写内容与难度恰如其分，深受学生欢迎。

1901~1902年，民间出版社意识到教科书市场的潜力，争先恐后参与其中。比如，1901年商务印书馆负责印刷南洋公学的《蒙学课本》。商务之所以选择这部教科书，是因为该书内容、体例完整，成为其他语文教科书的编纂标准。负责印刷业务的商务仅凭印刷就已获得相当可观的经济效益。1902年，上海文澜书局和文明书局亦进入教科书市场，分别选择无锡三等公学堂的《蒙学读本全书》（1901）进行印刷，获得可观的经济收入。早期的民营出版社在私立学校的教科书中选择质量佳、人气高的教科书普及到全国各地，从中获取经济效益，推动教科书出版产业的发展。

随着市场规模的扩大，民营出版社逐渐独立于私立学校，单独出版并分配教科书。中国从此进入市场型生态系统发展阶段（1902～1937）。其间，民间出版社组织专业团队，不依赖于私立学校，自编教科书。商务印书馆于1902年8月发行第一部自编教科书《文学初阶》（初等小学教科书）第一册，此后发展势头迅猛，自1903年开始出版"最新教科书"系列（1903～1911）。因这套的成功，商务稳居教科书出版界第一把交椅，从1903年后直至民国时期一直是教科书编辑发行的龙头。教科书市场规模迅速扩大，许多出版社纷纷进入其中，商务于1902年进入该领域，文明书局于1903年进入，中华书局、世界书局分别于1912年、1924年进入教科书出版市场。此后，民间出版社作为近代教科书的主要出版商，地位逐渐巩固。

结　语

本文比较研究中韩两国近代教科书生态系统。韩国构筑小型独立的教科书生态系统，它重视教育公益性质，中国形成大型单一市场的教科书生态系统，民间生产商之间的竞争十分激烈。两国生态系统呈现出诸多不同，主要体现在教育主体、教科书生产者、普及方式（销售和捐赠）、读者等方面。下面概括二者的特点，并阐述理由。

第一，两国学生总数、学校规模存在很大差别。据统计，以1909年为准，中国近代学校的学生总数多达156万人，而韩国约为20万名。以市场的发展潜力来看，两国的教科书市场从一开始就已出现巨大差距。

第二，在韩国，政府的作用非常显著。近代学校是在政府的倡导下成立的，取代传统的国立学校成均馆、乡校和高级私立学校书院的功能，这直接影响到教科书的普及，致使捐赠成为教科书最主要的流通方式。当时政府正规划甲午更张（亦称"甲午改革"，1894年）以实现近代化，其中教育是重中之重。那时政府已废除传统的官僚选拔制度——科举，致使与科举密切相关的乡校失去其原有的地位。传统时期乡校隶属于成均馆，属于官学，从政府那里得到土地，通过土地收入经营学校。19世纪末，近代学校一出现便继承、取代了乡校的地位。其继承性主要体现在如下两个方面：一方面，近代学校取代乡校，大部分毕业生进入官场，向国家提供人才；另一方面，乡校的土地收入为新式学校提供经费。正如乡校儒生受到优厚待遇一样，新式学校的学生亦在政府援助下接受近代教育，毕业后享受尊官厚禄。

第三，政府的积极参与是两国悠久的教育传统，然而，到19世纪末，二者的情况出现天差地别。当时清政府无法集中领导教育改革，故以民间为中心发展教育。而在韩国，政府有余力领导大规模近代化改革。再者，1905年，日本进入朝鲜半岛，迫使韩国政府进行全面改革。国内外诸多压力促使韩国政府进行积极的教育改革。

第四，是否受到外国的侵略也成为重要因素。19世纪末20世纪初，中国虽面临内忧外患，但始终坚守国家主权，未受到外国直接统治，近代教育得以顺利进展。而韩国，1905年与日本签订乙巳条约，国政受到严重干涉；到1910年，完全丧失国家主权。近代教育方兴未艾，便遭遇被遏制的厄运，韩国人自身的努力亦付诸东流，取而代之的是日本的殖民教育。

第五，人们对近代工商业的认识程度也影响到近代教育。在中国，近代学校的大多数创始人均为商人，他们对市场经济早已耳濡目染。而在韩国，创建早期学校的是政府，私立学校的创始人也以官僚、儒生、知识分子居多，他们对市场经济备感陌生，未积极参与其中。虽然尚不清楚这种差距到底对教科书生态系统造成多大影响，但是学校创始人的身份、文化背景与教科书生态系统之间的关系，仍值得探讨。

A Comparative Study on Ecosystem of Modern Textbooks in South Korea and China

Jiang Xuejin

Abstract　The purpose of this paper is to compare and study the characteristics of the modern textbook ecosystems in China and South Korea. Even if the two countries encountered internal and external troubles in the modern times, they still developed modern education because of the successful construction of a textbook ecosystem. In this paper, a textbook-centered system composed of many stakeholders is called "A Textbook Ecosystem". South Korea has formed a small self-sufficiency textbook ecosystem, while China has formed a large market type of textbook ecosystem. The differences between the two is due to the vast difference between the scale of schools and students, and the economic conditions of the government in the two countries.

Keywords　Modern, Textbooks, China, South Korea

过剩的现代性：对韩国殖民现代性论述的研究述评

周晓蕾

【内容提要】 缘起于20世纪90年代末的韩国"殖民现代性"论述，最早发端于美国东亚学界，后成为韩国殖民史论述的"第三条路"。"殖民现代性"论述呈现出多元的研究倾向与方法，体现了"自下而上"书写历史的问题意识，"民族"不再是考查殖民史的单一维度，"规训权力"、"民众"、"都市文化"、"殖民地公共性"乃至"东亚"等多重维度的介入丰富了殖民史论述的面向，不仅对民族主义，也对现代性提出了明确的批判，提供了超越西方中心主义思考的可能性。

【关键词】 殖民现代性　韩国殖民史　殖民掠夺论　殖民现代化论

【作者简介】 周晓蕾，韩国学博士，北京外国语大学亚非学院韩语系讲师，主要研究领域为韩国近现代史、韩国社会文化。

对于韩国来说，其进入现代之时亦是沦为日本殖民地之际。因而，如何理解与阐释日据时期的被殖民经历，始终是韩国近现代史论述所无法规避的重要课题，亦是理解当代韩国社会的出发点之一。韩国学界有关殖民现代性的讨论始于20世纪90年代末，至今已成为阐释韩国近现代问题的重要理论框架之一。由于中韩两国在现代化进程上的显著差异，长久以来中国学界对韩国近现代史尤其是对其殖民史研究的重要观念与研究范式的演变关注甚少。① 本文旨在勾勒近年来韩国学界"殖民现代性"论述产生的背景，辨析其中不同的研究流派与取向，进而探索其对中国现代性问题研究的若干启示。

一　源起

同许多重要的理论概念一样，"殖民现代性"概念并非韩国学术界的原创，最初产生于西方学术圈。它最早由美国东亚历史研究者汤尼·白露（Tani E. Barlow）于20世纪90年代提出，她首先在其主编的东亚研究期刊《立场：东亚文化批判》的创刊号中，策划并推出了题为"殖民现代性"（Colonial Modernity）的特辑，而后在她主编的《东亚殖民现代性的形塑》一书中，"殖民现代性"已发展为一种有别于美国东亚研究传统范式的阐释框架，为阐释日本帝国主义乃至曾支配东亚的西方帝国主义提供了一种新的研究视角。② 白露提醒东亚研究者应重新检视"现代性"一词在东亚历史经验中的具体内涵，并在序言中开宗明义地指出，"殖民主义"与"现代性"是工业资本主义扩张过程中产生的一对双生儿。③ "殖民现代性"概念的提出正是为了解释这两者之间既矛盾又彼此共生的复杂关系。

该问题意识而后迅速被导入美国学界的韩国殖民史研究。1999年，韩国史研究者申起旭（Shin Gi-Wook）和鲁滨逊（Michael Robinson）主编的题为《韩国的殖民现代性》论文集，便尝试以殖民现代性的理论架构取代以往基于民族主义史观的殖民史论述，主张殖民地朝鲜④处于"殖民地性"与"现代性"共存的状态，"殖民主义直接介入了韩国进入现代的途径，但这不意味着韩国人仅处于被动接受现代性的位置，相反，韩国人直接或间接

---

① 与此相关的近期国内研究参见赵轶峰《民族主义、现代性、东方主义、后殖民主义——晚近西方学术语境中的韩朝历史编纂学》，《古代文明》2014年第8卷第4期。该论文主要关注西方学界的研究，仅提及少数韩国研究者的部分英语研究成果，故无法完整呈现韩国学界内部的动态。
② Tani E. Barlow, "Debates over colonial modernity in East Asia and another alternative", *Cultural Studies*, Vol. 26, No. 5, 2012, p. 617.
③ Tani E. Barlow, *Formations of Colonial Modernity in East Asia*, Duke University Press, 1997, p. 1.
④ 为叙述之便，下文中"朝鲜"特指1910~1945年处于日本殖民统治之下的朝鲜半岛，区别于朝鲜民主主义人民共和国。

地参与了一种独特的殖民现代性的建构过程"①。该书对韩国民族主义史学提出了尖锐的批评,将其斥为"智性的圆形监狱"②。

由美国学界提出的"殖民现代性"概念为韩国学界重新思考本国现代性问题提供了一个有益的出发点与理论框架,却并未得到韩国学界的全然认同。相反,对于《韩国的殖民现代性》一书忽视殖民主义、片面强调现代性的问题,韩国学者普遍持有强烈的批判意识。都冕熙指出,该书虽成功规避了民族主义的历史叙述,却又不经意地掉入了认可帝国主义的陷阱;③李昇烈认为美国学界的"殖民现代性"论述体现了"新史学"的问题意识,却对资本主义乃至殖民主义的批判甚轻;④朴明圭提出,在对帝国中心批判缺席的前提下,仅对"周边地区"的民族主义倾向进行批判,是不公允的;⑤赵亨根指出,该书虽指出现代性兼具正负两面,但是在实际的分析中,难觅对现代性本身的批判。⑥因而,韩国学界内部进行的"殖民现代性"讨论,虽发端于美国学界的理论架构,却建立在对其强烈的批判意识之上。⑦

韩国学界"殖民现代性"论述的内在研究史脉络,则植根于20世纪80年代后期起发生在韩国史学界的一场旷日持久的论战,即"殖民掠夺论"(以下简称"掠夺论")与"殖民现代化论"(以下简称"现代化论")之争(以下简称"掠夺与现代化"论争)。

光复后的朝韩政府,长久以来都以日据时期的抗日历史作为其政权正统性依据。对于经历了日本殖民统治、曾被剥夺了记述本民族历史权利的两国

---

① Michael Robinson, Shin Gi-Wook, *Colonial modernity in Korea*, Harvard University Asia Center, 1999, p. 11.
② Eckert, J. Carter, Epilogue, "Exorcising Hegel's Ghosts: Toward a Postnationalist Historiography of Korea", in Michael Robinson, Shin Gi-Wook, ed., *Colonial modernity in Korea*, Harvard University Asia Center, 1999. p. 366.
③ 도면회,「(서평) 식민주의가 누락된 '식민지근대성'-Colonial Modernity in Korea」,『역사문제연구』7, 2001, p.265.
④ 이승렬,「'식민지 근대'론과 민족주의」,『역사비평』80, 2007, p.84.
⑤ 박명규,「역사사회학의 시공간성에 대하여」,『한국사회학회 워크숍』, 2001, p. 12-13.
⑥ 조형근,「비판과 굴절, 전화 속의 한국 식민지근대성론」,『역사학보』203, 2009, p.310.
⑦ 有关美国学界与韩国学界有关"殖民现代性"论述的区别请参阅조형근,「한국의 식민지근대성 연구의 흐름」, 공제욱·정근식,『식민지의 일상 지배와 균열』, 서울: 문화과학사, 2006, p. 59-60。简而言之,前者研究更倾向于"现代性"分析而非"殖民地性",后者研究则更多着眼于殖民权力体制与日常生活的相互作用,并对"殖民现代性"持有明确的批判态度。

而言,克服"殖民史观"①,找回本民族的历史,将其建构为自律性、发展式的民族史是殊为紧要的课题。因此,长期以来两国的近现代史研究,都呈现出"掠夺与抵抗"的二元论述模式,强调日本帝国主义侵略行径之霸道、掠夺之残酷,以及与此相对应的朝鲜民众生活之悲惨、民族解放运动之艰苦卓绝。20世纪90年代前后,冷战结束,韩国国内通过民主化运动实现了制度民主化,经济上创造了"汉江奇迹"。国内外环境的种种剧烈变化,使得以往民族主义主导的史学界意识到改变的必要,并开始反思现代性本身,思考如何阐释韩国现代性的起源与变迁,以及曾经的殖民经历与当下现代化之间的关联。学界对这一系列问题的理解充满分歧,"掠夺与现代化"论争由此而生。

"掠夺论"自20世纪六七十年代起至今,一直是韩国史学界乃至历史教科书的主流论述。持该观点的学者认为,日本借由政治、军事层面的压制与经济层面的榨取,彻底阻碍了朝鲜的现代化进程,因而必须对日本殖民统治进行全盘的揭发和批判;并主张应摒弃将进入日据时期以前的朝鲜社会视为"停滞社会"的"殖民史观",而将其视为充满了现代发展可能性的"资本主义萌芽期"。② 韩国著名历史学家姜万吉便是"掠夺论"的主要支持者,他指出:"日本殖民时代的朝鲜经济体制,一言以蔽之,是掠夺经济体制。这35年是民族资本理应获得积累的重要时期,但实际上所展开的却是掠夺一边倒的历史过程……在日本帝国主义的殖民地时代,日本对朝鲜民族文化的抹杀政策之残酷是绝无仅有的。但是,悠久的民族文化的基础仍然足以制胜于它。"③ 简而言之,"掠夺论"是对民族主义史观的继承,它不仅得到了大部分韩国历史学者的认可,也代表着国民的普遍情感取向。

"现代化论"则对占主导地位的"掠夺论"进行了大胆的质疑与挑战,主张日本殖民统治给韩国打下了现代经济发展的基础,战后经济的腾飞恰恰是日据时期经济发展的延续。这一理论主要由经济史学界主导,其代表人物为经济史学者安秉直、李荣熏等。其中,安秉直是韩国最先提出"现代化

---

① "殖民史观"指在日据时期由日本殖民者主导、意在同化朝鲜而推行的殖民地史学。其主要观点是,朝鲜人在朝鲜王朝约500年间处于落后和停滞状态,由于朝鲜人缺乏独立自主发展的能力,因而亟待日本人的解救与启蒙。
② 정연태,『한국근대와 식민지근대화 논쟁』,서울:푸른역사,2011,p.26.
③ 〔韩〕姜万吉:《韩国现代史》,陈文寿等译,社会科学文献出版社,1997,第5~6页。

论"的学者，他主张韩国的现代化始于日据时期，正是这一时期日本帝国主义对朝鲜的开发，孕育了20世纪60年代以后韩国经济的腾飞。① "现代化论"的支持者否认进入日据时期以前的朝鲜社会具有自主发展资本主义的可能性，他们广泛采用计量经济学等实证研究方法，以大量数据论证日本以强制手段所做的诸多变革对朝鲜经济发展客观上产生了积极作用，进而主张日本殖民者并非"掠夺者"，而是"开发者"。这一观点在以民族主义史观为主流的韩国学界，可谓"一石激起千层浪"。

"掠夺与现代化"论争贯穿了整个20世纪90年代至21世纪初。双方的分歧起初在于如何评价日据时期朝鲜的经济发展，而后论争不断扩展深化，从经济层面扩展到社会层面，聚焦于如何评价日据时期朝鲜的社会性质乃至殖民经历对后殖民时期韩国现代化的影响。这场看似水火不容的论战，在本质上却有着相通之处——双方都将资本主义经济发展视为衡量历史发展的唯一指标，将西方现代性视为现代性的唯一"标准"或"原型"，而对其自身蕴含的暴力性和压制性缺乏自知，因而都具有强烈的"西方中心主义"或"现代中心主义"的色彩。换言之，不论是"掠夺论"还是"现代化论"，皆认同日据时期形成的韩国现代性相对于西方现代性而言，是一种不完整的现代性，即"未完成的现代性"。

当论争进入白热化之际，有学者开始试图跳出"掠夺与现代化"二元论述的桎梏，提出非黑即白的论争忽视了当时殖民地社会的复杂性和多样性，形成了一种粗糙的见解，反而令人无法深入探究殖民统治所带来的创伤。并进而指出："不存在绝对的掠夺，也不存在绝对的发展，讨论的焦点应放在探寻日据时期的'发展'究竟是何种发展，形成了何种资本主义？"② 要解答这一问题，势必需要将史学从宏观叙事转向微观领域，将研究的视野从抽象的民族投向具体的个体经验。此时，来自美国学界的"殖民现代性"概念以及同期兴起的后殖民主义、后现代主义等思潮带来了新的刺激与挑战，韩国"殖民现代性"论述应运而生，形成了韩国殖民史论述的"第三条路"。

---

① 안병직，『근대조선의 경제구조』，서울：비봉출판사，1989；안병직，「한국근현대사 연구의 새로운 패러다임」，『창작과비평』98，1997；안병직，『한국경제성장사』，서울：서울대학교출판사，2011.
② 조형근，「비판과 굴절，전화 속의 한국 식민지근대성론」，『역사학보』203，2009，p.320.

二 "殖民现代性"论述的观点与研究倾向

"殖民现代性"概念在韩国学界的登场,具有双重目的,其一是对既往基于民族国家正当性而产生的民族主义叙事的挑战,其二是对在韩国社会未曾遭到质疑、作为一种历史先验性的现代性所做出的激进拷问。其重要面向之一便是重新阐述日据时期朝鲜的殖民地经验,关注殖民地性与现代性之间错综复杂的历史纠葛与情感悖论,并辨析其对当代韩国人精神世界残存的种种复杂微妙的影响。因而,相比"掠夺与现代化"论争的双方而言,"殖民现代性"论述更关注殖民历史的延续性,形成了对当下现实的观照与反思。换言之,这是一种将当代问题回归历史脉络的理论思考。

值得注意的是,"殖民现代性论"与"殖民现代化论"仅一字之差,却是两种截然不同的研究方法,后者主要以经济领域为验证论述的对象,多通过数据化、量化分析的方式来呈现;前者则主要以社会、文化领域为考察对象,多通过质性研究、历史研究、文学研究等方式来进行。两者立场亦迥然相异,主要体现在对现代性本身的评价上。后者对现代性持肯定态度,将现代化视作韩国要达成的目标,并将光复前后时期视为具有积极意义的历史性延续;而前者则对现代性持明确的批判态度,将光复前后时期视为一种消极意义的历史延续。在这个意义上,"殖民现代性"论述带有显著的后殖民主义、后现代主义的色彩。它否认"现代性的完成"是韩国社会要追求的目标,相反,恰恰是需克服的历史课题。在此框架下,所谓"殖民现代性",亦被理解为一种"过剩的现代性"。[1]

那么,"殖民现代性"的含义为何?韩国学界如何定义这个重要的概念?对此,韩国学界尚未形成广泛认同的定义。金晋均、郑根植将其视作与西方现代性不同的一种现代性类型,是后者在殖民地的特定社会经济条件下的一种变形,即一种"另类现代性"(alternative modernities);[2] 姜来熙认为,"殖民现代性"同"西方现代性"、"拉美现代性"、"社会主义现代性"

---

[1] 강내희,「한국의 식민지 근대성과 충격의 번역」,『문화과학』31, 2002, p. 75.
[2] 김진균·정근식 편『근대주체와 식민지 규율권력』, 서울:문화과학사, 1997.

等一样，均为"多样现代性"中的一种模式（module）；① 尹海东主张，在考察现代性的时候，"西方现代性＝普适现代性"、"殖民现代性＝特殊或扭曲现代性"的等式并不成立，西方世界与殖民地世界是现代世界体系的一体两面，因而"所有现代性都是殖民现代性"。② 赵亨根则拒绝将"殖民现代性"视为某种固定的概念，而主张将其视作一个众多概念共存的场域、一个"问题设置"（problématique）或催生新概念的概念"孵化器"，用于激发更多问题、发现更多被忽略的真实。③ 基于对"殖民现代性"概念的不同理解与定义，近年来韩国学界对其诠释的角度与研究方法也呈现出多样的取向。

（一）殖民地"规训权力"与霸权批判

《现代主体与殖民地权力》是韩国史学界最早鲜明提出"殖民现代性"问题意识的著作，也是从"掠夺与现代化"论争过渡到殖民现代性论述的转折之作。该书导入了福柯提出的"规训权力"作为理论框架，认为其是殖民权力的重要特征之一——细密的监视与统治织就了一张日常规训之网，并通过学校、工厂、医院、家庭、军队等空间及装置发挥其作用。编者指出，此"规训权力"不仅包含西方现代性，也包含日本天皇制因素，因而其生产的所谓"殖民地现代主体"，实质上是一种被现代规训的"皇国臣民"，而这也正是朝鲜的殖民现代性与西方现代性之间根本差异所在。④ 该书一经出版，就激发了一系列基于规训权力及葛兰西霸权理论的殖民史研究，涉及学校规训、时间管制、服饰管制、体育教育及卫生健康等众多领域。⑤ 通过这些研究，殖民统治体制与光复后韩国军事独裁、威权统治之间隐秘的继承关系也得以陆续呈现。⑥

同时也有学者指出，殖民地朝鲜霸权的成立不仅与日本殖民当局有关，而且深植于彼时以美国为中心的西方文化霸权。朝鲜的殖民结构并非殖民权

---

① 강내희, 「한국의 식민지 근대성과 충격의 번역」, 『문화과학』 31, 2002, pp. 82-86.
② 윤해동, 「근대를 다시 읽는다 1」, 고양 : 역사비평사, 2006, p. 20; 조형근, 「한국의 식민지 근대성 연구의 흐름」, 공제욱·정근식 편 『식민지의 일상 지배와 균열』, 서울 : 문화과학사, 2006, p. 54.
③ 조형근, 「비판과 굴절, 전화 속의 한국 식민지근대성론」, 『역사학보』 203, 2009, p. 321.
④ 김진균·정근식 편 『근대주체와 식민지 규율권력』, 서울 : 문화과학사, 1997, p. 25.
⑤ 연세대학교 국학연구원 편 『일제의 식민지배와 일상생활』, 서울 : 혜안, 2004; 공제욱·정근식 편 『식민지의 일상 지배와 균열』, 서울 : 문화과학사, 2006; 윤해동 외 편 『근대를 다시 읽는다』, 고양 : 역사비평사, 2006.
⑥ 조희연, 『동원된 근대화』, 서울 : 후마니타스, 2010.

力与被殖民者之间的双边关系，而是以美国为中心的西方为媒介的三角关系。① 如尹海东所指出的，日据时期朝鲜知识分子的反日民族主义越强烈，就越渴望西方现代性，他们对西方的向往和模仿，在抗日的过程中反而变得合理且愈加牢固②。柳善荣认为，日据时期朝鲜公共领域的殖民化是"日本化"，而私人领域的殖民化却表现为由基督教、好莱坞电影所贯彻的"美国化"，两者并行不悖，在朝鲜民众眼中，美国是"兄弟之国"、"救济者"乃至现代性之"恩人"。③ 从此，韩国学界对殖民地"规训权力"及霸权的考察增加了"美国"或"西方"这一维度，并关注到日本主持的现代化与美国主导的现代化在朝鲜相互纠葛、合作、妥协等复杂面向，进一步拓展了"殖民现代性"论述的深度与广度。④

（二）民众史、日常史研究

殖民地"规训权力"及霸权批判遭到的主要质疑，在于其过度仰赖解构主义方法论，强调外在规训装置的作用，却疏于展现朝鲜人实际被规训的内在机制与途径。⑤ 基于这一研究局限，许多学者开始将视线投向朝鲜人的日常生活。相对于民族解放史的视角而言，民众史、日常史研究重视记录无名殖民地民众的日常生活。这里所谓的"民众"，并非民族主义史观下呈现的"人民斗争史"或"民众运动史"中的变革主体，而是介于殖民统治体系与抗日主体之间的存在⑥，他们有着沦为被殖民者的悲情与抗争的一面，也有着追求现代性的一面。

在"殖民现代性"论述中，"民众"与"日常"不仅是具体的研究对象，更是一种方法论。郑根植在其论文中区分了"作为研究对象的'日常'"以及"作为研究方法的'日常'"，并指出后者比前者更为重要。他

---

① 채오병,「식민지 조선의 비서구 식민구조와 정체성」,『사회와 역사』76, 2007.
② 윤해동,「식민지 근대와 대중사회의 등장」, 임지현 외 편『국사의 신화를 넘어서』, 서울 : 휴머니스트, 2004, p. 251.
③ 유선영,「대한제국 그리고 일제 식민지배 시기 미국화」, 원용진 외 편『아메리카나이제이션』, 서울 : 푸른역사, 2008, p. 50-84.
④ 주윤정,「慈善과 慈惠의 競合」,『사회와역사』80, 2008; 박명규·김백영,「식민지배와 헤게모니 경쟁 : 조선총독부와 미국 개신교 선교세력간의 관계를 중심으로」,『사회와 역사』82, 2009; 유선영,「일제 식민 지배와 헤게모니 탈구」, 사회와역사』82, 2009; 조형근,「일제의 공식의료와 개신교 선교의료간 헤게모니 경쟁과 그 사회적 효과」, 사회와역사』82, 2009.
⑤ 정병욱,「식민지 경험의 재구성과 삶의 단위 -『근대를 다시 읽는다』를 읽고」,『역사비평』80, 2007, p. 451-453.
⑥ 정연태,『한국근대와 식민지근대화 논쟁』, 서울 : 푸른역사, 2011, p.377.

指出，日常研究不只是区别于宏观结构或制度的另类研究对象，而且是"通过重复的、习以为常的日常断面，来再现其中所蕴含的宏观结构、制度或统治政策"的一种方法。①

该研究流派的一个重要切入点为20世纪二三十年代京城（现首尔）的都市摩登文化，包括消费文化、媒体文化、大众文化、新女性等方面。这股研究潮流的开山之作是美术史研究者金振松的著作《请允许在首尔开舞厅》。作者收集了大量20世纪二三十年代朝鲜的杂志、新闻、广告等素材，证明当时的殖民都市京城已出现了科学技术的渗透、欧美商品和文化产品的流行、颓废的知识分子、摩登新女性等一系列"现代现象"，而这些现象与韩国当代社会息息相通。作者反对在任何宏大的体系或制度框架之下，使用过于学术的抽象概念定义现代性，而主张以每个个体"原生粗粝"的"日常具体的经验"建构现代性。②此后，文化、媒体、性别等领域相继出现了一系列殖民都市摩登文化研究，并取得了丰硕的研究成果。这些研究将个人化、碎片式的都市居民日常体验置于殖民社会的脉络之下，关注"殖民现代性"作为一种全新的现代体验的形成过程。这牵涉各种观感系统，如视觉（广告、电影等）、听觉（唱片、音乐）、味觉等，也涉及新女性、摩登男士等都市人群。这些研究表明，都市居民所经历的现代性体验本身即为殖民现代性的本质所在。然而，由于日据时期得以享受摩登文化的群体多为生活在城市的中上层居民，都市摩登文化研究所折射出的"殖民现代性"的普遍性也遭到质疑。③

（三）灰色地带、殖民地公共性

史学家尹海东提出的"灰色地带"及"殖民地公共性"概念，则是结合以往殖民地"规训权力"、文化史、民众史等研究的成果，并对其进一步理论化的结果。他提出以"殖民地规训权力"的概念置换以往有关日本帝国主义"统治或掠夺"之论述，并以"殖民地公共性"的概念置换以往对

---

① 정근식，「식민지 일상생활 연구의 의의와 과제」，공제욱·정근식 편 『식민지의 일상：지배와 균열』，서울：문화과학사，2006，pp.17-19.
② 김진송，『서울에 딴스홀을 허하라』，서울：현실문화연구，1997，p.19.
③ 문명기，「근대 일본 식민지 통치모델의 轉移와 그 의미」，『중국근현대사연구』53，2012，pp.217-218.

于朝鲜人"被统治或抵抗"之论述。① 换言之,作为殖民统治者来说,其殖民权力不只有残暴的一面,同时也有谋求规训与霸权的现代性支配的一面;对于被殖民者而言,为了维持生活,也不得不在日常生活中形成一个与殖民权力"合作和对抗"并存的"灰色地带",这是霸权支配与民众日常的交汇点,也是"殖民地公共性"存在的场域。

"灰色地带"及"殖民地公共性"概念的提出,打破了以往对于朝鲜人非"反日"即"亲日"的二元思维与叙事传统。尹海东进一步提出:"帝国主义的殖民统治并不是统治者的单向统治,而是在与被殖民者之间的相互作用中维持的。所以,有必要对帝国主义统治的协助问题进行认真分析。"② "协助"概念的提出,取代了以往在"亲日"框架下做出的道德判断,促使史学界以全新的角度评断20世纪二三十年代在日本的"文化政治"③之下诸多亲日朝鲜人、朝鲜合法团体所扮演的角色,进而探讨他们与殖民政府之间的博弈与妥协,而不一律将其视作侮辱民族气节的变节行为。同时,韩国学界也开始反思并重塑以往仅以"被压迫者"或"受害者"面貌出现的朝鲜民众形象。尤其中日战争爆发后,随着朝鲜人政治参与度的加深,在"殖民地公共性"扩大的同时,部分朝鲜人从"被害者"转变成"加害者"。近年来,有关在伪满洲国、中国沦陷区、东南亚战场中以"次帝国主义者"(sub-imperialist)乃至"加害者"面貌出现的朝鲜人研究便明确体现了这一问题意识。④

(四) 时空视角的拓展

在世界史研究的影响下,韩国学界也开始探索"殖民现代性"在更为

---

① 윤해동,『식민지의 회색지대』,고양:역사비평사,2003;윤해동,『식민지 근대의 패러독스』,서울:휴머니스트,2007.
② 尹海东、苑英奕:《殖民地认识的"灰色地带"——日帝统治下的"公共性"和"规训式权力"》,《开放时代》2007年第6期,第46页。
③ "日韩合并"之后,日本殖民当局一度实施高压军事统治,后鉴于韩国民族掀起的三一独立运动与国际舆论的巨大压力,于1919年后被迫废除以往的"武断统治",改行怀柔的"文化政治",即以文官来治理韩国,并适度放松对舆论的审查。
④ 参阅비교문화연구소편『근대 한국 제국과 민족의 교차로』,서울:책과 함께,2011。该书指出"被害者"意识实则是"帝国话语"的一种附属,回顾过去的被殖民历史,会发现"作为殖民主义牺牲者的我们,如果被置于合适的历史条件,随时有可能成为殖民者的可能"(第7~8页)。

广阔空间内的流动与交融。许多学者意识到,应将韩国的"殖民现代性"讨论放置在"帝国"(日本帝国)的更大版图中而非拘于朝鲜范围内讨论,方能避免就日本的殖民统治性质究竟是"掠夺"还是"施恩"展开无谓的争辩。他们指出,日本成功地通过明治维新成为现代化国家,并在东亚复制践行欧洲的殖民扩张,而朝鲜的历史命运正是在这一变局之中,被统摄至日本现代化进程的洪流之中,这一过程中岛屿(日本)与半岛(朝鲜)之间的互动表明,"殖民现代性"不仅发生在朝鲜,也反向作用于殖民母国日本,因而是一种具有"共时性"的现代性。①

此外,在21世纪初韩国人文领域兴起的"东亚论"思潮的影响下②,对东亚的思考亦被导入殖民史研究的范畴,从前被排斥在民族国家范围之外的历史脉络也因而得以呈现。相关的研究涉及日据时期朝鲜与其他东亚社会之间物质(贸易)、人(移民)、理念(文化交流)等多层面的互动,这些基于东亚视角的研究,不再局限于关注朝鲜社会内部或日朝之间的互动,而将包括中国在内的广大东亚地区纳入视野,进而表明,韩国的现代性形成于东亚帝国秩序的跨国网络之中。③

随着研究的深入,部分学者开始关注"殖民现代性"的当代意义,认为其并非仅存于日据时期的历史现象,而是活生生的现实问题。在当代韩国,形成于日据时期的"文明与野蛮""压迫与抵抗"等二元对立的思维模式,以及以"普遍性"的西方现代性为框架来认识(并规训)自我的思维模式极具生命力——殖民现代性作为重要的殖民遗产,仍在许多方面微妙地影响着韩国民众的社会生活与精神世界。④ 在这个意义上,揭示"殖民现代性"历史延续性的一面,寻求其克服之道,乃是"殖民现代性"论述的现实意义所在。

结　语

综上所述,近年来韩国学界的殖民现代性论述,其研究史脉络根植于

---

① 윤해동,『식민지 근대의 패러독스』,서울:휴머니스트,2007,p.52.
② 有关该思潮,参见白永瑞《横观东亚:从核心现场重思东亚历史》,联经出版事业股份有限公司,2016。
③ 윤해동,「'동아시아사로서의 한국사'를 보는 방법」,『동북아역사논총』40,2013,p.58.
④ 권명아,『역사적 파시즘』,서울:책세상,2005;방기중,『식민지 파시즘의 유산과 극복의 과제』,서울:혜안,2006;권명아,『식민지 이후를 사유하다』,서울:책세상,2009.

学界内部的"掠夺与现代化"论争,而后受到来自美国学界"殖民现代性"概念的激发,形成了韩国殖民史论述的"第三条路"。它建立在对民族主义与现代性的双重否定和批判上,在该理论框架下,脱胎于殖民历史的韩国现代性不再是一种需要不断追求的"未完成的现代性",而是一种需要克服的"过剩的现代性"。殖民现代性论述呈现出多元的研究倾向与方法,体现了"自下而上"书写历史的问题意识,"民族"不再是考察殖民史的单一维度,"规训权力"、"民众"、"都市文化"、"殖民地公共性"乃至"东亚"等多重维度的介入,丰富了殖民史论述的面向,展现了殖民时期的复杂性与张力,并揭示了"野蛮"的日据时期与战后新兴国家韩国之间隐秘的关联性。

作为一种发展中的历史研究取向,"殖民现代性"论述仍有其概念和方法论上的限制与不足,但其在方法论层面的不断拓展、省察与修正,也为中国现代性研究提供了富有启示性的理论资源。首先,东亚现代性具有相似性,不仅体现在(半)殖民地经历上,亦体现在后殖民时期面对西方现代性的态度上——殖民现代性作为一种思维框架,可被用于阐释"非西方"地区所形成的相异于西方现代性的现代性,并提供超越西方中心主义思考的可能性。其次,韩国"殖民现代性"论述中超越民族主义史观的实践,对中国现代性研究具有启示意义,其揭示的反日民族主义与西方中心主义之间的纠缠,并不局限于韩国,而是彼时东亚(半)殖民地知识分子所共有的一种状态,这一点值得纳入中国近代语境进行思考。最后,"殖民现代性"论述中"东亚"视角的介入,以及对区域空间网络、中心与周边等复杂关系的观照,对于我们超越"中西"二元结构的思维局限具有借鉴意义。中国现代性研究,不应仅以西方现代性作为参照系,而应在东亚史乃至世界史层面寻找"非西方现代性"的多元参照体系。

Excessive Modernity: Trends and the Current State of the Discourse on Korean Colonial Modernity

Zhou Xiaolei

Abstract The oretical framework of "colonial modernity", first articulated by the US-based academy as a way to frame the complex histories of East Asia, has been influential in explaining the construction of Korean modernity during the colonial periods. New perspectives and methodologies began to consolidate arguments based on the researchers who advocated the theory of colonial modernity, as was the case with urban modernity, the history of everyday life, colonial publicness, as well as new history of people and transnational history, which reprints an attempt not to study history from the standpoint of the nation-state, but rather from that of the lower strata of society and people. Away from Euro-American perspectives, researchers also paid much more attention to the context of Asia. The new approaches, therefore, not only criticize the vantage point of nationalism and the centrality of modernity to Korean historiography, but also question the supremacy of the Western model of modernity itself.

Keywords Colonial Modernity, History of Colonial Korea, Exploitation Theory, Colonial Modernization Theory

中韩自贸区建设的影响：预测与验证*

王丽琴

【内容提要】 中韩自贸区建设前后，国内外学术圈的研究纷纷预测中韩自贸区能够推动中韩双边贸易增长、改善中韩双边贸易结构、促进双方产业升级，并为两国 GDP 增长做出贡献。联合国 Comtrade 数据库关于 2010~2016 年中韩双边贸易的数据表明，2015 年《中韩自由贸易协定》签署后，中韩的双边贸易总量并没有增长，反而呈现下降趋势。中韩双边贸易的结构也基本未变，在机械和运输类设备商品的进出口贸易中，中国占有绝对优势，且一直处于逆差地位；在材料制成商品进口中中国占有优势，处于顺差地位，长期来看中国的这种顺差地位可能发生逆转；在化学类商品在出口中中国占有优势，处于逆差地位，这种逆差地位短期内不容易改变；食品和活动物类商品是中韩自贸区协定签署生效后贸易量呈现增长趋势的唯一一类商品，这是中韩自贸区建设带来的有利影响。《中韩自由贸易协定》中的关税和非关税壁垒两方面的经济因素和"萨德"入韩的政治因素阻碍了中韩自贸区建设发挥积极作用。

【关键词】 中韩自贸区　贸易结构　双边贸易

【作者简介】 王丽琴，博士，同济大学政治与国际关系学院副教授。

中韩自贸区的建设经历了较为漫长曲折的道路。2005 年中韩开始展开建设双边自贸区可能性的民间研究，2006 年 1 月 1 日双方开始展开官产学

---

* 本文获 2017 年同济大学"中央高校基本科研业务费专项资金－学科交叉类"项目资助，是该项目的阶段性研究成果。

联合研究，2012年5月2日双方正式启动自贸区谈判，2015年6月1日双方签署《中韩自由贸易协定》。中韩两国人民甚至东亚各国人民都对经历了十年才建成的中韩自贸区抱有极大期望，国内外学术圈的研究纷纷预测中韩自贸区建设必将促使双方贸易总量增加，促进双方贸易结构优化，推动双方产业结构升级，为两国GDP增长做出贡献，并推动整个东亚、亚太经济一体化进程。

从《中韩自由贸易协定》签订至今已经过了两年多时间，但几乎未见中韩贸易结构有任何变化，双边贸易总量也是不升反降，更不要提促进双方产业结构升级和为两国GDP增长做出贡献了。本文依据2010~2016年以来中国和韩国的双边贸易数据，考察2015年《中韩自由贸易协定》签署后中韩双边贸易的发展趋势，并与之前中韩双边贸易做对比，验证国内外学术圈中关于中韩自贸区建设对中韩双边贸易影响的预测，并从关税和非关税壁垒两方面经济因素和其他政治因素等深入探析造成中韩自贸区建设后中韩双边贸易下降的原因。之所以选择2010年，是因为这一年双方宣布结束官产学联合研究，准备启动中韩自贸区谈判，这可以视作双方正式开始建设中韩自贸区的开端；选择2016年，是因为这是本文主要数据来源——联合国商品贸易统计（Comtrade）数据库截至目前的最新数据。

本文的数据来源不仅包括Comtrade数据库的数据，还包括中国国家统计局在2010~2016年发布的《中国统计年鉴》。经过对比这两个数据来源关于2010~2016年中韩双边贸易的数据，我们发现这两个数据来源的数据基本一致，有时候有少许出入。Comtrade的数据以美元为单位，《中国统计年鉴》的数据以万美元为单位。相比而言，Comtrade的数据更加精确。因此本文主要以Comtrade数据库内的数据为研究数据来源，并在必要时以《中国统计年鉴》作为参考。

本文在讨论中韩双边贸易结构是否变化时，以国际贸易标准分类（SITC）为分类标准，并根据双边贸易中各类商品所占份额，选择总计份额达90%以上的机械和运输类设备产品（S1-7）、材料类制成品（S1-6）和化学品（S1-5）为案例，研究双边贸易结构的变化。同时，考虑到食品和活动物类（S1-0）商品在中韩双边贸易中的特殊性，也将食品和活动物类商品作为案例进行考察。

一 学界关于中韩自贸区建设影响的预测

自 2012 年中韩启动双边自贸区谈判开始，国内外学术圈对中韩自贸区的研究形成一个浪潮。到 2015 年《中韩自由贸易协定》完成谈判时，国内外学术圈已经形成了一波关于中韩自贸区研究的高潮。纵览这一时段研究主题，可以发现中英文文献对于中韩自贸区的意义和影响都有所涉猎，并形成了丰富的研究成果。

关于中韩自贸区的意义和影响，国内外学术圈主要关注以下几点。第一，研究预测中韩自贸区达成的关税减让短期来看有利于提高中韩两国贸易的数量和质量[1]，长期来看必然推动中韩双边贸易增长[2]；中韩自贸区会成为促进中韩长远增长的关键因素[3]，并为两国经济增长提供新的增长点[4]，为两国 GDP 增长做出贡献。第二，因中国的吉林、辽宁和山东三省跟韩国地缘毗邻，相关研究侧重探讨了中韩自贸区建设对这三个省份及部分下辖地市贸易的影响。这些研究肯定了中韩自贸区对山东经济发展的积极作用[5]，同时认识到韩国在山东的投资主体大都是中小企业，且投资广泛集中于劳动密集型产业，对整个山东省的产业升级来说没有太大积极作用；[6] 中韩自贸区为吉林提供了一个增加对外贸易和投资的机会[7]，给吉林省的农产品深加工等传统产业和汽车等代表性产业都带来发展机遇[8]；但吉林省对韩贸易规

---

[1] 江振龙、张晓静：《中韩自贸区建立对两国经济贸易的影响》，《中国市场》2015 年第 17 期，第 19 页。
[2] 刘斌、庞超然：《中韩自贸区的经济效应研究与对策分析》，《经济评论》2016 年第 5 期，第 137 页。
[3] 孙亚君：《基于引力模型的中韩自贸区贸易潜力的实证研究》，《对外经贸》2016 年第 11 期，第 17 页。
[4] 韩爱勇：《中韩自贸区建设的多重意义》，《理论视野》2015 年第 7 期，第 71 页。
[5] Gao Xin, "China – South Korea FTA: New Opportunity for Shandong", *China Today*, June 2015, p. 46.
[6] 张哲：《浅析中韩自贸区对山东省经济发展的影响》，《企业导报》2015 年第 18 期，第 121 页。
[7] 丁伟、Allieu Badara Kabia：《中韩自贸区建设对辽宁的影响及对策》，《现代经济信息》2016 年第 4 期，第 132 页。
[8] 李彩霞等：《中韩自贸区的建立对吉韩贸易的影响及对策》，《创新科技》2017 年第 5 期，第 17 页。

模小、顺差大,还需要采取措施大力推动双方贸易和投资的发展。① 第三,相关研究分析了中韩自贸区对中国金融、汽车、养殖业、钢铁、机电等行业和产业的影响。② 由于农业的特殊地位和敏感性,国内外学术圈着重分析了中韩自贸区对中国农业的影响。大多数学者认为中韩自贸区能够促进中国农产品扩大市场,推进中国农业贸易结构优化;③ 也有学者认为虽然中韩自贸协定已经签署,但是韩国在农业贸易方面设置了重重障碍,这会降低中国农产品在出口方面的优势,使中韩自贸区期待的经济效益难以显现。④ 第四,国内外学术圈慎重讨论了中韩自贸区建立对中日韩自贸区、东亚/亚太经济一体化进程的影响。部分学者认为中韩自贸区的建立能够促使日本回到中日韩自贸区的框架中来⑤,促使日本更积极地参与中日韩自贸区建设⑥,并推动东亚/亚太经济一体化进程⑦;也有学者认为中日韩自贸区建设会使日本"怀疑自己被排除在外"⑧,从而对东亚经济一体化进程产生离心力,并影响亚太经济一体化进程。

简而言之,既有研究对中韩自贸区产生的政治和经济影响达成了某些共识,但也存在部分分歧。相关研究多是在中韩自贸区生效前通过静态模型对自贸协议的经济贸易影响进行预测,非常乐观。本文将通过中韩双边贸易特别是货物贸易的动态数据对自贸区协定的影响进行验证,并与先期研究预测进行比对,从国际政治经济学视角寻找中韩自贸区建设未能如期发挥积极作用的原因,从而充实既有研究。

---

① 刘建达、陈英姿:《中韩自贸协定下吉林省与韩国经贸合作前景展望》,《经济纵横》2016年第7期,第124页。

② 耿丽平:《中韩自贸区的建立对汽车产业的影响》,《中国市场》2015年第38期,第98~100页;常秋筝、汤婉君:《中韩FTA视角下我国机电产业贸易自由化的适度性分析》,《中国市场》2015年第42期,第100~103页;李志香等:《中韩自贸区对威海水产养殖业的影响及对策研究》,《中国农业信息》2016年第12期,第39~85页。

③ 金美兰:《中韩自贸区的设立对我国农产品贸易的机遇与挑战》,《吉林农业》2017年第21期,第112页。

④ 董鸿飞:《中韩自贸区建立的挑战研究》,《现代经济信息》2015年第9期,第178页。

⑤ 韩爱勇:《中韩自贸区建设的多重意义》,《理论视野》2015年第7期,第72页。

⑥ 沈铭辉:《中日韩自由贸易区的经济学分析》,《国际经济合作》2011年第3期,第38页。

⑦ 王厚双、齐朝顺:《中韩FTA的经济政治影响分析》,《东北亚研究论丛》2015年第1期,第52页。

⑧ Hidetaka Yoshimatsu, "Diplomatic Objectives in Trade Politics: The Development of the China - Japan - Korea FTA", *Asia - Pacific Review*, Vol. 22, No. 1, 2015, p. 115.

二 对中韩自贸区建设影响的验证

根据 Comtrade 数据库内有关 2010～2016 年中韩两国间货物贸易的数据，可以发现中韩双边贸易的几大趋势。第一，在中韩自贸协定签署生效后，中韩双边贸易并没有如人们所期待的那样大幅度增加；相反，双边贸易下降的趋势异常明显。中国在其中处于逆差地位，但与韩国的贸易差额逐渐缩小。第二，就双方的贸易结构而言，在中韩自贸协定签署生效前后几乎没有变化。第三，双方农产品交易在双边贸易中的地位有所上升，但非常缓慢。第四，中韩自贸区的建设未能促使日本重返中日韩自贸区的合作框架，反而将之更加推向了 TPP。中国也缓和了之前支持以东盟 10 + 3 成员国为框架的东亚自贸区的强势立场①，倾向支持亚太自贸区建设。

（一）中韩双边贸易额下降，中国对韩贸易逆差逐渐趋向平衡

梳理 2010～2016 年中国和韩国的双边贸易，可以有两方面的发现。

一方面，2010 年以来中韩双边贸易总额呈现先上升后下降的趋势。图 1 展示了 2010～2016 年中韩双边贸易额的发展趋势。从图 1 我们可以判断，自 2010 年中韩宣布结束官产学联合研究并准备开始自贸区谈判始，双边贸易额呈现稳定的上涨态势，并在 2014 年形成一个高峰，达到 2904 亿美元。2015 年中韩自贸协定签署生效并没有使双边贸易延续上扬的态势；相反，中韩双边贸易额呈明显下跌态势，跌幅达 5%。2016 年延续 2015 年颓势，中韩双边贸易额下跌到 2527 亿美元，跌幅达 8%，为 2010 年来最大跌幅。

另一方面，中韩贸易中中国始终处于逆差地位，但是中韩贸易的差额在 2014 年之后逐年缩小。从图 1 我们可以发现，2014 年既是中韩贸易的最高峰年份，也是中国对韩贸易逆差最大的年份，双方的贸易差额高达 900 亿美元。之后随着中韩自贸区建设，双方开始实施降税减税计划，到 2016 年中

---

① Mie Oba, "TPP, RCEP, and FTAAP: Multilayered Regional Economic Integration and International Relations", *Asia-Pacific Review*, Vol. 23, No. 1, 2016, p. 104.

国对韩贸易逆差降至650亿美元左右，较2014年缩减1/3，这意味着中韩双边贸易趋向更加平衡。

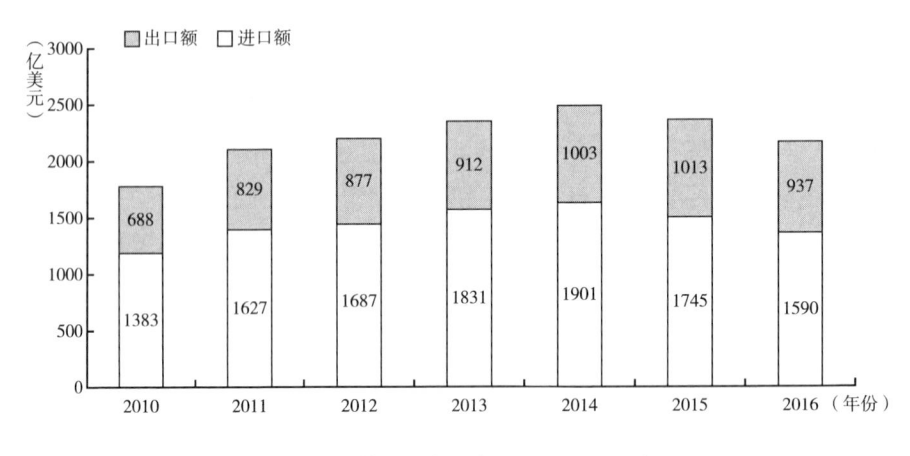

图 1　中韩双边贸易额（2010～2016）

资料来源：笔者根据联合国 Comtrade 数据库数据计算。

（二）中韩双边贸易结构基本未变

关于中韩自贸区协定签署生效后的中韩双方贸易结构，绝大多数研究认为中韩自贸区建设会推动中韩双方的贸易结构升级和优化。实际上，考察2010年以来各种产品在中韩贸易中的地位，我们可以发现2010年以来中韩双方的贸易结构基本上没有发生大的变化。表1根据SITC分类标准将中韩双边贸易商品分为10类，然后根据这10类商品在中韩双边贸易中的份额，本文将之进行排序。从表1我们可以有两点发现。

第一，中国对韩国出口的商品种类基本没有发生变化。根据各类商品在中韩贸易中所占份额，本文将中国对韩国出口的商品种类按其份额大小进行先后排序，前七位依次是机械和运输设备产品（S1-7），材料类制成品（S1-6），杂项制品（S1-8），化学品（S1-5），食品和活动物（S1-0），矿物燃料、润滑剂和相关材料产品（S1-3），燃料以外的非食用粗材料产品（S1-2）。2010～2016年这七类商品的排序从未发生变化，其出口贸易额达到中国对韩出口贸易总额的90%以上，出口的顺序没有发生变化，这意味着中国对韩出口的贸易结构基本未变。

第二，中国从韩国进口的商品种类和结构没有发生大的变化，2010～2011年，排在前六位的商品类别依次是S1-7、S1-8、S1-5、S1-6、S1-3和S1-2。这六类产品的贸易总额能达到中国从韩国进口商品总额的90%，2010～2011年其排序并没有发生变化，这意味着中国从韩国进口的商品种类和结构基本没有变化。值得一提的是，从2012年开始，S1-5的进口贸易额超越了S1-8。这意味着2012年中韩自贸区开始谈判以后，在中国从韩国进口的商品中，S1-5的重要性开始上升。

表1 中韩进出口贸易分类产品排序表（2011～2016）

次序	出口							进口						
年份	2016	2015	2014	2013	2012	2011	2010	2016	2015	2014	2013	2012	2011	2010
1	S1-7	S1-7	S1-7	S1-7	S1-7	S1-7	S1-7	S1-7	S1-7	S1-7	S1-7	S1-7	S1-7	S1-7
2	S1-6	S1-6	S1-6	S1-6	S1-6	S1-6	S1-6	S1-5	S1-5	S1-5	S1-5	S1-5	S1-8	S1-8
3	S1-8	S1-8	S1-8	S1-8	S1-8	S1-8	S1-8	S1-8	S1-8	S1-8	S1-8	S1-8	S1-5	S1-5
4	S1-5	S1-5	S1-5	S1-5	S1-5	S1-5	S1-5	S1-6	S1-6	S1-6	S1-6	S1-6	S1-6	S1-6
5	S1-0	S1-0	S1-0	S1-0	S1-0	S1-0	S1-0	S1-3	S1-3	S1-3	S1-3	S1-3	S1-3	S1-3
6	S1-3	S1-3	S1-3	S1-3	S1-3	S1-3	S1-3	S1-2	S1-2	S1-2	S1-2	S1-9	S1-2	S1-2
7	S1-2	S1-2	S1-2	S1-2	S1-2	S1-2	S1-2	S1-0	S1-0	S1-0	S1-0	S1-2	S1-9	S1-9
8	S1-1	S1-1	S1-1	S1-1	S1-9	S1-4	S1-4	S1-9	S1-1	S1-9	S1-9	S1-0	S1-0	S1-0
9	S1-9	S1-4	S1-4	S1-9	S1-1	S1-9	S1-1	S1-1	S1-4	S1-1	S1-1	S1-1	S1-1	S1-1
10	S1-4	S1-9	S1-9	S1-4	S1-4	S1-1	S1-9	S1-4	S1-9	S1-4	S1-4	S1-4	S1-4	S1-4

资料来源：笔者根据联合国Comtrade数据库的数据整理计算。

以S1-7、S1-6和S1-5为例，分析这三类产品在中韩贸易中的金额和份额，可以更细致地考查中韩双边贸易的结构。图2至图4分别考察了S1-7、S1-6和S1-5在中韩进出口贸易中的地位。

从图2中，我们可以发现，2011年，中国对韩国S1-7的进出口额分别达到755亿美元和353亿美元，合计1108亿美元，占当年中韩总贸易额3908亿美元的28.35%。之后S1-7的进出口贸易额继续增加，2015年升至最高峰，然后2016年双双回落。这与图1所显示的韩双边贸易的大致趋势相对吻合。通过图1和图2，可以发现2016年在中韩双边整体贸易和S1-7贸易额双双下滑的时候，S1-7在中韩双边贸易中的份额仍然高达55%，这说明S1-7在中韩双边贸易中的地位举足轻重，且极为巩固。

另外，从图 2 中我们还可以发现，中国 S1-7 的进口金额远远大于出口金额。例如，2014 年，中国 S1-7 的逆差超过 500 亿美元，占当年中国对韩贸易整体逆差的 50% 以上；2016 年，S1-7 逆差也接近 500 亿美元，占当年中国对韩贸易整体逆差的 70% 以上。这表明 S1-7 贸易构成中国对韩贸易逆差的主要来源；而 S1-7 的逆差额占中国对韩整体逆差的比例不断扩大，也意味着中韩自贸区的建设会对中国国内的 S1-7 产业造成威胁。

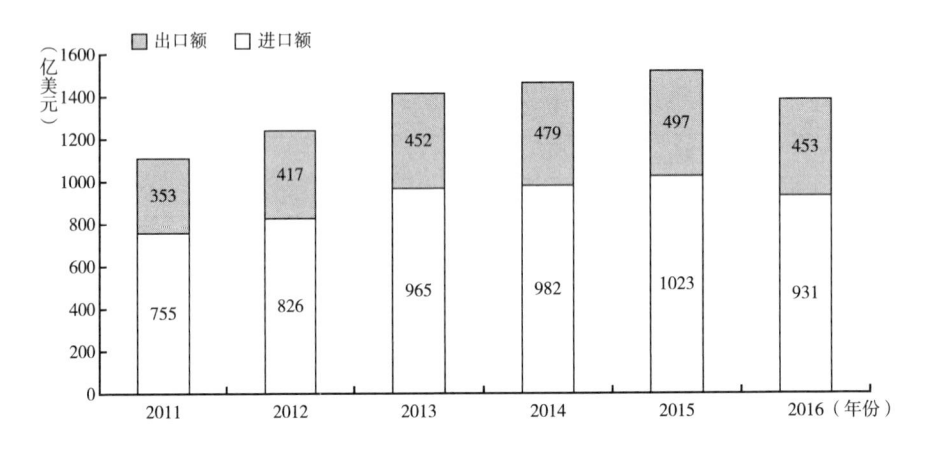

图 2　中韩贸易中 S1-7 的进出口金额（2011～2016）

资料来源：笔者根据联合国 Comtrade 数据库的数据整理计算。

图 3 显示了 2011～2016 年中韩贸易中 S1-6 的进出口金额。就此期间中国 S1-6 的进出口趋势来讲，S1-6 的趋势与图 1 所显示的中韩整体贸易的趋势基本一致。2011 年以来中国对韩国进出口的 S1-6 贸易额震荡上升，到 2014 年达到顶峰，然后下降。就 S1-6 在中韩双边贸易中的地位来讲，通过图 3 和图 1 可以得知，S1-6 的贸易额在中韩整体贸易额的 12% 上下震荡，振幅不大。值得注意的一点是，2011～2013 年中国对韩国 S1-6 的贸易处于顺差地位，这个状态到 2014 年发生改变，中国变为逆差地位，逆差额约达 30 亿美元。2015 年和 2016 年，中国再度恢复对韩 S1-6 商品贸易的顺差地位，顺差额也恢复到 2011 年的 60 亿美元左右。这表明，中韩自贸区建设过程中，短期来看韩国可以向中国出口更多的 S1-6 商品，甚至改变中国对韩的顺差地位；但长期来看，考虑到中国制造业大国的地位，改变中国对韩 S1-6 商品贸易的顺差地位并不容易。

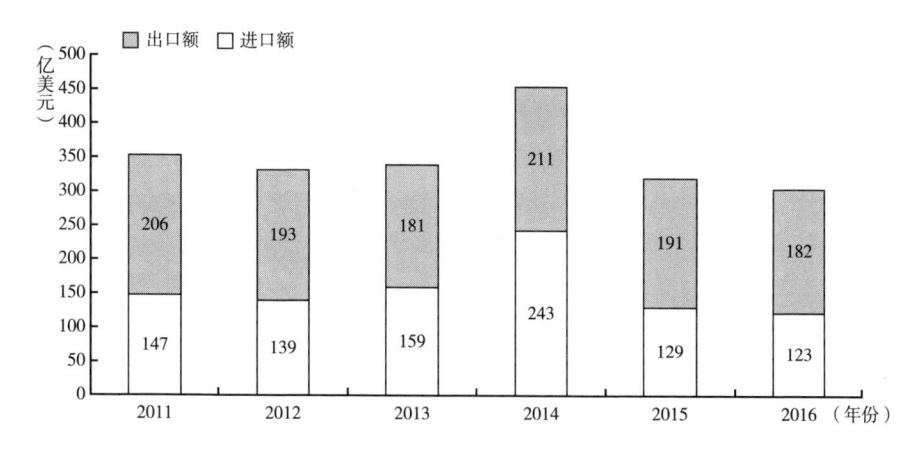

```
(亿美元)
500 ┬ ■出口额 □进口额
450 ┤
400 ┤                              211
350 ┤  206         193      181
300 ┤                                              191      182
250 ┤
200 ┤                              243
150 ┤  147         139      159                    129      123
100 ┤
 50 ┤
  0 ┴─────────────────────────────────────────────────────
    2011        2012     2013     2014     2015    2016  (年份)
```

图 3　中韩贸易中 S1-6 的进出口金额（2011-2016）

资料来源：笔者根据联合国 Comtrade 数据库的数据整理计算。

图 4 给出了 2011~2016 年中韩 S1-5 的进出口贸易额。我们可以看出，S1-5 的贸易趋势与图 1 给出的中韩双边贸易的变化趋势基本一致。2011 年之后中韩双边 S1-5 的贸易额震荡增长，2014 年达到最高值，约 384 亿美元，后下降。从中国在 S1-5 中的贸易地位来讲，中国一直处于逆差地位，逆差额最高值发生在 2013 年，约合 237 亿美元。自中韩自贸区谈判以来，中国在 S1-5 中的贸易逆差地位并未改变，但逆差额有所减小，2016 年逆差额从 2013 年的 237 亿美元降为 184 亿美元。

（三）农产品贸易地位缓慢上升，并保持稳定

表 1 中还有另外一点值得注意，2010~2012 年中国从韩国进口的 S1-0 排序第八，2013 年后排序第七，之后一直保持稳定。S1-0 是农产品的重要组成部分①，这意味着随着中韩自贸区的建设，中国可以从韩国进口更多的食品和活动物等农产品。图 5 给出了 2011~2016 年中韩贸易中 S1-0 的进出口金额。可以看出，2016 年中韩 S1-0 贸易达到最高峰。跟之前中韩

---

① 根据联合国粮农组织在《粮农组织统计年鉴 2004》中对 "农产品" 的定义，农产品指食品和活动物（SITC 第 00~09 章）、饮料和烟草（第 11 章和第 12 章）、非食品材料（第 21 章、第 22 章、第 23EX 章和第 29 章，除燃料外）以及矿物燃料、润滑剂和相关材料（第 41~43 章）。考虑到 S1-0 食品和活动物在其中占据最重要份额，因此本文以 S1-0 为例，探讨中韩农产品贸易的趋势和中韩自贸区对其的影响。

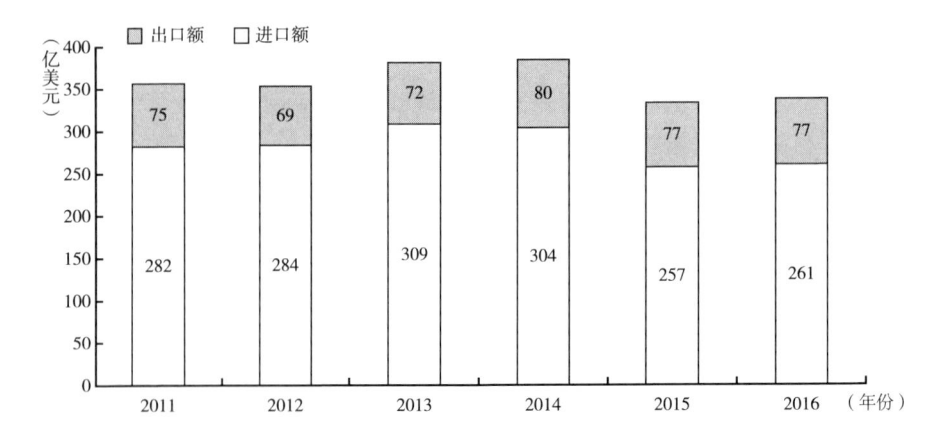

图4 中韩贸易中S1-5的进出口金额（2011~2016）

来源：笔者根据联合国Comtrade数据库的数据整理计算。

整体贸易和S1-7、S-16、S1-5的贸易趋势相比，中韩S1-0的贸易趋势最特别。可以说S1-0是唯一在中韩自贸区协定签署生效后双方贸易增加的一个类别。中韩整体贸易和其他类别的贸易总量最高峰大都发生在2014年，在2015年中韩自贸区协定签署后基本都呈现下降的趋势。只有S1-0的贸易在2016年达到历年的最高峰。还可以看到，在中韩S1-0的贸易中中国处于顺差地位，且这种顺差有扩大的趋势。这是中韩自贸区协定带来的有利影响。

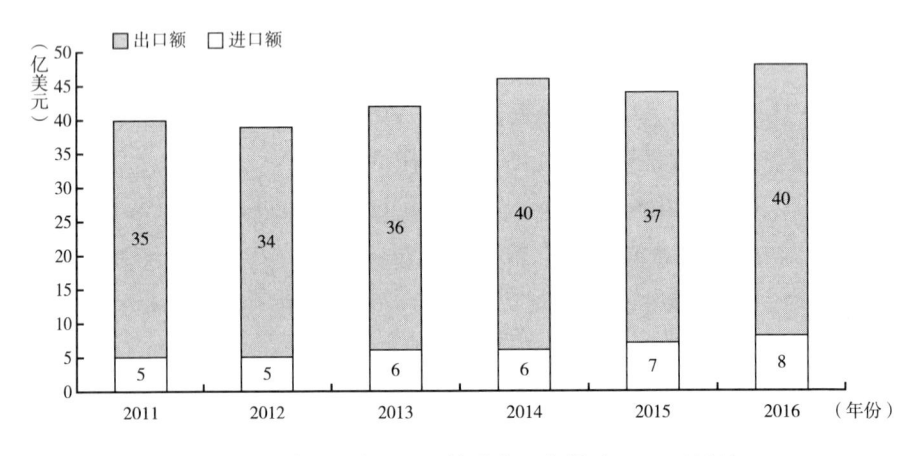

图5 中韩贸易中S1-0的进出口金额（2011~2016）

来源：笔者根据联合国Comtrade数据库的数据整理计算。

为了进一步考察中韩双边贸易的趋势和结构，我们在图1、表1、图2、图3和图4的基础上补充 S1-8 的数据后再次计算，得到图6。综合前面几个图表和图6，我们可以做出以下基本判断。第一，中韩自贸区谈判以来，中韩双边贸易额逐年增加，直到2014年达到迄今为止的最高峰。但2015年中韩自贸区协定的签署和生效，并未使中韩双边贸易额继续增加，反而有所下降。第二，中韩自贸区协议签订前后，中韩双边的贸易结构基本没有发生变化。中国处于逆差地位的，集中于 S1-7 和 S1-5 两类商品。S1-7 在双边贸易中的份额约占50%，且逐渐升高。这意味着 S1-7 在中韩双边贸易中占据绝对优势地位，且优势越来越突出。同时，S1-7 也是中国对韩贸易逆差的主要来源，且逆差额在中国对韩贸易整体逆差额中的份额不断扩大，极易对中国国内产业造成巨大挑战。S1-5 约占中韩双边贸易总额的15%，在中国从韩国进口商品中占有优势地位，中国处于逆差地位，不过这种逆差地位短期内不容易改变。中国处于顺差地位的，集中于 S1-6 和 S1-0 两类商品。S1-6 的份额约为中韩双边贸易总额的15%，处于较大优势地位，中国处于顺差地位，不过长期来看中国的这种顺差地位有可能发生逆转。如上文所述，S1-0 是中韩自贸区协定签署生效后贸易量唯一增长的一类商品，中国顺差趋势稳定上升。

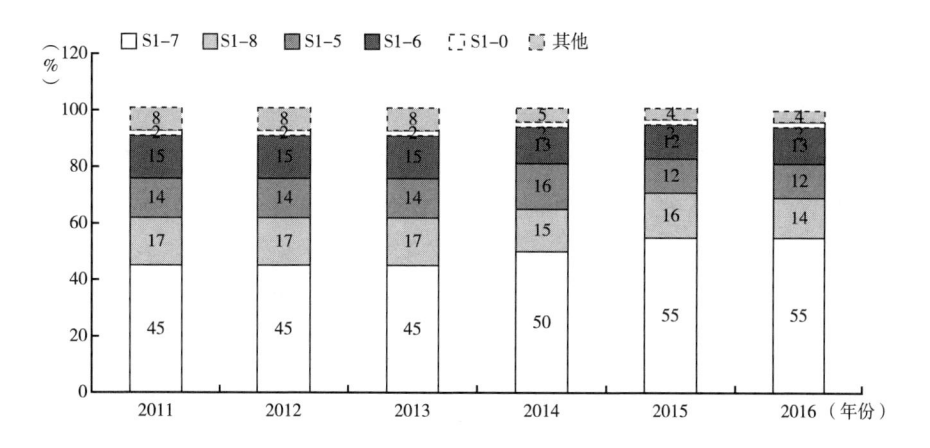

图6　中韩双边贸易结构（2011~2016）

来源：笔者根据联合国 Comtrade 数据库的数据整理计算。

三　中韩自贸区成效小的原因分析

如前所述，2015年中韩自贸区协定签署生效后，中韩贸易并没如人们所设想的那样迅速增加，中韩贸易结构也几乎没有发生变化。这是中韩两国间一些经济和政治因素共同导致的。就经济因素而言，在中韩自贸区协定里关税壁垒和非关税壁垒依然存在；就政治因素而言，2016年美国宣布在韩国部署"萨德"系统，遭到中国民意的强烈反对，中国国内民族主义情绪上升，韩国商品在中国遭到民间多方抵制。更确切地说，中韩自贸区建设原本应该发挥的经济效应难以抵消"萨德"给双边贸易带来的负面效应，这也恰巧验证了国际政治经济学中政治因素对国际贸易的重要反制作用。

（一）经济方面的因素

经济方面的因素可分为关税壁垒和非关税壁垒两类，从《中韩自由贸易协定》可以有所了解。根据2015年6月1日中韩双方签订的《中韩自由贸易协定》，可以发现，双方协商降税的节奏非常缓慢，税目分类多，例外商品类目多，保持基准税率的商品类目多，降税所需时间长，这是导致中韩自贸区协定未发挥预期作用的因素之一。我们以《韩方关税减让表》为例来探讨这个问题。《韩方关税减让表》包含双方协商降税各类税目共12232类，其中减让表降税分类为"0"①的税目有6108项，大概占总税目数的50%，剩下的50%税目分别为"5"②（1433项）、"10"③（2147项）、"15"④

---

① 根据《中韩自由贸易协定》附件2-A："（一）缔约方减让表中降税分类'0'中的税目所规定的原产货物关税应完全取消，该类货物应自本协定生效之日起免除关税。"
② 根据《中韩自由贸易协定》附件2-A："（二）缔约方减让表中降税分类'5'中的税目所规定的原产货物关税应自本协定生效之日起5年内等比减让，该类货物应自第5年1月1日起免除关税。"
③ 根据《中韩自由贸易协定》附件2-A："（三）缔约方减让表中降税分类'10'的税目所规定的原产货物的关税应自本协定生效之日起10年内等比减让，该类货物应自第10年1月1日起免除关税。"
④ 根据《中韩自由贸易协定》附件2-A："（五）一缔约方减让表中降税分类'15'中的税目所规定的原产货物的关税应自本协定生效之日起15年内等比削减，该类货物应自第15年1月1日起免除关税。"

（1107 项）、"20"① （475 项）等，另有"E"（维持基准税率不变，835项）、"PR"② 类别（87 项）和排除在外的 16 项以及属于新增国别关税配额一类的 22 项。如此看来，人们期待的中韩双边贸易降税计划覆盖"产品税目 90%以上、贸易额 85%以上"③ 的美好愿望最少需要 20 年才能实现。此类关税方面的壁垒阻碍了中韩自贸区如期发挥促进双边贸易的作用。

《中韩自由贸易协定》中规定的"贸易救济"措施作为非关税壁垒也妨碍了中韩自贸区发挥积极作用。《中韩自由贸易协定》第七章"贸易救济"第 7.1 条规定："如果由于按照本协定规定削减或取消关税，而导致原产于另一缔约方产品进口至缔约一方领土内的数量绝对增加或与国内生产相比相对增加，且对进口缔约方生产同类产品或直接竞争产品的国内产业造成严重损害或严重损害威胁，缔约方可以：（一）中止按本协定的规定进一步削减此产品关税；（二）提高此产品的关税税率。"也就是说，如果缔约一方对某类产品实行降税计划后发现本国国内该产品进口（相对或绝对）增加，以至于威胁本国国内同类产品的生产，那么该国可以要求恢复较高关税。此类规定意味着即使在按计划实行降税后，中韩两国也可以重新恢复较高税率。此类非关税壁垒的措施也妨碍了中韩自贸区建设发挥促进中韩双边贸易的作用。

《中韩自由贸易协定》还有部分内容形式先进但内容过于保守也妨碍了其积极作用的发挥。比如《中韩自由贸易协定》虽然包含了"金融服务"、"电信"、"电子商务"、"知识产权"和"环境与贸易"等所谓"21 世纪条款"，但实际上各部分内容如蜻蜓点水点到即止，并未详细规定双方之间合作的具体措施等内容。如第十三章"电子商务"仅仅规定了双方对电子传

---

① 根据《中韩自由贸易协定》附件 2 – A："（六）缔约方减让表中降税分类'20'中的税目所规定的原产货物关税应自本协定生效之日起 20 年内等比削减，该类货物应自第 20 年 1月 1 日起免除关税。"

② 根据《中韩自由贸易协定》附件 2 – A："（七）缔约方减让表中降税分类'PR – 10'中的税目所规定的原产货物关税应自本协定生效之日起 5 年内等比削减基准税率的 10%，该类货物应自第 5 年 1 月 1 日起保持基准税率的 90%；（八）缔约方减让表中降税分类'PR – 20'中的税目所规定的原产货物关税应自本协定生效之日起 5 年内等比削减基准税率的20%，该类货物应自第 5 年 1 月 1 日起保持基准税率的 80%。"

③ 周曙东、肖宵、杨军：《中韩自贸区建立对两国主要产业的经济影响分析》，《国际贸易问题》2016 年第 5 期，第 117 页。

输不征收关税①、互认电子证书和电子签名②、在电子商务中保护个人信息③等,对于促进双方电子商务的具体措施,仅有五条内容:

一、缔约双方同意就电子商务相关问题交流信息和经验,包括法律与法规、规则与标准,及最佳实践等。
二、缔约双方应鼓励在研究和培训方面的合作,促进电子商务发展。
三、缔约双方应鼓励企业间的交流、合作活动和联合电子商务项目。
四、缔约双方应以合作的方式积极参与地区及多边论坛,以促进电子商务发展。

相较于中国与其他国家签订的自由贸易协定,《中韩自由贸易协定》中的这些"21世纪条款"已经堪称进步,但是相对于中国国内电子商务如火如荼的发展形势而言,这些笼统的约定显然难以适应实际需求。这些形式上先进、内容上保守的条款也成为中韩自贸区积极作用发挥的阻碍因素之一。

(二)政治方面的因素

2016年"萨德"入韩事件发酵以来,在中国国内"导致强烈愤怒"④,中国国内激起了一股民族主义浪潮。中国民众自发地抵制韩国商品、抵制韩国电视节目、抵制赴韩旅游。一些韩国企业受到较大的影响,如乐天集团。2017年2月27日,该集团决定把星州高尔夫球场地皮转让给韩国国防部用于部署"萨德"反导系统,激起了中国消费者的强烈抗议。乐天集团因本身的运营模式、资金链等根本性问题在中国的经营早已难以为继,顺势以中国国民抵制为借口关闭在中国大陆90%的门店,在一定程度上影响了中韩贸易区建设的良好效应。另有研究与统计分析,"萨德事件"发酵以来,中

---

① 参见《中韩自由贸易协定》第十三章"电子商务"第13.3条。
② 参见《中韩自由贸易协定》第十三章"电子商务"第13.4条。
③ 参见《中韩自由贸易协定》第十三章"电子商务"第13.5条。
④ 时殷弘:《中国的东北亚难题:中日、中韩和中朝关系的战略安全形势》,《国际安全研究》2018年第1期,第19页。

国大陆赴韩旅游人数大为减少①；中国一些青少年也改变了他们对韩国的态度②。简而言之，因"萨德"等特殊政治事件的冲击，中韩关系特别是经贸关系"出现了前所未有的下滑之势"③，"影响了东北亚地区的经济发展与繁荣"④。

结 语

中韩自贸区建设前后，国内外学术圈预测中韩自贸区建设将进一步推动中韩双边贸易增长、促进中韩贸易结构改善、推动中韩产业升级，并为两国GDP增长做出贡献。本文根据 Comtrade 数据库内关于 2010~2016 年中韩双边贸易的数据，检验了这些预测。发现这些实际数据并不完全支撑既有研究的预测，有的甚至相反。

本文考察了 2010~2016 年中韩双边贸易的数据，发现自中韩自贸区谈判以来，中韩双边贸易呈现增加趋势，到 2014 年达到最高峰，而后即下降。2015 年《中韩自由贸易协定》的签署生效并未能有力阻挡这种下降趋势。在中韩双边贸易结构中，S1-7 类商品在进出口两方面都占有绝对优势；就出口方面而言，S1-6 商品也有优势，且中国处于顺差地位，不过长期来看中国的这种顺差地位有可能发生逆转；就进口方面而言，S1-5 商品也有优势，且中国处于逆差地位，不过这种逆差地位短期内不容易改变；S1-0 类商品是中韩自贸区协定签署生效后唯一给中国带来有利影响的商品。

为了探究中韩双边贸易下降的原因，本文从经济因素和政治因素两方面做了考察。经济因素包括关税壁垒和非关税壁垒。本文认为《中韩自由贸易协定》降税幅度过小、速度过慢造成中韩自贸区建设未发挥如期作用；《中韩自由贸易协定》中"贸易救济"等保守措施作为非关税壁垒也成了中韩自贸区发挥作用的阻碍因素。就政治因素而言，"萨德"入韩激起了中国

---

① 刘立群：《韩国部署"萨德"反导系统的政治经济学分析》，《当代韩国》2017 年第 4 期，第 22 页。
② 贾媛茹：《探究萨德事件后我国高中生对韩态度的变化》，《现代商业》2017 年第 36 期，第 162 页。
③ 毕颖达：《萨德阴影下的中韩关系》，《当代韩国》2017 年第 4 期，第 37 页。
④ 樊高月：《"萨德"入韩对东北亚安全和经济发展的影响》，《东北亚经济研究》2017 年第 4 期，第 76 页。

国内民族主义情绪，中国消费者自发抵制韩国商品，导致中韩双边贸易下降。

值得一提的是，虽然有数据表明中韩自贸区建设并未使中韩双边贸易增加，未能改善中韩双边贸易的结构，也没有对促进双方产业升级和两国GDP增长做出贡献。但是《中韩自由贸易协定》签订不过两年多的时间，就此完全否定中韩自贸区建设的积极作用为时过早。而且，前有中国－东盟自贸区协议重新谈判升级的案例，时机成熟的话，中韩自贸区协定升级的可能性同样存在。所以我们在时刻反思的同时，仍需对中韩自贸区建设充满期待。

Implications of China－Korea FTA: Predictions and Verification

Wang Liqin

Abstract　Predictions of its implications were made widely before and after the CKFTA agreement was signed. The CKFTA was expected to increase the bilateral trade values between China and South Korea, to optimize the trade structures, to promote the industrial upgrading and to make contributions to the GDP growth in these two countries eventually. Data of bilateral trade volume and values between China and South Korea during 2010－2016 from the UN Comtrade database proves that contrary to the above－mentioned predictions, the bilateral trade values dropped after the CKFTA agreement was signed in 2015 and that there is no substantial change in the bilateral trade structure. Among others, S1－7 of Machinery and transport equipment commodities has definite advantages in both importation and exportation, with China being in a deficit position. S1－6 of Manufactured goods has advantages in importation, with China being in a surplus position, which could be reversed in a long term. S1－5 of Chemical commodities has advantages in exportation with China being in a deficit position, which seems to be unaltered in a short term. S1－0 of Food and Live Animal commodities is the one and only classification that has an increase in trade volume between China and

South Korea, thanks to the CKFTA agreement. Tariff and non-tariff barriers included in the CKFTA agreement stopped the CKFTA agreement from playing an active role in promoting the welfare for people both in China and in South Korea, as the economic factor. Together with it, US's deploying the THAAD in South Korea stopped the CKFTA agreement from playing an active role in promoting the welfare for people both in China and in South Korea, as a political factor.

Keywords　CKFTA; Trade Structure; Bilateral Trade

1987年以来韩国公民社会的发展历程

〔韩〕金善赫　郑钟昊

【内容提要】自1987年韩国完成民主转型以来,其公民社会实现了重要的历史性发展。历经民主转型后的七届政府,韩国的公民社会及其与政府的交涉模式并非一成不变。并且,韩国的公民社会在民主巩固和深化的过程中发挥了持续作用,在后转型时代表现出一些突出特征。这些特征包括国家社会关系模式的多样化、公民社会意识形态上的两极分化、公民社会的"政治社会化"(political societization)、中央与地方公民社会之间日益扩大的鸿沟、公民社会对国家的财政依赖性等。其中,公民社会过度政治社会化及其导致的公民社会成员流失和公民社会合法性丧失很可能会成为韩国公民社会未来发展的一大挑战。

【关键词】韩国　公民社会　民主化　国家社会关系　政治社会

【作者简介】金善赫,韩国首尔人,政治学博士,韩国高丽大学行政管理系教授;郑钟昊,韩国首尔人,人类学博士,韩国首尔大学国际大学院教授。

导　言

在有关民主转型和巩固的文献中,韩国的地位非常特殊。韩国作为一个

---

* 该论文是"Historical Development of Civil Society in Korea since 1987"的中译文修订版,原文发表于 *Journal of International and Area Studies*（《国际与区域研究期刊》）2017年第24卷第2期,第1~14页。

案例不太符合主导20世纪80年代的"精英主义"(elitist)范式中被反复验证的结论,因而被认为是一个异数。①确切地说,韩国的转型是一个以社会动员为主导、自下而上的过程,这使许多分析家将其描述为一个"被社会运动驱使的转型"(movement-driven transition)。②实际上,韩国是20世纪90年代席卷亚洲、非洲和东欧的"自下而上"转型新兴浪潮的先驱者之一。这场浪潮与此前20世纪70年代和80年代在南欧和拉美掀起的"自上而下"的"协议式"转型形成了鲜明对比。韩国的案例更加独特的地方还在于公民社会及其动员在后转型时代乃至民主巩固时期都持续发挥着重要的作用,引领和支撑着各种体制和政策改革运动。③

本文旨在对韩国公民社会自1987年以来的发展历程进行一番考察。我们将分析在过去30年间的七届保守或进步政府下,公民社会的构成及其与国家的关系都发生了哪些变化。本文的具体组成部分如下:首先,我们将探讨几个和公民社会有关的概念及理论议题;其次,我们将会比较韩国公民社会在1987年民主转型前后的差别;再次,我们将考量韩国公民社会的几个突出特征;最后,我们将会在结论部分对韩国公民社会的未来提出几点看法。

一 公民社会:概念和理论议题

公民社会被定义为"介于家庭和国家之间的领域,其中的社会行为主体所追求的既不是市场利润也不是国家权力"。④公民社会是由发生于国家、市场和家庭之外形成的团体之间的、持续且有组织性的社会活动所构成。

---

① Guillermo O'Donnell and Philippe C. Schmitter, *Transitions from Authoritarian Rule: Tentative Conclusions about Uncertain Democracies*, Baltimore, MD: Johns Hopkins University Press, 1986; John Higley and Richard Gunther, *Elites and Democratic Consolidation in Latin America and Southern Europe*, New York: Cambridge University Press, 1992.
② Cho, Hui Yeon, *Democracy and Social Movement in South Korea* (in Korean), Seoul, Korea: Dangdae, 1998; Kim, Sunhyuk, *The Politics of Democratization in Korea: The Role of Civil Society*, Pittsburgh: University of Pittsburgh Press, 2000; Choi, Jang Jip, *Democracy after Democratization* (in Korean), Seoul, Korea: Humanitas, 2002.
③ Kim, Sunhyuk, "Civil Society and Democratization in South Korea", in Charles K. Armstrong, ed., *Korean Society: Civil Society, Democracy, and the State*, New York: Routledge, 2000, pp. 53-71.
④ Frank J. Schwartz, "What Is Civil Society?", in Frank J. Schwartz and Susan J. Pharr, eds., *The State of Civil Society in Japan*, New York: Cambridge University Press, 2003, p. 23.

菲利普·施密特（Philippe Schmitter）提出了公民社会的几个核心特征：一是"双重自主性"（dual autonomy），即公民社会相对独立于公共部门以及与生产、再生产相关的私人部门；二是公民社会有能力进行集体行动以捍卫或追求其自身利益和事业；三是"非夺权性"（nonusurpation），即公民社会不试图取代政府机关或参与政体的运行；四是公民社会在本质上具有自发性。①

曾经有一场颇有趣味的对东西方公民社会进行比较的讨论。施密特在对东亚公民社会提出一系列富有洞见的推测之后，做出了东亚社会过于多元化以至于我们难以从整体的角度对该区域给出任何合理的普遍性论述的结论。②然而，在与欧美的公民社会比较时，东亚的公民社会似乎仍存在着一些突出的特征。首先，东亚的公民社会相对于公共部门的自主性似乎比较有限。东亚的公民社会团体在很大程度上都要依赖于政府，这与欧美的公民社会形成差异。一直以来，欧美的公民社会强调相对于国家的高度自主性并以自发的团体形成过程为其核心特征。

在西方，公民社会的概念一直是作为国家概念的对立发展而来的。公民社会被认为是一个和国家相对抗的领域。这种看法隐含的假设就是，国家作为一个高度集权的统治机器从概念上和实证上都和社会相分别。因此，国家与社会的关系被描述成一场拔河比赛，在其中，国家权力和社会力量相互对抗、冲突。有些学者观察到，韩国并没有显著有别于这一典型的西式的对抗性国家社会关系模式。比如，布鲁斯·康明斯（Bruce Cumings）就在分析韩国现代政治发展史之后得出结论说，在韩国，民众抗议对民主做出了"不可磨灭的贡献"，因而韩国是一个在实践中体现了哈贝马斯和葛兰西式公民社会理论的经典案例。③从这一方面来看，东西方的公民社会并没有太大差别。

---

① Philippe C. Schmitter, "Civil Society East and West", in Larry Diamond, Marc F. Plattner, Yun-han Chu, and Hung-mao Tien, eds., *Consolidating the Third Wave Democracies: Themes and Perspectives*, Baltimore: Johns Hopkins University Press, 1997, pp. 239–262.

② Philippe C. Schmitter, "Civil Society East and West", in Larry Diamond, Marc F. Plattner, Yun-han Chu, and Hung-mao Tien, eds., *Consolidating the Third Wave Democracies: Themes and Perspectives*, Baltimore: Johns Hopkins University Press, 1997, pp. 239–262.

③ Bruce Cumings, "Civil Society in West and East", in Charles K. Armstrong, ed., *Korean Society: Civil Society, Democracy, and the State*, New York: Routledge, 2002, p. 29.

但是，其他一些学者挑战了这种国家与公民社会相互对立的观点，质疑集权国家这一概念，并试图提出一个更加贴合的理论。比如，斯蒂芬·克拉斯纳（Stephen Krasner）从多重角色的角度来定义国家——作为政府的国家、作为行政机器的国家、作为统治阶级的国家、作为规范秩序的国家。[1] 同时，弗兰克·斯沃茨和苏珊·法尔（Frank Schwartz and Susan Pharr）解释说，在公民社会形成的过程中，国家可发挥四种功能，即激励、促进、约束和创造。[2] 按照这些说法，我们需要区分两个范围不一的国家概念：一个是作为当权政府的狭隘的国家概念，另一个是作为民族共同体的广义的国家概念。在西方，人们更多地是从狭义的角度来看待国家，也就是认为国家等同于政府行政机关。相比之下，在东亚人们既会把国家看成一个拥有行政权力的统治机器（政府），也会从广义的文化性的角度将其等同于民族共同体（国家）。

因此，即便是国家作为一个政治机器在组织上并不强大时，国家命令仍被视作一种具有绝对权威、不可挑战的存在。它支配着整个社会并渗入全体国民生活的各个方面。国家的权力在人们的意识和行为上打下了深刻的烙印；人们将国家假定为一种文化既定，围绕着国家展开谈判和施展策略。[3] 这部分起源于东亚地区共同的儒家传统，因为在儒教中，国家的概念是家的概念的延伸。按照杜维明（Tu Weiming）的看法，在被儒教所接受的国家社会关系中，公民社会并不从对立的意义上代表介于家庭与国家之间的空间。相反，它提供了调解家庭与国家关系的文化机制。[4]

东亚公民社会的显著特点似乎是衍生于将公与私概念化时东西方的方式差异。和东亚相比，公私的区分在西方更加明确。因此，公民社会作为

---

[1] Stephen D. Krasner, ed., *Problematic Sovereignty: Contested Rules and Political Possibilities*, New York: Columbia University Press, 2001.

[2] Frank J. Schwartz, and Susan J. Pharr, eds., *The State of Civil Society in Japan*, New York: Cambridge University Press, 2003.

[3] Helen F. Siu, *Agents and Victims in South China: Accomplices in Rural Revolution*, New Haven: Yale University Press, 1989.

[4] Tu, Wei-Ming, *Centrality and Commonality: An Essay on Confucian Religiousness* (A Revised and Enlarged Edition of *Centrality and Commonality: An Essay on Chung-yung*), Albany: State University of New York Press, 1989; Tu, Wei-Ming, *Way, Learning, and Politics: Essays on the Confucian Intellectual*, Albany: State University of New York Press, 1993.

"私"领域的一部分明显区别于"公"领域,即国家领域。如此看来,无论是从概念的角度还是从行为主体的角度来讲,西方公民社会的出现和发展都是对立于国家的。然而,在东亚,公私之间的界限相对而言比较模糊。比如,在理解中国的国家社会关系之时,许多学者发现我们有必要重视"官"、"公"和"私"之间相互重叠、相互交织的关系,而不能单纯地假定"公"领域与"私"领域的二元分立。

按照这些学者的说法,晚期帝制中国的精英士绅行动主义(政治行动和反应)在三个不同领域展开:"官"("官方的"或官僚参与的领域)、"公"("公共福祉"事务的合法领域)和"私"(非法侵入公共领域的私人利益)。这种行动主义往往要挣扎着去协调官方领域、公共领域、私人领域三者之间的关系。[1]在这个挣扎的过程中,"公"的责任和"私"的利益似乎难免纠缠在一起,被那些既具有公共意识而又自私自利的精英群体刻意地弄得混淆不清,导致公私之间的界限越来越模糊。[2]结果,在中国,公领域与私领域变得难以分辨,相互交织,"官"、"公"和"私"之间的界限纠缠不清。[3]

"官"、"公"和"私"之间模棱两可的界限使一些学者提出中国的国家与社会之间存在中间地带的看法。比如,兰金(Rankin)认为,这种既有别于直接的国家行政或强制性控制也有别于私人领域——尤其是和家庭或其他亲属团体以及个人企业、非政治性社交网络和其他不涉及公共利益的活动相关的私人领域——的中间地带可体现在独立于官僚体制框架、由地方精

---

[1] Mary B. Rankin, "The Origins of a Chinese Public Sphere: Local Elites and Community Affairs in the Late-Imperial Period", *Etudes Chinoises*, Vol. 9, No. 2, 1990, pp. 13 – 60; Mary B. Rankin, "Some Observations on a Chinese Public Sphere", *Modern China*, Vol. 19, No. 2, 1993, pp. 158 – 182; William Rowe, "The Problem of 'Civil Society' in Late Imperial China", *Modern China*, Vol. 19, No. 2, 1993, pp. 139 – 157; Frederic Wakeman, Jr., "The Civil Society and Public Sphere Debate: Western Reflections on Chinese Political Culture", *Modern China*, Vol. 19, No. 2, 1993, pp. 108 – 138; Frederic Wakeman, Jr., "Boundaries of the Public Sphere in Ming and Qing China", *Daedalus*, *Early Modernities*, Vol. 127, No. 3, pp. 167 – 189.

[2] Frederic Wakeman, Jr., "Boundaries of the Public Sphere in Ming and Qing China", *Daedalus*, *Early Modernities*, Vol. 127, No. 3, p. 168.

[3] Frederic Wakeman, Jr., "The Civil Society and Public Sphere Debate: Western Reflections on Chinese Political Culture", *Modern China*, Vol. 19, No. 2, 1993, p. 132.

英自愿参与、多层面的地方事务经营之中。①黄宗智也提出了"第三领域"（third realm）概念以充分地描述国家和社会之间的中间地带，并列举了在中国晚清时期、民国时期和当代的一些"第三领域"的实例，例如由国家和社会共同参与的水利控制、缓解饥荒和军事防御等地方性公共服务。②

正如我们所展示的那样，东亚的国家社会关系的发展模式不同于从西方的近现代历史经验中提取出来的理想型的两分法与对立观。东亚的公民社会是在与国家共生而非相互冲突的关系中发展而来的。前者从后者获取援助和资金。因此，将西方的公民社会模式机械式地应用在东亚是不可取的。我们需要建立一个更加精细的概念体系来理解东亚的国家社会关系。

二 韩国公民社会在转型前后的差别

韩国的公民社会在1987年以前的威权政体时期主要包括三大类别。第一类是支持政府或是被政府化的社会团体，比如韩国劳动组合总联盟（Federation of Korean Trade Unions，FKTU）、韩国经营者总协会（Korea Employers' Federation，KEF）以及全国经济人联合会（Federation of Korean Industries，FKI）。然而，这一类社会团体能否被称为公民社会团体仍值得质疑。它们常常公开支持执政的威权政府，严重缺乏相对于国家的组织自主性。这些组织的领导人不是自己选出而是由政府指派的；其管理也是在国家的严格监督和控制下进行。第二类公民社会团体包括那些非但不被国家承认，反而被国家压制的非法地下组织和异见团体。这些组织协调并领导各种反对政府、支持民主的集中运动。最后一个类别是非政治性、相对"中立"的社会组织，比如"基督教青年会"（Young Men's Christian Association，YMCA）。它们数量较少，并对政治和政策制定影响甚微。

---

① Mary B. Rankin, "Some Observations on a Chinese Public Sphere", *Modern China*, Vol. 19, No. 2, 1993, pp. 160 – 161. 按照兰金的说法，17~19世纪，"公"这一术语在中国的使用事实上已扩展到民众（精英）和官员在官僚体制外的活动中以及社会在地方事务中的自治性活动中。地方精英在官僚体制外的活动范围甚广，包括讨论，以福利、教育、宗教为目的的制度性支持，社会工作，资助和捐款，监督那些无须永久性机构的地方基础设施的建造或修缮等。

② Philip Huang, "'Public Sphere' 'Civil Society' in China? The Third Realm between State and Society", *Modern China*, Vol. 19, No. 2, 1993, pp. 216 – 240.

但是，自从韩国实现了民主转型并在1987年进行了第一次总统直选（"奠基性选举"）之后，其公民社会发生了巨大的变化，与之前的威权政体时期相比呈现出截然不同的面貌。值得一提的是，那些曾依附于威权国家、缺乏独立性的亲政府社会团体逐渐实现了自治。而且，非法的地下组织和异见团体也获得了法律地位和国家认可。同时，诸如经济正义实践市民联合（Citizens' Coalition for Economic Justice，CCEJ）、韩国环境运动联合（Korean Federation for Environmental Movement，KFEM）以及参与连带（People's Solidarity for Participatory Democracy，PSPD）等新"公民运动团体"如雨后春笋般涌现出来。这些新社会团体在20世纪90年代的激增极大地扩展了韩国公民社会的空间。韩国的公民社会在20世纪90年代经历了一场类似于韩国经济在20世纪60年代到80年代所经历的集中式发展。这些众多的变化所带来的一个结果就是韩国公民社会相对于转型之前而言已经变得更加多样化。接下来，我们将简短讨论韩国的公民社会及其与国家的关系是如何在1987年民主转型之后的30年间、在七届保守或进步政府下逐步变化和发展的。我们将主要聚焦于那些在民主转型之后涌现出来，领导了众多致力于社会、政治和经济改革运动的公民社会团体。因为与这些新"公民运动团体"相比，之前的"政府化"组织和"中立"团体对公民社会及国家社会关系发展所发挥的作用微乎其微。

颇具讽刺意味的是，在1987年6月民主运动之后，同年12月，前威权政体时期的执政党——民主正义党候选人卢泰愚赢得了"民主转型"之后的第一届总统选举。卢泰愚是曾深入参与1979~1980年血腥军事政变及随后的威权政治秩序巩固的前军队将军。面对卢泰愚获胜这一难以置信、几乎超乎现实的选举结果，公民社会团体——尤其是那些过早地、错误地断定针对全斗焕、卢泰愚威权政府的艰辛民主斗争已胜利结束的社会组织——不得不继续民主运动。它们坚定不移地质疑和挑战卢泰愚政府（1988~1993年）的合法性，并试图说服公众卢泰愚政权只不过是全斗焕政权的延展。卢泰愚政府对公民社会持续的强硬政策以及1990年1月经党派大合并建立的保守派民主自由党给社会运动团体敲响了警钟。这些团体致力于组建一系列的全国性联盟组织，如全国大学生代表者协议会（National Council of University Student Representatives，NCUSR）、全国民族民主运动联合（Korea Coalition for National Democracy Movement，KCNDM）、全国农民会总联盟（Korean

Peasant Movement Coalition，KPMC）以及全国教职员劳动组合（Korean Teachers' and Educational Workers' Union，KTEWU），以更加有效地动员、协调这些团体之间的各种反政府斗争。

在卢泰愚政府时期，新公民社会团体在数量和影响力上也大幅度增加与提高。1989年7月7日，由包括教师、律师、宗教领袖等大约1000名职业人士建立、以通过公民力量来推进经济正义为目标的"经济正义实践市民联合"（以下简称"经实联"，CCEJ）就是这些新公民社会团体中的一员。其后，经实联组织了一系列运动，要求政府强化对房地产投机行为的监管、增加附带长期贷款的公共住房供应、对富人增收财产税、对穷人提高免税额度以及使中央银行独立于国家。经实联的各种活动和运动相对较好地被大众所接受，并被大众媒体广泛地报道。

在接下来的金泳三政府时期（1993~1998年），韩国公民社会对执政当局民主合法性的质疑和挑战都显著减少。改革派政府反而常常先于公民社会一步。1993~1995年，金泳三政府积极制定、实施了不同的改革措施，包括惩罚贪污官员、公开官员财产信息、颁布官员伦理法、剥夺与前威权政权有联系的军事高层领导人的权力、减小军事和民事情报机构的规模和职能，并彻底地引入了"银行账户实名制"以遏制官商勾结。

在金泳三政府时期，新公民社会团体逐渐扩大了自己的吸引力和影响力。在所有新公民社会团体中，经实联的表现极为突出。当金泳三政府号召重新建构国家社会关系以促进社会组织更加广泛地参与政府决策过程并推动政府部门和公民社会展开更多的合作时，作为回应，经实联实际上变成了政府的重要合作伙伴。例如，在金泳三政府清理裙带关系与权钱交易的运动中，经实联通过施加公众压力和动员民众支持改革发挥关键作用。

同时，另一个重要的公民社会团体——"参与连带"（PSPD）——在1994年成立。参与连带和经实联的区别在于前者试图整合过去的"民众运动"和新式的"公民运动"。参与连带在创立之初就强调，与经实联不同的是它将聚焦于社会体制改革，同时，与经实联相同的是它也将探索新议题、坚持非暴力原则。参与连带成功组织了一系列的运动，比如监督政府部门和国会并评估其绩效、对贪污官员提起诉讼以及保护政府丑闻的揭发者。

在金大中政府时期（1998~2003年），参与连带成为韩国最有影响力的非政府组织（NGO），让其竞争对手经实联黯然失色。参与连带的成功主要归于它对韩国在1997~1998年所经历的经济危机和其后的结构调整和改革做出的有效反应。最重要的是，参与连带将危机归责于大财团，积极提倡迅速的企业改革，对金大中政府施加压力使其实施更多的改革政策。参与连带的这场运动在后来被称为"少数股东权运动"（Minority Shareholders' Rights Movement），在公民、知识分子和大众传媒中得到了众多的拥护和支持，促使政府采纳并实施了许多参与连带提出的建议和提倡的改革政策。

除了经济改革，参与连带也致力于政治改革。在2000年4月国会议员选举之前的几个月中，参与连带与其他公民社会团体成立了一个被称为"总选市民连带"（Citizens' Solidarity for the General Elections，CSGE）的联盟组织以协作组织"落荐落选运动"。顾名思义，这个落荐落选运动包含两个不同的阶段。在第一阶段，总选市民连带公布一份不应被政党提名参选的人员名单（落荐运动）。在第二阶段，如果政党不顾总选市民连带的建议而提名"黑名单"中的人参选，那么总选市民连带则组织反对他们参选的抗议活动（落选运动）。按照该计划，总选市民连带在1月24日公布了一份不应被提名的66名政客名单，并在4月3日公布了一份不应当选的86名候选人名单。"落荐"和"落选"名单的选择标准包括牵涉贪腐丑闻、违犯选举法、缺乏立法经验、颠覆宪法秩序、煽动地区主义、逃税漏税、在国会开会期间有不正当言行等。在2000年4月13日举行的总选中，在总选市民连带名单上的86名候选人中有59名落选。这一结果证明了总选市民连带的运动富有成效。

在金大中政府时期，参与连带也扮演了"政策企业家"的角色。尤为突出的是，它参与了引致《国民基础生活保障法》在1999年得以颁布的整个过程。自从1994年成立以来，参与连带就致力于提高公众对韩国社会保障体系改革必要性的意识。参与连带充分利用了1997~1998年经济危机，向公众和立法者强调制定《国民基础生活保障法》的必要性。为了能够克服立法者的不作为以及政府官僚的抵制，参与连带成立了一个被称为"《国民基础生活保障法》制定推进连带会议"的联盟组织以发起一场全国性的运动。①归功于参与连带有效及时的行动，该法案最终于1999年8月在国会

---

① Antonio Fiori and Sunhyuk Kim, "The Dynamics of Welfare Policy-Making in South Korea: Social Movements as Policy Entrepreneurs", *Asian Social Work and Policy Review*, No. 5, 2011, p. 72.

通过，于2000年10月被正式颁布。

韩国公民社会团体的影响力在接下来的卢武铉政府时期（2003～2008年）继续扩大。①环保运动有显著增加。例如，环保团体联合组织了一个反对"新万金综合开发计划"（Saemangeum Reclamation Project）的运动，最终说服地方法院做出终止该计划的裁决。虽然这一裁决被更高级别的法院及韩国大法院推翻，但该运动清楚地显示了在实施任何大型建设项目之前确保民众协商和赞同的重要性。此外，公民社会团体还发起了反对《韩美自由贸易协定》（KORUS FTA）的运动。公民社会团体担心签订协定之后会对韩国经济产生一系列的负面效应，它们联合了工会、农民组织、进步派的韩国民主劳动党及其他运动组织以领导全国范围内的反对政府签订《韩美自由贸易协定》的抗议活动。

在卢武铉政府时期，韩国公民社会最重要的进展之一就是"保守派"社会团体的出现和扩张。诸如自由市民连带（Free Citizens' Alliance of Korea，FCAK）和韩国先进化论坛（Korea Forum for Progress，KFP）等社会团体开始影响政策决定的过程。从1987年实现民主转型至2003年卢武铉当选总统，韩国公民社会大都由支持民主改革、经济平等、与朝鲜和平共处等理念的"进步派"社会团体主导。公众也对这些进步派社会团体表示赞同。然而这一切在"保守派"社会团体崛起之后很快发生了改变。这些保守团体或"新右派"（New Right）组织与进步派团体在意识形态倾向上有很大差别。他们批判过度民主或"民粹主义"（populism），哀叹由于"过度强调"公共福利和再分配导致韩国全球竞争力的丧失，并提倡对朝鲜采取更加强硬的立场。

进步阵营的失利及保守派李明博在2007年总统大选中的胜出在很大程度上归因于卢武铉执政时期保守社会团体的形成及其动员活动。在李明博就任总统之后，其政府（2008～2013年）系统地实施了削弱进步派社会团体、壮大保守派社会团体的诸多政策。比如，李明博政府更改了数个附属于政府的议政咨政委员会的人员构成。在前一届政府中，这些委员会的主力是进步

---

① 公民社会团体的数量急速增加，从1997年的3900个增加至1998年的7600个、1999年的18180个、2000年的23017个、2001年的25886个。Civic Movement Communication Center（CMCC），*Almanac of Korean Civil Society*（in Korean），Seoul，Korea：CMCC，1997，2000，2003，2006，2009。

派社会团体的领袖和活动家。李明博将这些进步派人士撤换为保守"新右派"组织的成员,并将总统秘书室的"市民社会首席秘书官"降级成一个初级秘书职位。

李明博在执政第一年就遇到了一系列民众抗议和烛光示威游行。其中最值得一提是发生在2008年5月到7月的民众运动。这轮运动的最初动机明显出于民众对美国进口牛肉的安全问题的忧虑。但是,它随后演变为针对如外交政策制定过程的不透明性、富有争议的韩半岛大运河建设项目、教育改革以及国有企业私有化等其他在当时突出的政策问题的抗议活动。

另一波全民动员的高潮发生在2009年1月。一批长期反对李明博政府的再开发计划并要求合理的拆迁补偿的首尔龙山区租户占领了一栋大楼以举行静坐示威。在示威者和警察发生暴力冲突的过程中,一场火灾导致6人丧生。其中有5名为租户、1名为警察。当检察机关经调查断定抗议示威者对这场悲剧负有主要责任时,公民社会团体相互动员,要求政府进行彻底的调查,做出适当的回应,并承诺类似的悲剧不会再次发生。[①]

朴槿惠在2012年12月当选韩国总统,并在2013年2月就职。在公民社会政策上,朴槿惠政府(2013~2017年)和前任李明博政府并无太大区别。一方面,朴槿惠政府对非法反政府示威游行采取了一贯的强硬立场,对进步派公民社会团体及其与反对党派结盟的可能性时刻保持警惕,并对烛光抗议者和工会罢工者进行严格"执法"。另一方面,朴槿惠政府和保守派社会团体维持了亲密、协作的关系。

在2013年2月朴槿惠正式就任总统后,立即发生了一系列由活动家、学生、工人、宗教领袖、大学教授和教师参与的示威游行、签名征集和公开发表反政府宣言的活动,以抗议情报部门涉嫌干预2012年总统大选。在2014年4月16日发生的"岁月号"客轮沉没悲剧在韩国掀起了一轮更高的全民动员浪潮。在这个事故中丧生的300多人中大部分是年轻的高中生。愤怒于高层领导的漠不关心和无能以及相关部门在处理事故及善后事宜时的不负责任,来自各个社会阶层的韩国民众加入抗议活动,支持事故的受难者并反对朴槿惠政府的失责和无能。

[①] 当时被起诉的大部分抗议示威者于2017年12月29日被文在寅政府所赦免。

在韩国，最近一波的公民社会动员浪潮发生在2016年年末到2017年年初。经媒体曝光，朴槿惠被一个私人朋友所影响和操纵。此人未担任任何公职却从韩国财阀那里搜刮钱财、对不予配合的官员非法下令停职，并干涉不同阶段的政策制定过程。愤怒的韩国民众发起了一系列的动员活动，要求彻底调查丑闻并对总统进行相应的惩罚。民众在首都中心地带进行了历时数月的大规模、高强度且一贯坚持和平性的周末抗议示威游行活动。在此之后，朴槿惠最终被弹劾，并在2017年3月初卸任总统一职。朴槿惠弹劾案的成功是韩国历史上的首例，也再次确认了公民社会及其动员在当代韩国政治中所发挥的关键作用。

三　韩国公民社会的特征

韩国在1987年实现民主转型后，其公民社会体现出几个显著的特征。第一，公民社会和国家之间形成并发展出多样化的关系。在之前的威权体制下，国家社会关系主要是对抗与冲突抑或压制与反抗。但是在民主化之后，双方的关系呈现多样化的趋势，包含了竞争、合作等其他类型和模式。现在，政府和公民社会团体竞相提出更佳的政策议案。它们有时候也相互合作，以产生和传播有创新性的政策方案。公民社会领域的快速增长和扩张导致其内部也出现了合作、互助、竞争、对抗等多样的关系模式。在过去的历任政府时期，经实联与参与连带就不同的政治、经济和社会议题展开竞争及合作就是一个绝佳的例证。

第二，韩国公民社会越来越显示出意识形态两极分化的特征。这一特征在关于朝鲜的战略和政策问题上表现得更加明显。对于金大中政府的"阳光政策"，韩国的公民社会明显地分裂成左派和右派、进步派和保守派。这样的两极分化对公民社会的政治参与产生了影响。进步派的参与连带大力支持金大中和卢武铉等人的左翼政府；而保守的"新右派"则稳定地支持李明博和朴槿惠的右翼政府。

第三，随着韩国公民社会成员积极投身现实政治，以及民间领袖频繁加入政治圈，韩国的公民社会已迅速政治化。即便是1987年民主化之后出现的新公民社会团体，也倾向于关注"陈旧"的政治、经济和社会议题，而不是西方的"新社会运动"所关注的后现代议题。由于公民社会持续关注传统议题、要求体制改革，一直以来都显示出稳定的公民社会"政治社会化"（political societization）的趋势——公民社会中的个人或组织直接加入或转向政治团体。作为一个群体，公民社会团体深度参与了历届政府的建立和执政过程。例如，金泳三政府下的经实联，金大中、卢武铉政府下的参与连带，以及李明博政府下的"新右派"。公民社会团体中个人投身现实政治的例子也不计其数。已故的经实联创始成员之一朴世一在金泳三政府中担任总统首席秘书官，并同时代表保守派的大国家党担任韩国国会议员。作为"新右派"联盟前主席的李石渊在李明博政府中担任法制处部长。曾是后转型时代韩国民间运动的改革者和参与连带创始人的朴元淳与金起式两人纷纷步入政坛，一个成为首尔市长，另一个成为国会议员。并且，两人都获得了被参与连带大力支持的左翼政府领导者金大中和卢武铉所在的进步派民主党的提名。

在气氛紧张的烛光抗议集会致使朴槿惠被弹劾之后开始执政的文在寅政府（2017年至今）有可能带来另外一波韩国公民社会直接参与政治的高潮。文在寅政府正式地承认它是成功让朴槿惠下台的"2016~2017年烛光革命"的受益者和衍生物。新政府在总统府中重新设立了致力于公民社会事务的首席秘书官职位。这一名为"社会革新首席秘书官"的新设职位负责处理与公民社会、社会革新和机构改革相关的事务，是扩充和加强版的卢武铉时代的"市民社会首席秘书官"。文在寅本人就在2004~2005年担任过市民社会首席秘书官。

文在寅政府为实现"与公民社会共同治理"（co-governance with civil society）这一愿景，聘请了一批相当数量的社会运动活动家和民间领袖作为总统府职员与内阁成员。内阁中25个部长级官员中有6个在此前担任过公民团体的领导人，包括副总理兼教育部长官金相坤［为了民主化的教授协议会（民教协）前联合主席及全国教授劳组前委员长］、法务部长官朴相基（前经实联共同代表）、性别平等和家庭部长官郑铉柏（前参与连带共同代表）、环境部长官金恩京（"地球与我们"可持续发展中心的前负责人）、公正交易委员会委员长金尚祚（参与连带经济改革中心前负责人）、国民权益委员会委员长朴恩正（参与连带前联合负责人）。在总统府职员中还有很多人是公民社会领袖出身。张夏成作为参与连带前主席和经济改革连带的成员被聘为总统秘书室政策室长。曾是参与连带活跃成员的曹国现任民政首席秘书官。曾任女性政治势力民主连带代表的赵现钰现为人事首席秘书官。之前在经实联工作的河胜彰现担任社会革新首席秘书官。青瓦台秘书官和高级行政官中也有许多前参与连带领袖，包括雇佣劳动秘书官黄德淳、社会革新秘书官金成真、社会政策秘书官李震锡、第一附属秘书官宋仁培、政策室现任行政官洪日杓、仪典秘书官室现任行政官卓贤民。

因为文在寅政府吸纳了如此之多和进步派非政府组织相关或曾经相关的民间领袖，文在寅时代被称为"参与连带的全盛期"或"文在寅与参与连带的共治"并不令人感到惊讶。值得注意的是，这些前民间领袖现担任的职务所涉及的领域大都和法律或经济有关（例如法务部长官、民政首席秘书官、总统秘书室政策室长、公正交易委员会委员长）。在涉及环境领域职位中，环境部的正副长官也都来自公民社会。如果包括那些曾被文在寅政府提名担任政府高级职位但因对其过去记录存在公众争议或因提名人随后自行退出或辞职而最终未被任用者，政府中前公民社会领袖尤其是参与连带领袖的数量更是相当可观。

在文在寅执政期间，民间领袖戏剧性的从政之举被视为在过去两届保守派政府当权的9年中公民社会濒临绝迹后的一次复兴。但同时，也有人对此做出尖锐的批判，认为公民团体已变成当官的"快车道"或获取政府职位的"跳板"。所有这些"政治社会化"乃至"国家化"（statization）可能会导致公民社会的"空心化"（hollowing-out）、民间领袖的人才流失以及公民社会领域在整体上的削弱。

第四，大部分民间团体的活动都聚集在首尔地区，并以中央政治为焦点。正如我们此前所提到的那样，韩国的公民社会积极参与现实政治。随着这种"政治社会化"的增加，公民社会在更加深入地参与中央政治的同时相对忽略了区域性和地方性问题。如此一来，中央的公民社会与地方的公民社会之间形成了一条鸿沟。因此，和那些履行着不同功能的中央公民社会相比，地方公民社会仍然处于欠发达的状态。缩小中央和地方民间组织之间的差距则成为韩国民主深化过程中的一个重要任务。

第五，民主化之后的韩国公民社会在财政上变得依赖于国家。金大中政府制定了《非营利民间团体支援法》，并开始支持那些在韩国民主化过程中发挥了重要作用的民间团体。这极大地帮助了许多民间团体解决财政难题，但也使得这些团体变得依赖于国家的财政拨款。①过去的几届政府在根据各自的意识形态偏好选择性地向民间团体提供拨款时表现出了明显的差异。比如，金大中和卢武铉政府会向进步派民间团体提供更多的拨款，而李明博和朴槿惠政府则会向保守派民间团体提供更多资金。如此一来，针对公民社会团体的这种具有倾向性的国家财政拨款不但加剧了公民社会在财政上依赖国家的程度，也使得人们深深质疑这些民间团体的中立性和自主性。韩国的公民社会团体还需寻求具有开创性的方法来解决其对国家财政的依赖问题和实现更高程度的预算独立。

韩国公民社会在后转型时代的这五个特征显然是相互联系在一起的。而且，其中的一些特征还互为因果关系。比如，国家社会关系的多样化和因此产生的合作空间会诱使执政的民主政府去索取和动员公民社会的支持，以强化自己的合法性并扩大其选民基础。这会导致公民社会根据政治社会中意识形态的分化而变得政治化和分裂化。同时，执政政府为了讨好公民社会并与之结盟，也会利用不同的财政拨款项目来安抚和管理公民社会团体。这将导致公民社会对国家在财政上依赖度的增加。

然而，比这五个特征之间相互关联或互为因果更加重要的是，它们拥有一个共同点，即"强国家"不可否认的存在感和影响力。威权秩序的松弛及其最终倒台和随之而来的政治领域自由化使多样的国家社会关系得以涌现。公民社会团体最终从过去那种"非冲突即收买"的二元陷阱中抽身，打造了如对抗、竞争、合作等一系列新型的国家社会关系模式。但是，在民主转型之后仍然实力强大、资源甚广的韩国国家机器倾向于选择性地利用公民社会元素来实现不同的政治目的，导致了公民社会领域的政治化和其意识形态上的两极分化。

公民社会的直接政治参与——公民社会的"政治社会化"——源于它对旨在改革的立法机构和政党的"间接"运动的不满。当公民社会领袖意识到在2000年和2004年发起的两轮黑名单运动都没有从根本上改变政治领域和政治文化时，他们中的一些人便决定直接投身政治。然而，这种直接的

---

① 比如，在2017年，行政安全部从429份公民社会团体提交的申请中筛选了200个项目，并提供了64亿韩元的拨款，参见「행자부，비영리민간단체 200개 공익사업에 64억 지원」，http：//news1.kr/articles/？2961379。

转换是否与被施密特（Schmitter）称作"非夺权性"（nonusurpation）的公民社会本质特征相冲突是有很大争议的。此外，这种直接参政是否比民间运动更加有效地带来体制的改变至今还未能被验证或评估。

公民运动大多聚集在首都这一事实体现了韩国中央政治的过度重要性。格雷戈里·亨德森（Gregory Henderson）称韩国政治为"旋涡政治"（politics of the vortex），这个贴切比喻至今仍然有效。[1]韩国政治仍然以中央政府和首尔的立法机关、司法机关为中心。中央政府及其庞大的官僚系统所拥有的权力也解释了为什么公民社会在财政上依赖于国家。中央政府配备了可以影响甚至控制公民社会团体的各种财政和监管工具。总而言之，在历史发展过程中形成的韩国公民社会的上述五个突出特征体现了在20世纪80年代的后转型、后发展阶段乃至90年代的经济危机中存活下来、苟延残喘的"强国家"的持续重要影响力。韩国政府仍然拥有可以影响公民社会组成、结构、战略和行动的大量权力。

结　语

不同于那些毫无作用或仅在转型期前发挥作用或在民主巩固期便停止发挥重要作用的新兴民主国家的公民社会，韩国的公民社会在民主转型和巩固阶段都做出了巨大贡献。然而，经过更进一步的考察，我们发现韩国的公民社会及其与国家的互动方式在过去30年的历届政府下发生了重要的变化。

在1987年实现民主化之后的前三届政府中，公民社会和政府之间形成了加强并深化了的合作关系模式。当公民社会团体组织和发起各种社会运动时，民主政府回应了公民社会的不满和诉求。同时，整体的舆论和社会气氛仍然是支持民主和民主化的。韩国民众大多对那些冒着职业和生命风险与威权政体抗争的公民社会活动家表示同情并拥有耐心。一般而言，韩国民众对前运动人士怀有愧疚和感激之情。然而，在卢武铉执政时期，新一轮的（由进步派公民社会团体发起的）动员与（由保守派公民社会团体发起的）反动员的周期循环变得尤为突出，并持续到李明博和朴槿惠时期。现在，公

---

[1] Gregory Henderson, *Korea: The Politics of the Vortex*, Cambridge: Harvard University Press, 1968.

民社会的主要分歧不再是进步派阵营内部关于选择激进式还是温和式公民运动的分歧，而是进步派和保守派两大阵营之间的分歧。公民社会在意识形态上的两极分化及其导致的两大阵营之间的对抗可能源于金大中对朝阳光政策的支持者与反对者之间的辩论和冲突。不管其源于何处，韩国当下的公民社会内部显然仍处于备战状态，这反过来极大地削弱了公民社会相对于国家、政治社会和市场的凝聚力、可信度和合法性。

目前，韩国的2016~2017年政治闹剧让历史的天平摆到了左翼这一侧，使得进步派政府重新上台。正如我们之前讨论的那样，此届新政府从公民社会招募了相当数量的领袖人物担任政府职务。伴随着进步派政府的回归，韩国的公民社会可能会经历另一轮崛起，并对政治和政策制定产生更大的影响。同时，在韩国公民社会中体现的一般性趋势也会持续下去。这个趋势包括组织与功能分化、公民社会与国家关系的日益多样化、更大程度上的意识形态两极分化、更深层次的政治社会化以及随之而来的公民社会人员流失、令人日益担忧的公民社会活动在首尔地区的过度集中和公民社会在财政上对国家的过度依赖。总而言之，韩国公民社会处在一个重要的十字路口。

随着对公民社会态度友好的（或公民社会占主导的）进步派政府的上台，韩国的公民社会面对着无数的新机遇。然而与此同时，它也面临着巨大的挑战，即如何在与国家协作的同时保持自身的自主性和生命力。在前转型时代普遍存在的公民社会与国家关系的就是一个体现了民主的公民社会与压迫民众的威权国家之间的对立关系的典型例子。但是在转型之后，民主不再是仅仅属于公民社会。国家现在也是民主合法性和民主授权的制度体现。这个仍享有政治权力和财政资源的国家有意要影响、利用、动员、政治化、分化、缩减、安抚和资助公民社会。

从这个角度来看，更接近西方"公民社会对抗国家"模式的韩国前转型时代可能仅仅是一个短暂存在过的（ephemeral）例外。日本和中国的公民社会与国家相互联系。与此不同，前转型时代的韩国公民社会更接近反国家、对抗型的西方模式，它似乎在当时代表了一种与东亚模式的偏离。但现在，随着民主转型过程中对抗阶段的终结，一切在韩国都显得变化不定。尽管当权政府的行为变化无常，与国家和政治社会深深纠缠在一起的韩国公民社会的声誉和可信度能否保持完整、不变其本色仍须拭目以待。如果韩国公民社会保持着自己在前转型时代所拥有的那种好战、抗争的品性，我们就能够提炼出一个理论，认为韩国公民社会的确在实证的角度上与公民社会和当权政府形成共生关系的中国和日本相区别。但是，如果韩国的公民社会不能独立于拥有丰富的符号、道德、组织、财政和人力资源的强国家，那么我们必须修正现存的关于韩国国家与公民社会关系的诠释。我们可能要不得不承认，韩国和其他东亚国家并没有太大的不同，即公民社会只能在强国家的庇护下开展活动，从而将证实"东方的公私界限模糊不清"的刻板印象。或许只有时间才能最终揭开韩国公民社会的真正本质。

Historical Development of Civil Society in South Korea since 1987

Kim Sunhyuk, Jeong Jong-Ho

Abstract In this paper, we provide a historical overview of the development of South Korea's civil society since its transition to democracy in 1987. After a theoretical review of civil society focused on the comparison between the East and the West, we analyze seven governments of South Korea since the democratic transition in 1987 in terms of the change in civil society and its engagement with the state, underscoring the continued role of civil society in democratic consolidation and deepening. Then, we discuss some prominent characteristics of South Korean civil society in the post-transitional period, such as the diversification of the modes of state-civil society relationship, ideological polarization of civil society, "political societization" of civil society, the widened gap between central and local civil societies, and financial dependency of civil society on the state. We conclude the paper with a few important cautions against excessive political societization of civil society and the resultant depopulation and potential delegitimation of the civil society arena.

Keywords South Korea, Civil Society, Democratization, State-civil Society Relations, Political society

图书在版编目(CIP)数据

韩国研究论丛. 总第三十五辑, 2018年. 第一辑 / 复旦大学韩国研究中心编. -- 北京：社会科学文献出版社, 2018.11
（复旦大学韩国研究丛书）
ISBN 978-7-5201-3215-2

Ⅰ.①韩… Ⅱ.①复… Ⅲ.①韩国-研究-文集 Ⅳ.①K312.607-53

中国版本图书馆CIP数据核字（2018）第169549号

· 复旦大学韩国研究丛书 ·

韩国研究论丛 总第三十五辑（2018年第一辑）

编　　者 / 复旦大学韩国研究中心

出 版 人 / 谢寿光
项目统筹 / 许玉燕　高明秀
责任编辑 / 王晓卿　郭红婷

出　　版 / 社会科学文献出版社·当代世界出版分社（010）59367004
　　　　　 地址：北京市北三环中路甲29号院华龙大厦　邮编：100029
　　　　　 网址：www.ssap.com.cn

发　　行 / 市场营销中心（010）59367081　59367018
印　　装 / 三河市龙林印务有限公司

规　　格 / 开　本：787mm×1092mm　1/16
　　　　　 印　张：18.75　字　数：314千字

版　　次 / 2018年11月第1版　2018年11月第1次印刷
书　　号 / ISBN 978-7-5201-3215-2
定　　价 / 79.00元

本书如有印装质量问题，请与读者服务中心（010-59367028）联系

▲ 版权所有 翻印必究